なぜ
ハーバード・ビジネス・スクールでは
営業を教えないのか?

フィリップ・デルヴス・ブロートン

プレジデント社

目次

序章 世界を動かしているのはセールスだ！ 5
第1章 拒絶と失敗を受け入れる 23
第2章 ストーリーと共感力で売り込む 49
第3章 生まれつきか、経験か 91
第4章 教祖と信者 135
第5章 誰にでもチャンスはある 191

第6章 芸術作品を売るということ 223
第7章 仕事と自我を切り離す 249
第8章 複合的な才能 279
終章 ものを売る力と生きる力 325
謝辞 368
解説 岩瀬大輔 370
参考文献 381

序章

世界を動かしているのはセールスだ！

人生は売り込みだ――相手に買う気にさせることさ。
ビリー・メイズ（インフォマーシャルの大物）

ビジネススクールでは営業を教えない

ＭＢＡを取るためにハーバード・ビジネス・スクールに入学したとき、営業の授業があるものだとばかり思っていた。ところが大違い。そもそも、営業の授業があるＭＢＡプログラムなんてほとんどないのだ。ビジネスとは、つまるところモノをつくって売る活動である。そのほかのことはまあ二の次だと考えると、営業について教えないなんてちょっとおかしくないだろうか？　ハーバードの教授にわけを訊ねると、真剣に営業を学びたければコミュニティカレッジの夜間コースに二週間くらい行けばいいと言われた。ハーバードのほとんどの授業もほんとうはそれで十分なんだろうけれど、夜間コースで戦略を学んでこいなんて誰も言わない。

ハーバード・ビジネス・スクールのウォルター・フリードマン教授は『セールスマンの誕生』のなかでこう言っている。「ビジネススクールにはたいていマーケティングの課目の一部になんらかの販売管理の授業があるが、セールスマンの心得については教えていない。一九一〇年代から相も変わらず、営業などというものは、ハウツー本やトップセールスマンの自伝本で読むものであって、大学で教える類のものではないとされている。一方、おおかたの経済学者は経済における営業の役割をいまも無視している」。これは構造的な問題でもある。ビジネススクールで終身教授になろうと思えば、特定の学術雑誌に論文を発表しなければならないが、そうした雑誌はみな財務やマーケティングや戦略やオペレーションに目が向いていて、営業についての論文に割く誌面がないか、このテーマを真剣に取り上げようとはしない。そんな本質とはまったく関わりのない理由で、営業は経営学のなかでつまはじきにされている。

このつまはじきの影響は深刻だ。実業界でおよそ学があるとされる人たちの多くは、ビジネスの命とも言える営業について、つまり実際に収入を生み出す仕事についてまるでわかっていない。セールスのなんたるかが理解されないために、営業部員とそれ以外の社員の間に溝ができている。営業マンは、ほかの社員たちとは勤務規則も報酬体系も違う人種だと思われている。ラスベガスの商談会の常連で、よくわからない複雑な手数料をもらって働いているヤツら、お尻を叩かないと働かず、手綱を引かないと強引に売り込むのが営業マンというわけだ。パワーポイントのプレゼンテーションを操るコンサルタントが企業を経営できると思い込んでいる輩は、営業マンなんてただの「使い走り」だと思っている。営業マン自身が、自分の仕事をことさらに卑下していたりもする。実際、IBMの営業マンは、メインフレームの営業を「鉄の塊を押し付ける仕事」と呼んでいたし、ゼロックスの営業マンはコピー機の販売を「箱を叩き込む」などと言っていた。

二〇〇八年の金融危機のさなかにバンク・オブ・アメリカがメリルリンチを破綻の危機から救ったとき、メリルリンチの証券マンはバンク・オブ・アメリカの個人営業を（新規口座開設の景品としてトースターを配っていたことから）「トースター売り」と馬鹿にした。バンク・オブ・アメリカのケネス・ルイス最高経営責任者（CEO）は、ゴールドマン・サックスで修業したハーバード出のメリルリンチのジョン・セインとくらべられ、「靴のセールスマンあがり」と揶揄された。ルイスは確かに高校時代に靴を売っていた。一足につき三六セントの販売手数料を稼いでいたという。クリスマスカードの訪問販売もやったし、大学時代には地方債の取次会社で働いたこともあったし、ユナイテッド航空の予約係もやった。そこからここまで出世したすごい人物である。なぜ「靴のセールスマンあがり」なんてバカにされるのだろう？　事業を興したり、買収したり、経営した経験のある人なら、そんなセールスマンへの偏見がいかに的外れであるかわかるはずだ。セールスは〝おまけ〟じゃない。財務や法務や経理といった仕事らしい仕事から切り離された、やっかいなお荷物でもない。それはまさしくホンモノの仕事なのだ。

偉大なセールスマンには客のほうから寄ってくる

ペリーキャピタルの創立者で、アメリカでもっとも成功した投資家の一人でもあるリチャード・ペリーは、単純に言い切った。「セールスがすべて。セールスができれば、利益は出せる」。ペリーのオフィスはマンハッタンの中心部、五番街のゼネラルモーターズビルにある。近代アメリカの産業史を物語る建物だ。強いアメリカの自動車産業の象徴として一九六八年に建設されたこのビルは、外壁をガラスとジョージア産の白い大理石が覆い、一ブロックをまるまる占めている。最近の主要なテナントはヘッジファンドや法律事務所で、階下の路面店にはアップルストアが入居している。オーナーだった不動産業者は金融危機のあおりを受けて、二〇〇八年にこの建物をゴールドマン・サックスと中東の政府系ファンド率いる投資家グループに売却した。ものづくり大国アメリカの象徴から、ヘッジファンドとiPhoneの館へと変遷してきたこのビルの歴史は、アメリカ経済の歴史そのものと言っていい。

ペリーはゴールドマン・サックスでキャリアを積んだ後、一九八八年に独立した。この二〇年間にニューヨークで数多くのヘッジファンドが設立されたが、ペリーキャピタルは生き残りに成功した優良企業の一社となった。株式投資、信用供与、委任状闘争《プロキシー》、大型M&Aへと次々と投資戦略を変え、そのたびに投資家にも社員にもペリー自身にも巨万の富をもたらしてきた。これまでに、彼は金融業界だけでなくあらゆる業界のセールスマンに会ってきた。社内に数ある超モダンな会議室の一室で、彼は僕にこう言った。「売り込みをしない人間なんていない」。

ペリーには、金融市場の荒波をうまく渡ってゆくために欠かせない、自分への絶対的な自信がある。それは一流と言われるバンカーに共通の特徴だ。名門投資銀行ラザードのCEOだった故ブルース・ワッサースタインは無愛想なことで知られていた。しかし、企業買収か売却を検討している場合、ワッサースタインを雇える資力があるのなら、何をおいても味方陣営に引き入れたい人物が彼だった。無愛想さなど、みんなよろこんで目をつぶった。彼ほどM&Aのゲームを知り尽くした人間はいなかったからだ。成功はさらに顧客を呼び込んだ。

「偉大なセールスマンは客のほしがるものを売っている。彼らは売り込みが嫌いなんだ」とペリーは言う。「ほんとうにすごいセールスマンは何もしなくていい。みんなが寄ってくるから」。それは、外科医選びみたいなものだ。しわ一つないワイシャツを着てこぎれいなオフィスですましている医者に頼みたいか？　失礼なヤツでも一〇〇発一〇〇中の成功率を誇る医者のほうがいいか？　最高の営業とはそういうことだ。

商品そのものがあまりに魅力的なら、それを差し出せば誰もノーとは言えない。高級なオークションへの招待も、スポーツ観戦の接待も、輝く笑顔もいらない。セールスマンが球を放れば、やる気満々の買い手がそれをスタンドに打ち込んでくれる。そして全員が金を儲けて家に帰れるというわけだ。しかし、運用実績が容赦なく数字に表れる投資の世界でも、営業がなくなることはない。

ペリー本人は背の高いスポーツマンで、がっちりとした身体に洗練された装いをまとっている。白で統一されたオフィスには現代美術があちこちに飾られ、一歩足を踏み入れた瞬間からいかにも金があるという雰囲気だ。間違っても、ここにはつつましさなど存在しない。長年これほどの実績を積み重ねてもなお、ペリーキャピタルの社風はさらなる成功を掴もうとギラギラしている。

一方、ウォーレン・バフェットは、銘柄選びの才と労働者階級出身の親しみやすさで、評判を築いてきた人物だ。億万長者なのに質素で勤勉で純朴。ネブラスカ州オマハの古ぼけたオフィスで二〇人にも満たないスタッフとグローバル企業を経営している。「成功者はみな、自分の流儀をよくわきまえ、それに従って行動している」とペリーは言う。外見はそれぞれ違っても、成功している人間は人を引き付ける。

共産主義の国でも共感を呼ぶ『セールスマンの死』

アメリカでは、セールスについて二通りの考え方が根強く対立している。一つは、ベンジャミン・フランクリンと、彼の生まれ変わりのようなバフェットやウォルマートの創業者サム・ウォルトンが実践し、デール・カーネギーやノーマン・ヴィンセント・ピールらによるベストセラーに書かれた考え方だ。つまり、民主主義がきちんと機能している社会では、ものを売ることに秀でていれば、社会階級や身分や育ちによる障害を乗り越えることができるとするものだ。偉大なセールスマンはそれだけで成功できる。この考え方によると、ものを上手に売れることは、健全な人格の証拠である。優秀なセールスマンであるからには、その人に他者を引き付ける魅力――勤勉さ、規律ある生活、信頼――があるということで、そのような人物は何をやっても成功するだろうというわけだ。

それと対極にあるのが、『セールスマンの死』でアーサー・ミラーが描く、資本主義に振りまわされて人生の最後の日々をみじめに送る男性の姿に象徴される考え方だ。主人公のウィリー・ローマンはドサ回りのセールスマンの仕事に疲れ果て、はかない夢がかなわなかったことに絶望する。彼にとってセールスは屈辱であり、企業の卑しい目的のために人間の尊厳を踏みにじる行為なのである。資本主義の最低の姿だ。しかも、高校生や大学生は、毎年この戯曲を読まされ、上演させられ、観客は金を支払ってそれを観る。『セールスマンの死』はアメリカの大学でもっともよく課題として取り上げられている戯曲だ。

『アーサー・ミラー自伝』に、この戯曲が生まれたきっかけが記されている。一九四八年四月、ミラーはブルックリンの自宅からコネチカット州ロクスベリーの別荘へと車を走らせた。ミラーは創作に専念できる離れを持とうと自分で小屋を建てていた。大工仕事に精を出すうちに、風変りな戯曲の筋書きが出来上がっていった。アメリカンドリームを追いかけた主人公のローマンが自分自身を見失い、最後に自殺してしまう。何がそれほどまでに一人の男を追い詰めたのかを、ローマンの妻と二人の息子が理解しようとするストーリーだ。

ある朝、私は書き始めました――小さな書斎はまだ壁がむき出しのままで、材木と木くずの香りが漂い、釘の袋が道具といっしょに部屋の隅に置かれたままでした。四月の日の光が窓から差し込み、リンゴの木にはちらほらと花が咲き始め、青白い花びらが見え隠れしていました。私は暗くなるまで書き続け、夕食後また創作に戻り、真夜中から朝の四時まで書き続けました。あとで簡単に書けそうな部分は飛ばして、肉付けが必要なところに集中しました。そして、翌朝には二部構成の前半部分、一幕を書き終わっていたのです。睡眠を取ろうとして横になったとき、自分が泣いていたことに気付きました――目は腫れ上がり、語ったり叫んだり笑ったりしながら書いていたため喉はガラガラでした。目が覚めると、身体中がこわばって痛みが走り、まるで何時間もぶっ続けでサッカーかテニスでもした後にまた別の試合に臨まなければならないかのようでした。

ミラーが第二幕を書き上げるには、さらに六週間かかったが、一幕では、まるで必死にもがくウィリー・ローマンの姿がミラーの身体に乗り移っていたようだ。一九四九年にブロードウェーでの初演を演出したエリア・カザンは、脚本を読んでミラーにこう言った。「なんて悲しい話なんだ」。

ミラーは、この戯曲で「莫大な住宅ローンを完済し、冷蔵庫を手に入れることが最高の人生だと説く資本主義のばかばかしさ」を描き出そうとしていた。それから三五年後、北京での上演に立ち会ったミラーは、共産主義国でもまたローマンへの興味が存在することに心から驚いたと記している。中国人の目に、ローマンは資本主義の犠牲者としてではなく、自分の存在意義を叫ぶ男、無名のままで埋もれたくない人間として映っていた。「彼が『俺は一山いくらの人間じゃない！　俺はウィリー・ローマンだ！　そしてお前はビフ・ローマンだ！』と叫んだとき、それは三四年の時を経て発せられた革命宣言となって、人々の心を打った」。ミラーは中国での反応をそう記している。

文化人や経済人や政治家の中にはフランクリンの肯定的な考え方を支持する人もいれば、ミラーの否定的な考え方を支持する人もいる、資本主義を競争による公平と真実と分配の促進剤と捉える人もいれば、それを環境破壊と不幸の根源だと捉える人もいる。そして、両極端の中間にいる人々、つまりセールスは経済を拡大させ人類を進歩させる大切な機能だと認めながらも、それを魂を売り渡すような行為だと考える人々もいる。セールスの能力は、売り手の動機次第で途方もない善にも悪にもなり得る。ニュージャーナリズムの旗手とも言われるハンター・S・トンプソンは、アメリカを「二〇〇万人の中古車セールスマンの国」と表現したが、これは褒め言葉ともとれるし、貶《けな》し言葉ともとれる。

アダムとイブに禁断の実を食べさせたのは……

売り込みが上手いということは、その力を乱用して他者を操作できるということでもある。きわめて優秀なセールスマンの集団に悪質な考えを植え付けたらどうなるだろう？　ナチの党大会はそのいい例だ。カサノヴァは口説きの才で修道女をものにした。マハトマ・ガンジーは非暴力の原則を唱えるためにその才能を使った。ビル・クリントンはそれを使ってホワイトハウス入りし、セックススキャンダルをも切り抜けたが、もしそれほど弁が立つ人物でなければ失墜していたに違いない。ダライ・ラマは、支持を得んとする聴衆のタイプによって、自分の発言とスタイルをきめ細かく使い分けている。

いずれにしろ、僕らはセールスと無縁でいられない。人生の選択の多くは結局ここに行き着く。売り込むか、売り込まれるか。説得するか、されるか。友達に「セールスマンについての本を書きたいんだ」と話すと、彼らの半分は「はあ?」という顔をした。安物の香水を嗅いだときや、退屈なおしゃべりを聞かされたときみたいな、あの反応だ。だが、残りの半分は身を乗り出して話に食いついてきた。セールスだよ、世界を動かしているのは!と言わんばかりに。これほど両極端な激しい反応を引き起こすビジネストピックはほかにない。経理、マーケティング、法務、戦略、財務の分野にはその道のものすごいプロがいる。素人がうかつに口を挟める気がしない。でもセールスなら、誰もがそれなりに思いあたることがある。誰だって売ったり買ったりしている。ビジネスにおいても、友人・家族との関係においても、また日常のちょっとしたやりとりのなかでも。

僕自身が出会ったなかには、こんちくしょうと思うようなセールスマン——僕に家を売りつけた不動産屋とか——もいれば、大ファンになったセールスマンもいる。僕が結婚式に着るスーツを選んでくれた男性がそうだ。特別な日にぴったりのものを選んでくれた彼のようなセールスマンには、よろこんで金を払う気になる。だが、ぼったくられた気分にさせられるヤツらもいる。友達みんなに紹介したいセールスマンもいれば、自分の天敵にさえ押し付けちゃまずいと思うようなセールスマンもいる。

数年前、僕が車を買ったときに相手をしてくれたアロハシャツ姿のセールスマンは、書類を書き込む間も笑いながらおしゃべりを続け、僕の心配をことごとく払拭し、僕に家族のことを訊ね、自分の家族についても話してくれた。いかにも営業っぽい感じではあったけれど、ほかのたいていの人よりは、はるかに感じのいい接し方だった。反対に、あの憎たらしい不動産屋は、言い逃れはするわ、事実をねじ曲げるわ、遅刻して来るわで、それでなくても拷問のような自宅の購入をさらに苦痛なものにしてくれた。契約手続きが終わるころには、その男にはちみつを塗りたくって熊のいる森に置き去りにしてやりたいと思ったほどだ。

セールスマンでない人だって、毎日のように、自分自身に、自分の家族に、友達に、社員に、何かを売り込んでいる。毎朝子供に学校で先生の言うことを聞きなさいと売り込む。自分に本を書けと売り込む。学校や会社に入れてくれと売り込む。恋人になってほしいと売り込む。ウェイターは本日のスペシャルを売り込み、医者は薬を売り込む。人間ならば、誰しも何かを売っている――それがセールスだ。

実際、聖書のなかでも、売り込みによって僕らは人間になったと描かれている。それまで、アダムとイブは神様の祝福を受け、エデンの園で裸のままふんだんに食べ物と美を与えられ、幸せに暮らしていた。だが一つだけ言っておく、と神はおっしゃられた。知識の実を食べてはならない。もし食べれば死んでしまう、と。これ以上ないほどはっきりとした警告だった。すると、邪悪な蛇がやってきて「地上のどんな生き物より巧妙に」二人を口説き、死に至るはずの恐ろしい行為をさせたのである。営業の世界でいう、「ノーと言わせないテクニック」によって。

神話のなかの蛇は、いまと違って地を這う生き物ではなく、足もあったし話もできた。蛇の目的は、エデンの園の完璧な平穏を壊すことだった。アダムを追い出してイブを手に入れようとしたのだ。そして、神が警告した厳しい罰を逆手にとったのだった。神がそれほど強くお命じになるとは、よっぽどその果実が美味しいからに違いありません、と蛇はイブに言った。そうそう、ところで、神はあなたに命じられたのですか？　それともアダムだけに言ったのですか？　突然イブの心は揺れた。そうだわ、神様はアダムだけにおっしゃったのよ。神はどうしてそれほど厳しく知識の実を禁じたのでしょうねえ？　あなたがたに自分のように賢くなってほしくないからでは？　善と悪を区別してほしくないのですよ。この地に神は自分だけでいいと思っているからではありませんか？　さあ、一口かじってご覧なさい。どうってことありませんよ。食べたら神様のように賢くなれるかもしれませんよ。

こうして悲劇は起こった。

イブは禁断の実を食べ、アダムにも食べさせた。二人はエデンの園から永遠に追放され、動物の皮をまとい、土に帰るその日まで食べ物を求めて地上で働くことを強いられた。リンゴ一かじりのために永遠の命を失ったのだ。だが、営業の視点から見れば、蛇の誘い方には感服せざるを得ない。イブは知識の木を危険なものと見なさず、美味しい実がなるばかりか、自分を賢くしてくれる樹木だと思うようになったのだから。その蛇は、単発営業の達人だったのだ。

途上国だろうが先進国だろうが商売の原動力は売ること

一九七三年七月一二日、『ゴッドファーザー』の大ヒットでキャリアの頂点にあったマーロン・ブランドは、ディック・キャベットのトークショーに出演してめずらしくインタビューに応じている。ブランドはふざけた調子で短い受け答えを繰り返し、とりわけ映画での自分の演技のことになるとのらりくらりとかわしていた。演技についてあまり話すことがないと言うのだ。俳優の仕事なんて、みんなが毎日やっていることとそう違わないから、と。それはまさしくセールスにも言えることだ。

「演技ができなきゃ、誰も一秒だって世のなか渡っていけないだろうよ。演じるってことは生存本能みたいなもんさ。人づきあいの潤滑剤なんだ。だから、みんな生きていくために日々演じてる。本心を隠したり、思ってもいないことを口にしたり、感情を偽ったりして、毎日嘘をついてるんだよ」

「たとえば、広告代理店で働いているとしよう。でも、上司がどうしようもないヤツだったりする。こいつがしょっちゅうとんでもないアイデアを思いつくわけだ。くだらなすぎて帰宅途中に思い出し笑いしそうなアイデアでも、『素晴らしいですね。ぜったいいけますよ』なんて話を合わせてないと、給料も上がらないし、異動もさせてもらえないことがいやというほどわかってる。だから、身を乗り出して、肘を立てて考え込むふりなんかして、熱心さをアピールしたりするんだ。食い扶持をつなぐために、来る日も来る日もそうやってるのさ」

僕らはみんな、いつも何かを売り込んでいる。ほしいものを手に入れるために、人生のなかのさまざまな「上司」を口説いている。セールスは、人生につきものの拒絶と許容の試練以外の何ものでもない。自分が信頼されているのか、インチキ野郎だと思われているのかを目の前に突きつけられるのだ。自分が売り込む商品に一〇〇パーセントの自信があればいいが、たいていは演じたり、大げさに伝えたり、真実を隠さなければならなかったりする。売り込み、説得し、奉仕する能力は、自分のアイデンティティーと切っても切り離せないものなのだ。経理のような仕事とはワケが違う。

ところで、誰かの顔を見ながら買ってくださいと頼み込むとき、実際には何が起きるのだろう？　セールスマンは営業につきものの拒絶にどう対処しているのだろう？　「ノー」と言われ続けて、ほんのたまにしか「イエス」の返事をもらえない人生って何だろう？　次々と客に会い、同じセールストークを唱え、おなじみの反論を突きつけられて落ち込み、それでもまたどうやって気持ちを盛り上げるのだろう？　何かを売ろうとすれば、いやでも本当の自分と向き合うことになる。お金のためにどこまでならできるのか？　背景も目的も違う人たちを相手に、自分をどう見せるのか？　友達づきあいと仕事上の関係をどこで線引きするか？　こうした問いに正解はない。ただ、その問いにどう答えるかで、自分が何者であるかが決まり、成功できるかどうかが決まるのだ。

僕がこのトピックにこれほど魅かれるのは、これまでに何度か無理やりやらされた営業の仕事がほんとうにイヤだったからだ。僕はいまだかつて「生まれながらのセールスマン」などと言われたことはない。真っ白に輝く歯を見せたり、同僚の肩を叩いてみたり、自宅に人を呼んでバーベキューをやったりする柄じゃない。アラブ人に砂を売ったり、エスキモーに氷を売ったりするなんてどう転んでもムリだ。名簿を渡されて電話しろって言われたら、それこそ凍りつく。金を無心しろなんて言われようもんなら、トイレに駆け込んで鍵をかけ、誰もいなくなるまで閉じ込もるだろう。営業が苦手な人間は、自分の無能さをいかにも美徳のように言い訳し、自分を納得させている。「嘘がつけないだけ」とか「押しが強くない」とか言ったりする。本当は、僕と同じでただ売り込みが下手なだけだ。

僕がこの本でこれから書くことは、営業のハウツーではない。なんとも興味の尽きないこの仕事の矛盾と難しさを、どうにか筋道立てて説明しようと思っている。「騙しのテク」とか、「一〇の簡単なステップ」みたいな言葉でずっと軽くあしらわれてきたこのトピックに、正面から取り組んでみたい。セールスに関わる人間の数は産業のなかでいちばん多い。アメリカでは製造業の従業員の何倍もの人たちがセールスの仕事に就いている。マーケティングや戦略や財務やそのほかの営業に付属した職種とはくらべものにならないほど多くの人間が、セールスに関わっている。途上国から先進国まで世界中のどんな場所でも、ものを売ることは商売の原動力だ。営業は、経済活動のなかでいちばん原始的でありながら、いちばん進化した機能なのだ。なのに、経営学者には軽んじられ、どこか後ろめたい仕事だと思われていたりする。

ビジネスのなかで、セールスほど間違ったことが語られている分野はない。そこで、僕は真実を探しに出かけた。絶対的な教訓や正解ではなく、ただほんとうのことを探しに。

本書を執筆するために、さまざまな場所を訪ね歩いた。セールスを文化や産業に固有の問題としてではなく、どんな人種にも産業にも共通する人間の営みとして考えてみようと思ったからだ。セールスに欠かせない資質（忍耐力、自信、粘り強さ、感じのよさ）は、人生においても必要なものだ。僕は誰が、どうやってそれに成功しているのかを見つけたかった。さまざまな環境のセールスマンに、営業研修の業界が迷惑がるような質問をあえてしてみようと思ったのだ。ものを売る能力はそもそも訓練で身に付くものなんですか？　営業の才能は、先天的なものですか？　それとも後天的なものですか？　セールスマンは私生活でどんな犠牲を払っているのですか？

まずは僕の子供時代の記憶からこの旅を始めることにしよう。

第1章 拒絶と失敗を受け入れる

成功とは、失敗に失敗を重ね、それでも情熱を失わない能力のことだ。

ウィンストン・チャーチル

なぜあそこで絨毯を三枚も買うことになったのか？

八月のカサブランカは、怒りっぽい一二歳のイギリス人の男の子が来るべき場所じゃない。とにかく容赦ない暑さで、眠ったような街の白いビルに日光がギラギラと反射していた。フランス人やイギリス人の駐在員はどこかで避暑を決めこみ、残されたモロッコ人たちは仕事もそこそこに暗い壁で囲まれた涼しい自宅のなかに逃げ込んでいる。

牧師だった僕の父は、モロッコで英国国教会での仕事を一カ月間肩代わりする見返りに、牧師館とおんぼろのプジョーを使わせてもらっていた。それが僕らの夏休みだった。

夏休みが始まって数週間たったころ、父はモロッコの道路でなんとかプジョーを転がせるようになり、僕らは車がバラバラにならないよう祈りながら、砂漠のなかをすっ飛ばしてフェズの街へと北上した。エアコンはなく、窓を開けると顔中砂だらけになりそうだった。だから、身体から湯気を出しながら、おとなしく座っているしかなかった。カサブランカの教会員の一人が、フェズの旧市街地にある彼のリヤド（伝統的なモロッコ建築の邸宅）を貸してくれることになったのだ。僕らは商店街の端っこに車を停め、薄暗い中心部へと歩いていった。ブロンズや銀食器を売る土産物屋が両側に立ち並んだ路地のいちばん奥に、重い木の扉があった。父がドアをノックすると、扉がすっと開いた。外の太陽はギラギラしていたはずなのに、天井から小さな中庭に射し込む日の光は薄暗く、僕らはそのなかに包み込まれた。中央の小さな噴水の音以外は何も聞こえなかった。荷物をおろしたあとは、モロッコの市場に来たらお決まりの、買い物の時間だ。

当時、モロッコでの買い物といえば、スーパーでカートに商品を入れて歩くのとは大違いの経験だった。たとえていえば、一対一の素手の決闘みたいなものだ。押したり引いたり、脅したり、持ちあげたり、怒鳴ったり、褒めそやしたり、囁いたり――外国人の財布のひもを緩めるためなら、なんでもありだった。インドで何年も働いていた父と、ビルマで育った母にとって、それはまたとない娯楽だった。イギリスの商店はどこもお上品で、肉屋も八百屋もバカていねいだし（おはようございます、マダム、これでよろしゅうございますか?）、スーパーでは耳にやさしい音楽がかかっていた。フェズに来た両親には、東洋の市場の喧噪がものすごく懐かしかったらしい。

どんないきさつで僕らが絨毯を三枚も買うことになってしまったのか、よく憶えていないけれど、一つだけ記憶に残っていることがある。こげ茶色のジャラバ（足首まであるフード付きのゆったりとした服）を着たしつこい老人に根負けしたことだ。そのうなぎの寝床のような店の隅ずみには絨毯がうずたかく積まれ、壁にも所狭しと吊り下げられていた。僕らはちくちくする敷物の山を背にして、床に座った。老人は、アトラス山脈の高地と低地では種族が違い、つくられる絨毯の種類も違うといった長たらしいウンチクを唱え、ベルベル人のことをまるで寒気でもするように「ブルル、ブルル」と発音した。両親は、凍えそうな朝に暖房が故障したときなんかにちょっと気持ちが上向きになるような暖かい色彩のものがいいね、などと相談していた。僕より小さな男の子が、ブロンズのお盆に載せた甘いミントティーを足元まで運んでくれた。絨毯が次から次へと床に広げられると、まるでガチョウの群れに取り囲まれてしまったように感じた。トルコ帽のつくり手でもあった皺だらけの店主は、つばのない紫の筒の頂点に黒い房のついた帽子を父の頭にのせようとして断られると、今度はそれを僕の頭にのせた。

交渉が始まった。父はにこやかにお茶をすすり、片方の手を膝に置いていた。父よりもはるかに手ごわい母は、眉間に皺を寄せ、どんな値段にも首を縦にふらず、言い値をどんどん下げさせて、財布から絶対にクレジットカードを取り出そうとしなかった。老人は顔を天に向け、ぶら下がった裸電球を見上げて母に頼み込んだ。「お願いです、そんなに苛めないでくださいよ」。彼は畳みかけた。「私だって家族を養わなくちゃならないし、いろいろな支払いだってあるんです。こんないい絨毯ほかにはありませんよ、職人芸をちゃんと見てくださいな、これをつくるのに何時間かかると思います？　織りだって素晴らしいでしょう、全部手仕事です。ただで差し上げていたら食べていけません。いくらならいいんですか？」。

という話のあと、やっと値段が決まった。みんながほっとしてため息をついた。老人はクレジットカードを機械に通し、敷物をぐるぐる巻きにしてイギリスに送ると約束した。これで家に帰れる。両親は商品が本当に届くのだろうかと思いながらも、初めから終わりまでそのスリルを楽しんでいた。イギリスに帰って三週間後に、フェズからの包みが届いた。イギリスの秋の一日を明るくしてくれる赤と青の色鮮やかな絨毯は、その日以来、僕らの気持ちをほんわかと温めてくれている。

駆け引き――それは究極の芸術

モロッコを訪れた人には、みな似たような土産話がある。ここでの値切り合戦は、広場で猿回しを見るのと同じで、誰もが体験する休暇の一部なのだ。世界広しといえども北アフリカ人やトルコ人ほど達者なセールスマンはいないと聞く。そこで、僕の子供時代から変わっていないかどうか、現地に行って確かめることにした。どうしてこの国のセールスマンがそれほど駆け引き上手なのかを見つけてやろうと思ったのだ。もう何年もモロッコに住んでいるアメリカ人の友達が、ある男に絶対会わなきゃと勧めてくれた。その男は、モロッコ北部のタンジールに住んでいた。

タンジールはモロッコ随一の国際都市で、港街にありがちな荒々しさと乱雑さに満ちている。街のほぼどこからでも、ジブラルタル海峡の向こうにスペインが見える。アフリカとヨーロッパをせわしなく行き来する小型船が、真っ青な地中海に白い模様を描き、どっしりとしたコンテナ船が地中海と広大な大西洋の間を横切ってゆく。街の中心部にあるカフェは、ポール・ボウルズなどのアメリカ人作家が異国での自由を求めて西洋的な生活から逃れてきた一九五〇年代そのままの雰囲気だ。男たちは日なが一日テーブルの周りでたばこをふかしながらミントティーやコーヒーを飲み、街ゆく人々を眺めている。ヘビ皮のジャケットとモロッコ風サンダルを身に着けたフランス人の中年男が街中でぶらぶらしているのが目につく。ここはいまでも、世を拗ねた男たちの隠れ場所なのだ。

僕が滞在していた中心部のエルミンザホテルの向かいには、絨毯や花瓶や装飾品が所狭しと並べられた店があった。青いガラスのランプやオレンジ色のビーズやバックギャモンのセットに囲まれた入口の腰掛けに、年取った店主が座っている。祈りのときに地面に頭をつけるため、額に大きなタコができていた。モロッコのセールスマンのことを学びたくてやってきました、と僕は説明した。彼は頷いて机の下に手を伸ばし、ぼろぼろの白い小冊子を取り出した。『はぐれ者のタンジールガイド』と書いてある。読み終わったら返してくれと告げられた。

その午後、僕は小冊子を読んでみた。とくに気になったのは「駆け引き——それは究極の芸術」という章だった。著者はバートとメイベルのウィンター夫妻で、一九世紀のイギリス植民地の官吏のようなもったいぶった調子で茶目っ気たっぷりにこう書いていた。「モロッコ人は、お客が得をしたように信じ込ませる天才である」。モロッコ人はなに一つ見逃さず、相手の結婚指輪の傷から、歯の状態、手の荒れ具合、ちょっとした見栄や物怖じや腹のすわり具合にも目を配っている。ウィンター夫妻からのアドバイスは、交渉中はいつも退屈しているように見せるべし、セールスマンがやりそうなことをこちらから先に口に出すべし、というものだ。

モロッコ人のセールスマンはどんな質問にも速攻で答え、客の妻に向かって「しょんぼりとしたスパニエル犬のようなまなざし」を向ける。そして、「わかりましたよ、しょうがない。いくらならいいんですか」と、決して客のほうから与えてはいけない情報を引き出そうとする。そう聞かれたら、駆け引きの的になっている商品をしげしげと見まわして、逆にこう言うべきなのだ。「いや、そっちが値段を言ってくれ。駆け引きなんかしてもしょうがないだろう」。そして、相手が値段を出したら、ただ微笑んで何も言わないことだ。絨毯売りは手を振り、ショックで落ち込んだふりをするだろう。それでも彼があきらめないようなら、交渉は続くということだ。

その章は、こう締めくくられている。

タンジールの商人は、あの手この手で値段をつり上げようとするので、買い手は即座に言い値を叩かなくてはならない。二秒きっかりで反撃せよ。次とその次の言い値がどれだけ下がるかは、買い手の注意力とユーモアのセンス、戦術の巧みさ、そして何より即座の反撃力にかかっている。たかが買い物を戦争にたとえるなんて、と思うかもしれない。しかし、これぞ、まさしく戦争なのである。勝つのはもっとも巧みに言葉を操る者だ。つまり勝者は初めからタンジール商人に決まっているのであり、あなたではない。

ほんとうかどうか確かめたければ、たったいま買ったばかりのものを彼らに売り返してみればいい、と書かれていた。

おおかたのビジネスは、うたかたの夢みたいなものだ。企業は生まれては消えてゆき、必要がなくなれば顧客は離れ、テクノロジーはあっという間に時代遅れになる。とはいいながらも世界を旅すると、どんな場所にもかならず市場がある。ヨーロッパの古都の広場でも、中東の青空市場でも、人々が集ってものを売り買いする場がいにしえから続いているのだ。タンジールの旧市街でいちばんの繁華街、アルモアード通りの六六番地、薄暗い曲がり角にアドベル・マジード・ライス・エル・フェンニ、通称マジードの店はある。僕がはるばるタンジールくんだりまでやってきたのは、彼に会うためだった。日に数回下船するクルーズ船の乗客をあてにした土産物屋が立ち並ぶ、繁華街の狭い路地を通り抜けたところに彼の店はあった。土産物屋ではみな同じものを売っている。陶器の鉢、ライター、トルコ帽、銀メッキの短剣、タジン鍋、ラクダの模型。店主は外に座って客を呼び込んでいる。ちょっと気の利いた商人たちはガイドに金を払ってツアー客を連れてきてもらう。だが、土産物屋は薄利多売の商売だ。ライターを何本か売ったところで、ガイドに四割も手数料を払えば、手元に残る金はたかが知れている。

マジードのやり方はまったく違う。紹介してくれた友達が言うには、マジードも初めはそこらの土産物屋とまったく同じだったが、ライバルと一線を画すやり方を見つけたらしい。彼の来客帳にはデザイナーのイヴ・サンローランやフランスのシラク元首相のサインがあり、ロックスターやホテル王も名を連ねている。もしあなたが金持ちで、自宅に北アフリカっぽいものを置きたいなら、マジードの店に行くしかない。彼はいまや一流のインテリアデコレーターや収集家や骨董商の間で有名な存在だが、はじめはただの行商人だった。その日、開店間もない店に僕が到着すると、彼は奥の壁沿いのソファへと僕を招き入れてくれた。彼は、「いい『気』を呼び込むため」と言って白檀をもくもくと焚き、王座のような木製の椅子に腰かけて白檀とタバコの煙のなかに身を置いた。彼の後ろで噴水の水が跳ねていた。

マジードは小柄で、その肌は子牛皮の財布の内側のようになめらかで皺一つない。彼の目はシチューのなかに浮かんだオリーブのように黒々と潤っている。いつも上から下まで同じ色の服を着ている。ある日は黒のズボンに黒シャツ、黒い短めのジャケットとスープ皿を逆さにしたような黒いベルベットの帽子で決めていた。別の日には、深緑色の同じセット。僕が彼に会った日には、皮紐にピンポン玉ほどのバカでかい琥珀を通したネックレスを首に巻き、話しながらその玉をいじっていた。右手の人差し指と中指には手巻きタバコを挟んでいたが、それを手に持っていることも、火をつけ直すことも忘れがちだった。

彼にとってこの店は、「俺の王国。自分らしくあれる場所」なのだ。内側からライティングを施された飾り棚が壁に添って置かれ、そのなかに装飾用の銀食器やサンゴや北アフリカやサハラ砂漠全域で取れる琥珀玉が飾られている。メインフロアの中央にはモザイクタイルの噴水があり、その周りを色とりどりの毛布や敷物の山、シルクのシャツやドレス、美しい象眼細工で縁どりされた鏡やガラスのランプが囲んでいる。上の二フロアもきれいに整頓され、真っ白に磨かれ、タイルが貼られ、絨毯と家具が飾られて、そこからメディナ（旧市街）を見渡せる屋上庭へと続いている。

マジードはモロッコ北部の小さな村で育った。祖父と叔父は二人とも商人で、子供のころに繊維商が家に来ていた記憶がある。太鼓腹の男がやってきては、木の下に腰を下ろして、荷を解いていた。マジードの祖父と叔父は、生地を見ながら男と話す。男は夕食に招かれ、食べ終わるとまた交渉が始まる。数分もすると男が立ち上がり、生地を乱暴にトラックに押し込むと、鼻先で臭いおならをかましてさっさと出て行くのだった。数日もすると男は舞い戻ってくる。また夕食を食べ、怒鳴り、手を振り、嵐のように去っていく。何度かそれを繰り返し、最後には交渉が成立していた。それから何日かすると今度は別の商人がやってきて、同じことを繰り返す。

「俺の叔父が言ったもんだ。商売には三つのことが必要だとね。数百歳まで生きたノアの年の功。奴隷にも金をまとわせたスレイマンの富。そして預言者ダビデの忍耐さ」

マジードの父親は、カフタンや皮製品をつくる職人で、手工芸品をフェズの露店で売っていた。一九六〇年代のなかごろに観光客がモロッコを訪れはじめ、フェズでの競争が厳しくなると、父親はタンジールに移った。マジードは、一九六五年にタンジールの旧市街で父親の店の隣に、一四歳にして初めて自分の店を開き、街を訪れるヒッピーの若者たちに羊皮のジャケットやアクセサリーを売っていた。「子供のころはデカいアフロヘアで、旅行客からよくほっぺたをつねられてたよ。そこらへんの物売りのガキさ。周りの土産物屋もみんな同じものを売ってたね。誰彼かまわず『寄ってらっしゃい、見てらっしゃい』って声をかけたもんだ。だけど、いまほど強引じゃなかったな。観光客が通り過ぎても、追いかけていって袖を引いたりはしなかった。なわばりがはっきりしてたんだ」。

といっても、彼が天使のように純粋だったわけではない。

「ガキのころは無邪気なふりをして、ちょくちょく客をごまかして小遣いを稼いでた。酒臭いイギリス人が革ジャンを買いにきたことがあったんだ。売りたかったから酒臭さも我慢したよ。黒い革ジャンがほしいというんだ。うちには羊とヤギの革ジャンがあった。ヤギ革だと五ディルハムしか儲からない。羊革は安いが、儲けははるかに多い。そのオヤジはヤギ革がほしいっていうんだ。しかも羊より安くしろって。それじゃ一銭にもならない。そこで、品物を渡すときにヤギと羊を入れ替えたんだ。翌日、モノが違ってるとそいつが戻ってきた。俺はあと五ディルハム出せばヤギに換えてやると言った。で、また羊の革ジャンをくるくるっと巻いて渡したんだ。次の日、またそいつがやってきて、コーヒーを二杯注文した。革ジャンはそのままでいいから、どうやって騙したか種明かしをしろって言うんだよ。だから、見せてやった。膝の裏に羊の革ジャンを隠しておいて、ヤギの革ジャンをたたむときにしゃがみこんで、さっと入れ替えて相手に渡すのさ。そうすりゃ儲かるだろ」

カスバで育つにつれ、マジードは観光客をひっかけるだけのそこらへんの土産物屋で終わりたくないと思いはじめた。そこで、教養を身に付けようと心に決めた。サハラ西部を行き交う有名な交易商のキャラバンに交じって、マリやマウレタニアを旅した。琥珀を買い入れて磨く技術を学び、銀食器や象牙についても勉強した。「面白いものがあると聞けば、どこにでもすっとんで行った」。

マジードは、旅を通して商品の知識だけでなく、その価値についても学んだ。「タンジールの土産物屋なんて、井の中の蛙もいいところさ。とにかく隣の店より安い値段をつけりゃいいと思ってるんだから」。そんな底辺の競争に加わらずにすむ売り方があるはずだ。違う商品を扱えば、まったく別のやり方で価格を操作できるに違いない。サハラ砂漠の琥珀商人のもとを何度も訪れたマジードは、商人の言い値とヨーロッパ人や中東のお客たちが支払う価格の差をしだいに予測できるようになっていった。琥珀の値段が下がったときに買えるだけ買い込んで、それを磨き、保存し、供給をコントロールすることで、マジードは自分だけの市場をつくることができると気付いた。

「俺がほかのヤツらと違うのは、この店の品物にはみんな物語があるってことだ。芸術品について勉強したわけじゃないが、芸術品の専門家から最高の教えを受けた。だから金持ちの顧客とのつきあい方がわかるんだ。ローリング・ストーンズだろうが、カトリーヌ・ドヌーヴだろうが、ジョン・マルコヴィッチだろうが、ボブ・ディランだろうが、エリザベス・テイラーだろうがね。エリザベス・テイラーが来るというからカメラを準備したのに、商品の説明に夢中になって写真を撮るのを忘れちまったくらいさ」。プレゼンテーションと物語、そして顧客のほしがるものを理解する能力。それらを通してマジードは価値を創造し、平凡な土産物屋には夢のまた夢のような値段をつけることができるようになったのだ。

売買を繰り返すごとに、商売に対する彼の理解はますます深まっていった。「セールスマンの力量ってのは、ものを買うときにわかる。儲けられるかどうかは、売るときじゃなくて買うときに決まるのさ。買った瞬間に儲けが確定するんだ。売るまで儲けられないヤツは負け犬だ。俺が見せてほしいと頼んだものを相手が見せてくれれば、九割がたは俺のものになる。あるとき、果物市場で店主が美しい刺繍の上着を着ているのを見た。うす汚れてはいたが、上等なものだった。俺は上着を買い、そのうえズボンまで買い取ったものだから、ほかのヤツらは呆れて笑ってたよ。売り買いできないものなんてないのさ。あとは、聞いてみるかみないかだけだ。売ってはいけないのはハラームだけ、アラーの神がお許しにならない禁忌品だけだよ」。

マジードはオランダ人の妻と結婚する前、自宅にあるものをなんでも売ってしまう癖があった。「いまは妻がものに愛着を持つようになったから」やめたそうだ。でも、彼を夕食に招くなら気を付けたほうがいい。料理が下げられた瞬間に、客間の敷物を買い取り、丸めて持ち帰るらしいので。

お客を好きに泳がせて観察する

マジードは一見大胆に見えるが、セールスの手法はきわめて手堅い。「セールスマンなんて、乞食みたいなものさ。一日中頭を下げ続けてるんだから。俺の親父は、セールスマンは気持ちに余裕を持たなくちゃいかんとよく言ったもんだ。カッカするなとね。もちろん、たまには殺意さえ感じるような客もいるさ。でも実際に殺すわけにはいかないから」。

ビジネスの世界でも、相手を立てろ、お客様は神様だ、市場は移り気だ、と言われる。セールスマンはいやでも客を立てなくてはならない。だが、それによって見えてくるものもある。マジードは僕にこう言った。「セールスマンは客を見ている。相手を品定めしているんだ。お客のほうはセールスマンを見もしないでゴミみたいに扱う。だけど、黙って目と耳を働かせているだけで、お客のことがよくわかるようになる。俺は客を一人でぶらぶらさせておくんだ。照明をつけて、お客が何を見ているかは気にかけるが、邪魔はしない。いきなり身振り手振りで客に話しかけるようなヤツは、あと二〇年くらい修業したほうがいいな」。

僕らが話していると、首からカメラをぶら下げたアジア人の男性が店に入ってきた。マジードは立ち上がり、その男性の横にある飾り棚の電気をつけた。客は気付かず店内を一回りして、けむたげにマジードの顔を一度だけちらりと見たが、そのまま出ていった。マジードは戻ってきて腰を下ろした。ああいうのは迷惑じゃないのかと僕は聞いた。

「余裕、だよ」。彼はゆったりとした上着をヒラリと開けてみせた。「お客はいろんな話を聞かされて、市場ではさんざん注意するよう言われてるんだ。ぼったくられるんじゃないかと警戒してるのさ。以前、うちの店に入ってきていろいろと物色し始めたアメリカ人の男がいてね。銀食器を見てこれは銀かと聞いた。そうですと答えると、『モロッコの銀か』ってさらに聞いてくるんだよ。要するに混ぜ物が入ってるんじゃないかって意味さ。今度は別のものを見て、アンティークかと聞いてきた。そうだと答えると『お前が裏庭でつくったんだろう』なんて言う。妻は、キレそうになってたよ。でもこれは魚釣りみたいなもんなんだ。食いついた魚を無理に引っ張ると糸が切れるだろう。だから放したり、引っ張ったり、また放したり引っ張ったりして、疲れさせる。そこで糸を巻き上げればいい。その男は琥珀を見て、プラスチックかと聞いてきた。俺は違うと答えた。『琥珀です』。『香港製か?』。男はずっと俺をやり込めようとしてたんで、好きにさせておいた。反撃できるタイミングを待ったんだ。最後に男は美しい象牙のおわんを手にとった。職人が何世代もかけて彫り上げた作品を、男が振り回し始めたんだ。だから、俺はヤツの手首を摑んでおわんを取り上げ、光にかざした。『お客さん、大切に扱ってくれませんかね』。それから、そのおわんの歴史を説明すると、男は自分がバカだったと気付いたらしい。すみませんと謝まったから、構わないと答えた。何も知らなかったんだな。恥ずかしそうにしていたよ。その晩、そいつはいっしょに食事をしたタンジールの誰かから、俺の評判を聞いたらしい。翌日またやってきた。前の日はあばれ馬みたいだったが、この日は乗ってほしそうだったから乗っかった。もう俺の言うことならなんでも聞いたね。男は見事な銀のブレスレットを何本か買っていった。もし俺が我慢していなかったら、おいしい魚を逃していただろう。力ずくじゃなくて頭を使ったんだよ」。

拒絶と失敗に対する耐性

マジードは、打たれ強さを「ゆったりした上着」にたとえる。打たれ強さはセールスマンだけでなく、人生での成功を望む人すべてに必要な資質でもある。それは、逆境で心の平穏を保つ能力だ。ラドヤード・キップリングは『もし』という詩のなかで、それを「勝利も敗北も等しく受け止めて、惑わされない力」と呼んでいる。ホロコーストを生き延びて、その後充実した人生を送った人々のなかに、僕らは打たれ強さを見る。来る日も来る日も「イエス」よりも「ノー」ばかり聞かされながら生きている人々のなかにも、同じ力がある。

幸いなことに、心理学者によると、打たれ強さは想像以上に多くの人に共通する力で、その力がどのように育まれるのかが解明され始めているという。PTSD（心的外傷後ストレス障害）を患う兵士についての初期の研究では、悲惨な体験はかならずなんらかの心理的なトラウマにつながると思われていた。しかし、最近の研究では、そうとは限らないことが示されている。研究者たちはPTSDの患者だけに注目し、PTSDにならなかった大多数の兵士や、悲惨な体験や目撃の後でもすぐに立ち直った兵士たちに目を向けてこなかった。人間は、みんなが思うよりもずっと打たれ強いのだ。わざわざ心理学者の力を借りなくても「問題を整理」したり、不幸な体験に「ケリをつける」ことができる人は大勢いる。僕らの多くは、不幸な出来事を自分なりに受け入れ、持てるものに感謝し、前に進んでゆくのである。

コロンビア大学の心理学者ジョージ・ボナンノは、打たれ強さはさまざまな要因から生まれると書いている。支えてくれる家族やよき友人。幼少時の不運や困難の経験。神経質でないこと。要因が一つの場合も複数の場合もあるが、これらが「しなやかさ」を生み出すのだとボナンノは言う。それは厳しい冬や過酷な剪定を経て毎年花を咲かせる植物が持つ力強さにも似ている。

人間の打たれ強さとは、「人生の意義を見つけようと努力する力。自分が環境や結果を変えられると信じる力。いい経験からも悪い経験からも学べると思う気持ち」だとボナンノは言う。マジードは間違いなくこの力を持っている。上着の襟をヒラリと開いて、「ゆったりした上着」があればいいのさ、と軽く言ってのけるが。これから紹介する偉大なセールスマンはみな、拒絶と失敗を受け入れ、それを糧にして最終的な成功へとつなげている。彼らは拒絶から顔をそむけず、それを受け入れて抵抗力をつけ、セールスマンが職業柄受ける打撃に耐えている。

かつて、カスバの商人たちはみな、押しの強さで売っていた。だが、そうしたやり方も観光客がモロッコを離れ始めるまでのことだった。マジードが言うには、前国王がある裕福な開発業者をマラケッシュに招いたときが最悪だったそうだ。外国人がやってくると子供たちがガイドにしてくれと彼の車を空港からオートバイで追いかけた。運転手が子供たちを振り切ると、一人が車にツバを吐いた。そのアメリカ人の開発業者は結局投資せず、国王は観光警察局を新設して、観光客につきまとわないようセールスマンとガイドを指導した。

それでも観光客への売り込み方は、いまもほとんど変わっていない。旅行客の大半はガイドに連れられて店にやってくる。ガイドは旅行者について知っていることを店主に耳打ちする。観光客は午後中ここで缶詰めになり、買い物のプレッシャーをかけられる。フェズかマラケッシュからやってきた客ならば、多少は慣れている場合もある。ガイドは時間や出身地を符牒で伝える。「プラスチック」はアメリカ人。「ダハンジ」といえば出入り。塔のないモスクといえば、ユダヤ人のことだ。店主のなかには高級ホテルに内通者がいる者もいて、いつ何人の観光客が到着し、どのくらいの期間滞在するかを教えてもらい、ガイドを空港に送って観光客を捕まえる。

ガイドが情報を伝えると、売り込みの大芝居が始まる。マジードは立ち上がって、モロッコのセールスマンがよくやるパフォーマンスを踊りながら見せてくれた。まず、セールスマンは客を泳がせる。ほんの少しでも敷物やほかの商品に気になるそぶりを見せようものなら、セールスマンがここぞとまとわりついてくる。「ちょっとちょっと、見るだけでいいんですよ」。客が引いてもセールスマンは押してくる。「どれがお好みか教えてくださいよ」。これは、アメリカの生命保険のセールスマンが、ノーと言わせないために使うのとまったくおなじ手口だ。客が「買うつもりはないよ」と言っても、セールスマンは、「どれが好きかだけ教えてくれればいいんです」と返してくる。「ちなみにいくら？」などと聞こうものなら、もう逃げられない。「お客さんにだけ、特別にお安くしておきます。お客さん、すごくいい人ですからね。見ればわかりますよ」。それでも買わないと、セールスマンは怒りを露わにして詰め寄ってくる。そこまでくると、もうただの買い物ではなくなっている。僕らが敷物を買ったあのマラケッシュの店主も言っていたように、それは子供や孫にまで代々及ぶ、大人としての義務であるかのような話になってくる。

「俺の時間を無駄にしやがって」。マジードはセールスマンのマネをして、胸の前で肘を曲げ、手のひらを上にして腕を前に突き出している。「俺は子供を食べさせなくちゃならないし、借りた金も返さなくちゃならない。あんたは俺の友達だと思ったのに。俺の時間を無駄にして」。そして今度はお涙頂戴だ。「子供が一〇人もいるんです。家は狭いし」。客が一日考えさせてほしいと言うと、いきなりガイドが割り込んできて「明日はどこも閉まってます」と言う。でも明日は火曜日だと返せば「祝日ですから」と答える。お土産に敷物でも買おうかと思っていただけなのに、いつのまにか抜き差しならないはめに陥っていくのである。

カスバのセールスマンはどんなものもこの手口で売りつけ、それを自分の実力だと勘違いしているとマジードは言う。「あいつらは自分が切れ者で、なんでも売れると思っている。働かせてほしいとやってきて『俺はナイフだ。切れ味がいい』なんてぬかす。だから言ってやるんだ。うちの店じゃ客のクビを切り落とすようなヤツはいらないってね。うちにも評判ってもんがある」。マジードは、自分にはセールスの理論などない、経験だけだと言った。三五年来つきあっている顧客もいる。「きれいな目をしているからなんていう理由で、三五年もつきあってはくれないよ」。マジードは自分の商品にほれ込んでいる。店に置かれたものすべてが素晴らしく手入れされているのを見れば、それは明らかだ。しかも、マジードは長い目でものごとを考えることができる。

「もしお客さんがやっぱり合わないから商品を返品したいと言えば、いつでも引き取るよ。ありがたいことですってお客さんには言うんだ。そのお客さんが持っていてくれたことで、品物の価値が上がるんだから」

あるとき、ラバトからきたフランス人女性が琥珀を買い、数週間後にスイス人の友人とやってきて、返金を求めた。プラスチックを売りつけられたというのだ。マジードは琥珀を受け取り、彼女が支払った三〇〇〇ユーロをカウンターの上に出して、スイス人の友達に宝石の由来を話し始めた。しばらくすると、彼女は金はいらないから琥珀を返してほしいという。マジードは、以前より琥珀の値段が上がったから一二〇〇ユーロほど上乗せしてもらわないと、と告げた。彼女はしぶしぶ追加料金を支払った。

「最高のものがほしい」と言われたら?

商売人の家庭環境と自分の経験を通してマジードが身に付けた観察眼とテクニックは、優秀なアメリカ人のセールスマンが備えている技術にかなり近いものだ。それは、「宣言的知識」と呼ばれるものである。宣言的知識とは、「それが何であるか」について理解することだ。反対に、「どのように行うか」を理解することを「手続き的知識」と呼ぶ。つまり、宣言的知識は治療前の診断のようなものだ。セールスマンは、さまざまな状況のなかで顧客にどうアプローチするかを決める前に、相手がどんな人間で何を望んでいるかを見極めなければならない。これは、なかなか教わってできることではない。勘のよさと相手を素早く読む力が必要になる。それは、もっとも動物的な能力であると同時に、もっとも高度で洗練されたセールス技術でもある。

マジードはテキサスからやってきたある男性の話をしてくれた。その旅行客はあれこれと絨毯を物色して値段をたずねていた。その様子からは、男が物足りないと思っているのが見てとれた。ヒューストンの自宅に置く、「最高の」絨毯がほしいという。マジードは素早く、その男性の言う「最高の」が「いちばん高い」という意味だと察した。そこでちょっとじらしてみることにした。もちろん非常に高価な絨毯もありますけど、それがお客様の好みに合うかわかりませんよ、と。男は、「それそれ、それだよ」と食いついてきた。マジードはしぶしぶといった調子で、客を上階に案内し絨毯を見せた。そして、そのなかの一つを指さして、ものすごく高いのですが、と申し訳なさそうに男に言った。「これに決めた」と男は言い、その場で支払いを済ませた。もし、「最高の」と言われて、この客を本物の絨毯の目利きだと思い込み「いちばん品質のよいもの」を差し出していたら、マジードは時間を無駄にしていたはずだ。だが、経験によって身に付けた宣言的知識のおかげで、マジードは遠回りをせずにすんだ。この客にとっては高いものこそいいものであって、自宅にくる客に、モロッコで最高の絨毯を買った、こんなに高かったんだと自慢したいのだ。

お客の動機を正しく察することは、相手のほしがる商品を知るのと同じくらい重要だ。多忙な医師を訪問する製薬会社のＭＲ（医薬情報担当者）は、数分を惜しむ相手に長々しい専門的な説明は迷惑であることをわかっていなければならない。不動産屋は、相手が休暇前に海辺の別荘をさっさと買いたい金持ちの夫婦なのか、苦しい家計からなんとか頭金を捻出しようとしている若いカップルなのかを判断できなければならない。一見しただけでは違いがわからないことも多い。長年店に座って顧客の往来を観察してきたマジードは、いつ押していつ引くべきか、飾り棚の電気はどのタイミングでつけるか、妻の前でいい格好をしたがる夫の鼻をいつへし折ればいいかをはっきりと知っている。それぞれの状況を正しく読んだうえで、どう対応するかを決めるのだ。

テキサスＡ＆Ｍ大学でマーケティングを教えるデビッド・シマンスキ教授は、個人営業における宣言的知識の重要性を著した論文で、「競争が熾烈で、顧客の要求を満たす商品が数多く存在する環境では、顧客に合わせて売り方を変えるセールスマンがライバルに勝るでしょう」と解説している。マジードの場合には、すべてのお客に対して完璧な売り方を練るような時間も情報もない。そこで、彼は持てる情報を使い、頭のなかの経験というフィルターを通してそれを素早く整理し、最良と思われるアプローチを探し出す。それはかなり進んだパターン認識のプロセスだ。シマンスキは言う。

「要するに、セールスマンは各段階で顧客特性を見極める必要があるということです。まず、紹介を受けたら、相手が見込み客かそうでないのかを区別しなければなりません」

見込み客だと判断すれば、どのくらい可能性があるのかをさらに評価する必要がある。大量に買ってくれそうか、少しだけなのか。値段に厳しいかそうでないか。すぐに取引が成立する相手なのか、時間をかけて他社とも交渉している相手なのか。セールスマンはそれぞれの段階で販売努力へのリターンを最大化しなければならない。セールスが成功するかどうかは、各段階でどれだけ正しくふるい分けができるかどうかにかかっているのだ。

セールスマンは頭のなかに顧客特性のピラミッドを持っているとシマンスキは言う。たとえば、高そうな洋服を着てフェラーリに乗っている客なら、金持ちで見栄っ張りだと考える。新入りのセールスマンならそこまでだ。だが、経験豊富なセールスマンなら、もっとよく見るはずだ。袖口のボタンが取れていないか。洗車は行き届いているか。見かけほど金持ちだとは限らない。経験豊富なセールスマンは、夫婦のどちらが決定権を持っているかを見分けられるだろう。鋭いセールスマンは、決定的な特性、つまり相手を正しく分類するための特性を探している。テキサスから来たあの男性の場合は、価格イコール品質だと思っている点がポイントだった。マジードは頭のなかのピラミッドの頂点にこのポイントを置いた。ということは、優秀なセールスマンかそうでないかは特性を正確に見極められるか、そしてそれに正しい優先順位がつけられるかにかかっているということだ。二人のセールスマンがある客についてまったく同じ顧客特性を見つけても、優秀なセールスマンは重要な特性に添った戦略を立てるのだ。

優秀なセールスマンは、いちばん重要な顧客の特性を摑み、売上を伸ばし、頭のなかのピラミッドに確信を持ち、その結果ますます顧客を見る目が冴えてさらに成功を重ねるという好循環を繰り返す。だめなセールスマンは何度か読みを間違うと、マニュアルに戻ってしまう。取引ごとに毎回アプローチを変え、売り方を進化させ続けるセールスマンの技術を、だめなセールスマンは永久に体得できない。マジードは見込み客をふるい分け、相手によって売り方を変える達人である。アプローチの違いを彼は自動車のギアにたとえる。「ギアを変えるように、売り方を変えるんだ」。我慢しなければならないときもある。客を王様のように扱って相手に力があるように感じさせ、その力を行使したいと思わせ、結果として商品を買うように仕向ける場合もある。自分をただの物売りとしか見ない客を教育し、一目置かせることが必要なこともある。

マジードは観察し、耳を傾け、相手に合わせ、感情をコントロールしながら、客の出すヒントを正確に読んでいる。ストレスや欲や感情の揺れは、素早い判断の妨げになる。吸収した情報を処理し、商品とメッセージと売り方をうまく組み合わせることができなくなってしまうのだ。店にやってくる暴れ馬のような顧客を、マジードはこれまで幾度となく見てきた。そんなとき、彼は時間をかけ、余裕を持って接する。ほかの店に行かせて価格と質をくらべさせる。マジードは譲歩することもなければ、こびへつらうこともない。すると、二人に一人は戻ってくる。「戻ってきたときには、もう暴れ馬じゃなくなってるよ」。マジードは腰を浮かせ、膝を少し曲げて馬乗りの姿勢になり、片方の手で手綱を握りもう片方の手で軽く鞭を打つマネをした。「そうすりゃ、あとは乗るだけだ」

マジードの技術は、個人営業の極意と呼ぶにふさわしいものである。だが、この能力は誰にとっても、どんな職業においても、人生のあらゆる場面で利用できる。最高のセールスマンになれる技術があれば、この社会のどこにいても成功できるだろう。他者を読み、戦略や行動を目的に合わせて変えることこそ、人生における成功の秘訣なのだから。しかし、セールスのスキルが人生の可能性を広げてくれるものだとすれば、セールスマンの苦労――不安や拒絶へのストレス、あからさまな失敗への恐怖――はまた、誰もが経験する人生の苦しみを凝縮したものなのである。

第2章

ストーリーと共感力で売り込む

最高のショーマンは、独特の持ち味で多くの人を魅了し、
洞察力に優れ、機転が利き、人間の本質を深く理解し、
ひとあたりがよく、いつも「甘い言葉」で人を丸め込むことができる。

P・T・バーナム

おまけもおつけします！　いますぐお電話ください！

マジードが受けたセールスの教育は、一〇〇パーセント実践だ。商売人の家庭に育ち、長じてからは市場で過ごした。マジードは打たれ強く、面白く、顧客の隠れた願望を鋭く読み取り、それらを分類する達人だ。しかも、仕事と倫理観の板挟みで悩んだりしない。商売を楽しいゲームだと思っているのだ。マジードは昔から続いてきたタンジールの旧市街の路地でその技を磨いてきた。それと同じ資質が、トニー・サリバンのなかにも見てとれる。サリバンもまた、独力で技を磨いてきたセールスマンだが、そのフィールドは比較的新しい業界、テレビ通販だ。

出来のいいテレビ通販番組は、その前後の番組より楽しめたりする。包丁やモップや腹筋増強マシンを殺風景なスタジオに並べて、値段と効用を連呼する。「いますぐお電話ください！」「おまけが、一つ、二つ、三つも‼」と煽り立てる。極めつきはパーソナリティーだ。お祭りの呼び込みか、街頭の客引きのような、なんとも奇妙な人たちが、深夜のケーブルテレビで声を張り上げている。テレビショッピング番組はマジードの店に入るのと同じで、買っても買わなくてもかなり楽しめる。

僕がサリバンを初めて見たのは、モップを売り込む深夜番組だ。しょぼついた僕の目を引いたのは、モップではなくて、アメリカのテレビショッピングで宣伝文句を並べていた、僕と同じイギリス人だった。しかも彼の口上は、いかにもイギリスの上流階級向けといわんばかりの気取ったCMのナレーションとは一線を画していた。サリバンを見て、僕は故郷のノーザンプトンの青空市場で、寒風吹きすさぶなか、ジョークを飛ばしながら雑貨を売っていた男性を思い出した。

「台所の床いっぱいにこんなものがこぼれてしまったらどうします?」。サリバンはそう言いながら、ダイエットコークを床に振りまく。

「〝スマートモップ〟があればこうですよ。ほら見てください。水気を切るには、持ち上げてねじるだけ。しゃがみこんだり、汚い水を触ったりしなくてもいいんです。ねじりを解いてモップを床に下せばあとは拭くだけ。どんな汚れもさっとひと拭き。特製クロスがモップの二〇倍の重さの水分を吸収します。しかも持ち上げてもしずくが垂れない。すごいでしょう、見てください。私の頭の上に持ち上げてみますよ。ほら、垂れてこないでしょう。それから、グラスのなかに水気を切れば、なんと飲むこともできるんですよ。あらら、砂で汚れた台所の床にケチャップ、そのまた上にマスタードがこぼれちゃったらどうします? 雑巾なんかで拭いたら汚れが冷蔵庫の下に入っちゃう。スマートモップがあれば違います。ほら見てください。砂も汚れも埃も、ケチャップもマスタードも全部いっしょに吸い取ります。拭いたり掃除機をかけたりしなくていいんです。お掃除の時間がほら半分に!」

サリバンは、早口で宣伝文句をポンポンと唱えながら、スマートモップをそのとおりに動かしていく。「特製クロスでひと拭きすれば、喉の渇いたサハラ砂漠のラクダのようにアッという間になんでも吸い取ります」。子供たちもこんな風に科学を教えてもらえばよろこぶだろう。

僕は、サリバンプロダクションズで彼と落ち合った。オフィスはフロリダ州タンパの中心部より南側の海岸近くに面した建物の一階にあった。サリバンは会社から車で五分のデービス島に住んでいる――ヤンキースの名ショート、デレク・ジーターの家が一二軒先にある。自宅の裏庭のデッキには大型の高速艇が停めてあり、マイアミまでそれを飛ばすのが楽しみだ。銀髪を短く切りそろえた長身のサリバンは、いつも笑いをこらえているように見える。早口で、早足。販売しているさまざまな商品のうちの一つでも名前を挙げようものなら、宣伝文句が自然に口をついて出てくる。

洗車ブラシのウォッシュマティック？「バケツから自然に水を吸い上げます。あなたの車を強力洗浄！」。フルオロスコープ？「あなたの視界をくっきり明るく！」。ターボスネイクは「詰まりを取ってすっきり排水。シャワー中お風呂に水がたまってないですか？　犬の毛も猫の毛も、長い毛も短い毛も、あなたの毛も私の毛も、ターボスネイクがすっきり取り除きます」。ハードウォーターワンドなら「ウンチで汚れたトイレがピカピカに！」。

テレビショッピングという名の市場調査

サリバンは、プリンストン大学で機械宇宙工学を教えるダン・ノーゼンチャック教授に招かれて、二〇〇四年から授業を受け持っている。この授業は、学部生向けの起業エンジニアリングのコースの一部として、ものやサービスをどう市場に紹介するかを教えることが狙いだ。「市場化を扱う授業の多くは、ケーススタディーを使ったり、専門家を招いてさまざまな商品を審査してもらう形式になっています。でも、それでは肝心なことがわからないのです。市場は自分のつくる商品をほしがるのだろうか？　注目してくれるだろうか？　どうやったらそれがわかるのか？」

ノーゼンチャックは地元、ニュージャージーのテレブランズという企業にアドバイスを求めた。この会社は商品を開発し、テレビショッピングを使ってテスト販売し、大手量販店のウォルマートやCVSを通してそれを販売している。テレブランズは、テレビショッピング番組を制作してそのパーソナリティーを務めるサリバンを紹介してくれた。「サリバンは、自分の手で商品を市場に紹介する仕組みを教えてくれているのです。授業のなかで、具体的なツールや技術、ストーリーの組み立て方や台本の書き方といった現実的なアドバイスを与えてくれます。テストマーケティングと販売の世界を融合させるということです。彼ならきわめて優秀な経営学の教授になれるでしょう」。

サリバンは、自分のことを「テレビ通販のオジサン」と呼ぶ。確かにはじめはそうだったかもしれないが、いまではそれをはるかに超えて、投資家や製造業者や小売業者による高度に進化した生態系のなかで欠かせない存在になっている。一見、テレビでは商品を売っているように見えるが、それよりも大切な狙いがある。商品への反応を探ることだ。最近のテレビショッピングは、商品を売る場ではなく、大当たりする可能性があるかどうかを探る場になっている。狙いはウォルマートに置いてもらうことなのだ。つまり、テレビショッピングは、ターゲットを限定した一種の市場調査と言っていい。そこで、商品とその売り方をテストするのである。商品販売に必要な宣言的知識を得るための場とも言える。消費者が気にとめるのは何か？　どのような売り込み方がウケるのか？

「学者たちにとって、セールスはおまけなのです」とノーゼンチャックは言う。「つまるところ、大切なのはものを売ることだと頭ではわかっています。ですが、それがまともな学問として扱われていない。サリバンはその隙間を埋めてくれます。彼の授業は顧客参加型の商品開発のコースとは違います。市場が多種多様な参加者から成り立っていること――また、参加者に意見を聞き反応を探る必要があること――を学生に肌で感じさせてくれるのです。テレビショッピングにはさまざまな要素がブレンドされています。マーケティング、テスト販売、そして営業。サリバンはそれらをきわめて効果的に融合しているのです」

カリスマ実演販売人に弟子入りする

サリバンはイギリスののどかな田舎町、デヴォンの北西で育った。父親は、パブ向けにスロットマシンをレンタルする実入りのいい商売を営んでいた。「四歳のころから、父親とパブをまわっていたから、陽気で冗談好きな口のうまい酒屋のオヤジさんたちのなかで育ったのさ」。父親はやり手のセールスマンで、話がうまかったらしい。人生でも商売でも「相手に決してノーと言わせるな」というのがモットーだった。

サリバンの初めての売り込み体験は、自宅の売却だった。まだ九歳だったという。「不動産屋が見込み客を連れて来たんだけど、親がいなかったから俺が案内したんだ」。遊び部屋をぜひ見てほしいと、お客さんに狭い階段を上らせた。それから外に連れ出してツリーハウスを見せた。あとになって彼らにも小さな子供がいることがわかった。「庭をひとまわりして、お気に入りのものを全部見せてあげた。大好きな家だから引っ越したくないけど、親の仕事の都合でしょうがないんだって言ったのを憶えてるよ」。そのカップルは家を買い、不動産屋はサリバンの両親に「家が売れたのは息子さんのおかげですね」と言ったそうだ。

父親はサリバンが一〇代になると、スロットマシンやビリヤード台のレンタル料金の回収にまわらせるようになった。怒った店主から追いかけられたこともあった。「すごく怖かったけど、父のアシスタントだったアンジーが『借金は返してもらって当然。堂々としてなさい』って言ってくれた。いまもその言葉を肝に銘じてるんだ」。

テレビショッピングへの第一歩は、二一歳の夏のある出来事だった。友達のフィル・クランプが駐車違反の罰金を払い損ねたことがきっかけだった。クランプは、夏の間だけバイドフォードの地元サッカークラブのグラウンドに立つ市場で、Tシャツ販売の露店を開いていた。クランプが違反切符の不払いで裁判所に呼び出されている間、サリバンは店番を頼まれた。サリバンは朝早くそこに行き、数時間かけてパイプを組み立てて店を開き、Tシャツを並べていた。すると、そろそろ市場が開くという時間に、向かいに茶色のボルボのワゴンが停まった。男が折りたたみ式のテーブルと、小さな器具をいくつか取り出した。その男は紅茶を一杯飲んだあと、〝驚異のウォッシュマティック〟の実演を始めた。「強力シャワーであなたの車をピカピカに！」。サリバンはクランプの売店で日にTシャツを何枚か売るだけだったが、向かいの男の周りには人垣ができ、七、八分おきに四、五台のウォッシュマティックが売れていた。「大きさも色も種類も一つだけ。しかも、折りたたみ式のテーブルだけですべてをこなしていた。それで日に五〇〇ポンドは稼いでたんだ。俺のほうはたった五〇ポンドぽっち。何が違ったかというと、ヤツは自分から売り込んでたのに、俺はただぼーっと座って客を待ってるだけだった」。

その日の終わりにサリバンは男のところに行って弟子にしてくれないかと頼んでみた。だが、まったく相手にしてもらえなかった。友達のクランプは裁判所から戻ると、サリバンに一〇ポンドの手数料を渡して礼を言った。「俺はクランプに、もしウォッシュマティックの男をまた見かけたら、俺が真剣に弟子になりたがってると伝えてくれ、って頼んだ」。

次の週に男が電話をくれた。マーク・ビンガムと名乗ったその男は、次の週末にクロイド・ベイの市場にテープレコーダーを持ってこいと言った。実演を録音して、一言一句違えず、正確に憶えろというのだ。そのまた次の週、ビンガムは昼食の間一時間やるから〝驚異のウォッシュマティック〟を売ってみろとサリバンに告げた。サリバンは借家の前に車を停めて、フロントガラスに自分の姿を映しながら練習を繰り返した。「兄や友達には、アタマがいかれちまったと思われたよ」。その二週間後、実演のチャンスをもらった。

「喉から心臓が飛び出そうだった」とサリバンは言う。最初の一人が近寄ってきてウォッシュマティックの使い方を聞いた。「それで、ビンガムが教えてくれたとおりに、一言一句違わず話しはじめたんだ。『これは、車のシャワーなんですよ。バケツの水かけとは大違い。速く手を動かせば、水の勢いも強くなる。手を止めれば水も止まる』。はじめの一台が売れると、すぐに人垣ができはじめた——二人、四人、八人、一六人と。一時間すらすらとしゃべり続けているうちに、だんだん自信がついてきた。一時間で結局七台も売ったんだ。ビンガムは参ったって感じだったね。びっくりして紅茶を噴き出してた」。

ビンガムはサリバンに翌週またバイドフォードに戻ってくるよう告げ、ビンガム自身は別の街で仕事をすることにした。翌週、サリバンは六〇台売った。「その夏のことはいまもはっきりと憶えている。麦藁帽をかぶって、ポケットに一〇〇〇ポンドつっこんで、一日に即金で二〇〇〇ポンドも稼いだ。これが天職だって気付いたんだ」。

間もなくサリバンは国中の市場を巡回する業者の一人になった。「イギリスじゃ、実演販売人はうさんくさいけど憎めないヤツみたいに思われてるだろ。市場に来ると、みんなホットドッグを買って紅茶を飲みながら実演販売を見物する。演芸と商売と娯楽がいっしょになったようなものさ。『子供たちとウォッシュマティックでも観に行くか』ってな感じだ」。サリバンはちょっとした人気者の立場を楽しみ、観客のウケをとることに味をしめた。夜になるとカラオケのあるパブやクラブを回り、スタンドアップコメディの前座をやったりした。「オチを拝借して、実演販売に取り入れたこともあるよ」。

客を惹きつけるためのリズム

セールストークの狙いは、観客を「くぎ付けにすること」だとサリバンは言う。つい立ち止まって最後まで聞いてしまうような話をすることなのだ。「レイ・チャールズは、カントリーミュージックが多くの人を惹きつけるのはストーリーがあるからだって言っていた。商品も同じことさ」。聴衆をくぎ付けにして、「ほしい人いますか？」と聞いたら、「ハイ！」と言うしかない気にさせるのである。最初に立ち止まった人との世間話が、すべての始まりだ。

「おはよう！　お兄さん、どこから来たの？　ブリストル？　いや〜ちょうどこないだ行ってきたところさ……」。そして、その人が商品に目を移したとたん、スルリと実演販売に移っていく。「ちょっとやってみましょうか？　一分だけしかかからないから。さて、バケツに水を入れて……」。この最初の観客を「一番」と呼ぶ。実演が終わるまで「一番」を惹きつけておくのがカギだ。まず、一番をキープすること。その間に「二番」がやってきたら視線をそっちに向けて、親しげに話しかけてみる。「どこから来たの？　お姉さんもブリストル？　へぇそうなんだ。これ？　ちょっと見て行ってよ。車が強力シャワーでピッカピカになるんだよ」。

サリバンはそうやって話しながら交通整理の警官のように手を動かす。「催眠術みたいなもんで、手を動かすとみんなが目で追ってくれる。それから、何度も頷きかける。すると、みんなもそうだそうだって雰囲気になる。『そりゃいいね！　なるほど！』ってな感じでね」。サリバンの頭が油田掘削ポンプみたいに上下に動く。「それから『見てよ！』とか『聞いてよ！』って言うんだ。先生が生徒に『聞け！』と言えば聞くだろ？　だから俺もときどき実演の途中で『見て！』『聞いて！』『さあさあ！』なんて大声を出すんだ」。

セールストークが長くても短くても、基本的なリズムは変わらない。「何度も同じ言葉を繰り返すんだ。おさらいするのさ。手を止めちゃいけない」。全員をくぎ付けにしたところで、締めにものすごいお値打ち感と数量限定を強調する。

「さあ、どうぞ」と言いながら、聴衆が前に進み出られるようにサリバンは一歩後ろに下がる。「四〇ドル、三〇ドルじゃないんだよ。モップ一本にヘッドが三個ついて一九ドル九五セントだ。先着五名様だけのスペシャルサービスだよ。さあ、最初は誰だい？」。サリバンが自分の手を上げてみせると、すぐに何人かの手が上がる。決して「買う」という言葉は使わない。二〇ドルのモップをめぐって喧嘩になったこともあるという。

「感じがよくて、ジョークを言えて、話がうまけりゃいいんだよ。めちゃくちゃ楽しい休日を過ごしたら、友達に話したくなるだろ？　それと同じことさ」

サリバンがウォッシュマティックを売り始めたころ、イギリスで衛星放送が始まり、テレビが多チャンネル化した。テレビショッピングもそうした新しいチャンネルの一つだった。「それればっかり見てた」とサリバンは言う。オーリーのカーワックスの宣伝では、男が自動車のボンネットの上でハンバーガーを焼き、オーリーワックスで汚れを拭き取っていた。

「それで、自分でやってみようと思ったんだ。テレビショッピングで見たものは全部買ったよ。オーリーの宣伝通りに自動車のボンネットでハンバーガーを焼こうとして、父親の車を丸焼けにしちまったこともある。〝ディディセブン〟っていうシミ抜きを母親のウェディングドレスに使ってみたりもした。ぜんぜんだめだったけど。でも役に立たなくても、とりあえず話に乗って買ってみようとは思った。だめでもがっかりするだけだし、べつに土地やエッフェル塔を買っちゃったわけじゃないからね」

真夏のデヴォンから冬の夜のロンドンの街角に河岸を移すと、ずいぶん勝手が違った。「でもこの性格のおかげで助かったんだ。ワンズワースの商店街に早出して、大物ギャングのチャーリー・クレイとお茶したこともあるよ」。チャーリー・クレイとは、ロンドンで知らぬ者なしと言われた双子のギャング、クレイ兄弟の片割れだ。「自分でも、こりゃすごいと思ったね」。サリバンはなんとか街角での販売を続けた。パフォーマンスのたびに一〇人やそこらが買ってくれる絶好調の日もあった。だが、たいていは寒さにこごえながら長時間雑貨やアクセサリーを売り続ける日々だった。「一二月のロンドンの街角で、サマンサって女の子と缶バッジを売り続けたよ。手がかじかんで感覚がなくなった。そのとき、テレビに出るしかないと思った。それから二年かかったけど」。

アメリカ進出のきっかけは、スマートモップだった。ロンドンで開かれていた家庭用品の展示会で多機能定規を売っていたときに、たまたま目についたのだ。デヴォンで育ったサリバンは、子供のころからサーフィンが大好きだった。一〇代の終わりになると、なけなしの金を集めてハワイへの航空券を買い、時給四ドルでユースホステルの管理人をやりながら一夏を過ごした。「食べて、ビールを飲んで、サーフィンするには、それで十分だったんだ」。最悪だったのは、砂だらけの床の掃除だ。ただモップをかけるだけではだめで、砂をこすり取って全部掃いたあと、モップをかけなければならなかった。「そんなときには、スマートモップが神のお助けに見えるはずだと思った」。

スマートモップの販売業者がロサンゼルスを拠点にしていると知ったサリバンはロスに飛び、西海岸を移動してモップを売り歩く仕事に就いた。観光ビザは六カ月で切れるので、家族や友人はその前に戻ってくるだろうと思っていたらしい。「でも、アメリカに来たからには、いずれはテレビの仕事をやると決めていた。番組はみんなアメリカで制作されていたからね」。

サリバンはサンタモニカの埠頭にアパートを借りた。そのアパートに住んでいた女性が結婚するので、サリバンがアパートを譲り受けたのだ。女性の結婚相手はミック・ヘイスティーといって、「軽量でコンパクトで台所に一台あると便利な」小型ミキサー、マジックブレットの販売人だった。サリバンはスマートモップの販売で稼いだ現金を、ＶＨＳビデオのケースにしまっていた。一つでは足りなくなって、そのうち家中のビデオケースを使うはめになった。「うちに来て『風と共に去りぬ』を見ようなんて言い出す人がいなきゃいいけどってヒヤヒヤしてた」。

サリバンは、ロンドンの街角でのセールストークを、西海岸風に変えた。「ここは年中暖かいし、みんなそんなにせかせかしてない。押しが強いと引かれてしまう。でも気に入れば、実演の途中でも三〇ドル手渡してくれる」。サリバンはスペイン語を話せなかったので、スペイン語に訳してもらったセールストークを暗記して、スペイン語でも販売できるようになった。

一九九三年三月、「世紀の嵐」と呼ばれた台風がフロリダを襲った翌日、サリバンはホームショッピングネットワーク（ＨＳＮ）の本社があるクリアウォータービーチにやってきた。この会社がスマートモップに興味を持っているとボスに聞いたからだ。ほかのセールスマンたちはみなロスに戻ったが、サリバンはクリアウォータービーチに留まることに決め、商品を乗せたバンの後部座席で寝起きした。万が一、ＨＳＮがスマートモップの実演者をほしがった場合、自分がそこにいればチャンスを与えてもらえるはずだと思ったからだ。

その読みが当たった。ＨＳＮはそれまで、実演販売に自社のパーソナリティーを使っていた。

サリバンはヘッドプロデューサーにうまく取り入って、デモ販売の番組に出演できることになった。「初めの一八分で五〇〇〇台売ったんだ」。アスリートが自己最高の試合を振り返るように、サリバンは語った。「HSNはそのころすごく野暮ったかったんだ。イヴァナ・トランプやバーバラ・マンドレルみたいな一昔前の有名人を呼んできて、模造宝石のジュエリーとかイタリア製の置物を売ってたよ。そこにモップとバケツをぶら下げた俺がバーンと登場したってわけ」。サリバンはテレビで大ブレイクした。

サリバンは、HSNで、初めて業界の全体像を俯瞰するチャンスを得た。イギリスやアメリカのお祭りや展示会で販売するときには、ただ商品を持ってその場に行き、ものを売りさばくだけだった。当時は展示会や市場の土地の所有者がいちばん偉いと思っていた。うさんくさい人も多かった。ボストンで三万五〇〇〇ドルも売上げたときのことだ。商品のオーナーは、金に足がつかないように、市内を必死にかけずりまわって、身分証のいらない小口の郵便為替に換えていた。

製造業者と小売業者に会い始めたのも、HSN時代だった。製造業者は中国で商品を委託生産し、小売業者は売れる商品をつねに探していた。「同じ商品が、街角とテレビショッピングと情報番組でバラバラに販売されていたし、宣伝も、紙媒体とテレビで別々だった。全部まとめてやれる方法があるはずだと思ったんだ」。それから一〇年の間に台頭してきたのが、発明者からライセンスを受け、テレビショッピングでサリバンにテスト販売させ、ウォルマートを通して大衆市場に商品を届けるテレブランドのような企業である。

エスキモーに氷を売る必要なんてない

サリバンには、ビリー・メイズという長年のビジネスパートナーがいた。メイズもまた、サリバンと同じようにウォッシュマティックの実演販売で有名になった男だ。サリバンがおしゃべりな配管工のお兄さんという感じで聴衆に話しかけるのに対して、ひげぼうぼうのメイズはツバを飛ばして観客に訴え、カメラに向かって商品をごり押しするタイプだった。メイズはその雄叫びで一躍カルト的な人気者になった。

メイズは二〇〇九年に他界し、サリバンはその空白を埋めるべくメイズの名台詞の多くを引き継いだ。メイズとともに一シーズン出演したリアリティー番組『ピッチマン』を、サリバンは一人で続けることになった。この番組では、応募された発明品のなかからサリバンが一つを選び、もっとも聴衆に受けそうな宣伝文句を提案する。大勢の発明家と会い、商品を市場に出す苦労を共有することは、サリバンにとって素晴らしい経験だった。「ビリーと俺は、ただの押しの強いセールスマンだったのに、この番組でみんなの憧れの販売人になれた。自分たちが誰かの人生を変えられるかもしれないってわかったんだ」。

サリバンは、セールスの才能は先天的なものだと信じている。「この仕事をやってる人のなかには、セールスの知識は山ほどあるのにそれでも売れないヤツがごまんといる。持って生まれたものがないんだよ。だけど、テレビショッピングのパロディーをユーチューブに投稿してるような子供もいる。それが何百万回も再生されてたりするんだ」。サリバンはスティーブン・コヴィーの『7つの習慣――成功には原則があった!』も読んだし、アンソニー・ロビンズの自己啓発セミナーにも参加してみたが、どちらも底が浅いと感じた。「そのときはすごく闘志が湧くけど、すぐに元のやり方に逆戻りする。酒場で喧嘩になったら、素が出るだろ? それと同じで、みんな昔のやり方に戻るんだよ」。

日が暮れるころ、僕らはサリバンの黒いレンジローバーに乗って、海の上にかかる橋を渡り家に戻った。僕はタンジールの市場にいるマジードに聞いたのと同じことをサリバンに聞いてみた。エスキモーに氷を売れる? 彼の答えは、マジードのそれと驚くほど似ていた。「そんな考え方自体がバカバカしいよ。エスキモーに氷を売る必要なんてないだろ? 腐るほどあるんだから。イグルーとか、フロリダ旅行とか、氷じゃないものを売りたいよ。アラブ人に砂なんか売りたくないのと同じさ。水だったら売るけどね。エアコンとか」。スマートモップやターボスネイクを売っている割には、消費文化に対して意外に否定的なのだ。「経済の健全さが消費額で測られるってことが恐ろしいよ。感謝祭の翌日にみんなでいっせいにウォルマートに押しかけて要りもしないものを買い込むなんてさ。ものに執着しすぎなんだよ。若いセールスマンのなかには、何を売っても許されると思ってる人間もいる。とくに、金融業界なんかじゃ人生をめちゃくちゃにするようなものを売りつけてる。とんでもないものを売りつけて、なんの責任も取らないんだ」。そりゃごもっとも。でもターボスネイクはどうなんだい？「俺も押し売りとか、がまの油売りとか、なんだかんだと言われるよ。だけど、品物が役に立たなかったり、買った人が金の無駄遣いだと思ったりしたら、いまじゃ昔と違ってネットを通して俺の評判が傷つくんだ。あっという間さ。もしそうなってたら、いまここにいないよ」。

奇妙なことに、彼は正しい。サリバンは、ウォール街の証券マンとは違って、何物にも守られていない。証券マンなら、何事か起きても大企業や政府が守ってくれる。トイレの洗浄器具やモップを売っているだけのサリバンは、つねに消費者の厳しい目と市場の反応に直接さらされている。経済全体を沈下させかねないリスクのある金融商品を売る人々の雇用は守られているのに、雑貨を売るサリバンの仕事には、セーフティーネットがない。

サリバンが旅をしていると、空港で知らない人が近づいてきて、商品を見せられ、「どんな宣伝文句で売ればいいか教えろ」と言われることがあるそうだ。「どんな商品も、家に持ち帰って自分で使ってみて、よく考えなきゃいけない。宣伝文句を思いつくまでには、すごく時間がかかるんだ。その場でパッと出てくるようなものじゃないんだよ」。テレビではツバを飛ばして熱いセールストークを展開しているのに、私生活ではどこをとっても自分はセールスマンらしくないとサリバンは言う。仕事以外では、できる限りスイッチをオフにしている。買い物のときに注文をつけたりもしない。「売り込まれるのがいやなんだ。なんだか居心地が悪くて。自動車ディーラーに行くときには、何を買うか決めてるからとにかく取引を終わらせたいだけ。上手な宣伝文句は歓迎だけど、俺はいい客じゃないよ」。

ビリー・メイズが他界して間もないある日、サリバンはデービス島の自宅近くをランニングしていた。一〇歳くらいの男の子が自転車で通りかかり、サリバンに声をかけた。「おじさん、あのピッチマンのひと？　お友達のこと、残念だったね」。そしてまた自転車で走って行った。サリバンはそのまま走りつづけたが、メイズの死以来落ち込んでいた気持ちが突然軽くなったような気がした。家に戻るとほどなく玄関の呼び鈴が鳴った。あの自転車の男の子だった。「あのう、サリバンさん。いま、学校で雑誌販売のコンテストに参加してるんです。僕はいまのところ二位なんだけど、なんとかトップの子を追い抜きたいんだ。助けてくれませんか？」。サリバンは三〇〇ドル分の雑誌を買った。ちょっと高いなと思った。でもいいじゃないか、学校にお金が入るんだから。二時間後、男の子が戻ってきて、一八〇ドルをサリバンに手渡した。「それで、こう言うんだよ。『ごめんなさい、サリバンさん。僕、もらいすぎました』ってね。でも、べつにそんなことは気にならなかった。俺はこの子から買いたかったんだから。無理やり買わされたわけじゃないし、笑顔がかわいかったからね」。

ビジネスのなかで、セールスがいまだに「はしたないこと」のように扱われていることに、サリバンは憤りを感じている。セールスマンといえば、たいていの人が早口の押し売りを思い浮かべ、「医者にも弁護士にもなれなくて、仕方なく自動車ディーラーになった男」のイメージを持つことに怒りを覚える。それなのに、マーケターなら尊敬されるのだ。「マーケティングのヤツらは専門の学位を持ってるくせに、できそこないのスーツ集団で、ああでもないこうでもないと口ばっかり……」。サリバンはもごもごと語尾を濁してつぶやいた。「あいつらに商品を渡すと、だいたい色がいまいちとか包装がだめとか高すぎるとか言い出すんだ」。そんなことを言っているから金太郎飴みたいな売り方しかできなくなる。「いまどきは、なんでも『それらしい』ものばっかりだ。ニュースキャスターはみんなクローンみたい。車もみ～んな同じ。常識ってやつにとらわれすぎなんだよ――それをどう打ち破るかが大事なのに。俺の言うことが気に入らなくてもいい。でも、無視しないでほしいんだ」。

これだけ露出度の高いサリバンを無視しろというほうが無理である。ウィリアム王子とケイト・ミドルトンが婚約を発表した瞬間、彼の商魂がうずき始めた。二人が婚約したのは水曜。翌日サリバンは取引先に電話をかけた。金曜には婚約指輪の安いレプリカをオーダーし、土曜にはサンプルを受け取り、日曜に広告を打った。わずか数日で、プリンセスとおそろいの指輪を「一九ドル九〇セントのお値打ち価格で」誰でも手に入れられるようになったというわけだ。サリバンも、こうした便乗商売のばかばかしさは自覚している。とはいえ、彼も言っているように、何も土地や家を売りつけようというわけではないのだから。

マジードもそうだが、サリバンほど「生まれつき」のセールスマンはそうそういない。魅力あふれる情熱家で、無から価値を生み出し、胸をはって代金を請求する。「詰まりを取り、白いものをより白くし、車の汚れを落とす。俺たちはこの暗くていやな世の中をちょっとばかり明るくしてるのさ」。サリバンは、僕にセールスマンの価値を説きながら、黒とオレンジ色の小さな四角いパックを振って見せた。「ほら！　ターボスネイクはたったの一〇ドル！」。

セールスにおけるストーリーの役割は二つある。一つは売り込みの道具としての役割。もう一つはセールスマンが自分を納得させる道具としての役割。さらに、よいストーリーには、三段階の効果がある。それは、セールスのプロセスそのものと言ってもいい。まず、奇抜な言動で聞き手の関心を惹きつける段階。あたりまえだと思っていたことがそうでなくなり、目の前に問題が現れる。聞き手は危機意識を抱き、どうしても答えがほしくなる。次は、問題を解決しようともがいたり、敵――人間的、感情的、現実的な障害――に勝つために努力する段階。そして最後は、解決法を提案し、聴衆を行動に駆り立てる段階。アリストテレスが『詩学』に描いた悲劇の三段階とまさに同じことだ。事件が起き、悩みもがき、最後にそれが解決される。

サリバンの実演販売が『オイディプス王』に匹敵するとは言わないが、彼のストーリーにも三段階の展開がある。まず、台所の床が突然ゴミやケチャップや泥や炭酸で汚れてしまう。次に、いつものお掃除方法ではきれいにならないのでいろいろ試してみるものの効果なし。最後に、スマートモップがあれば、ほら特製クロスで問題は解決。でも座って見ているだけじゃだめ。すぐ電話しなくちゃ。生活を便利にして、家族の救世主になろう。一家に一台スマートモップ。いや、二台でも三台でもどうぞ。

いい話で聴衆の気分を盛り上げるコツは、これを買えばヒーローになれると思わせることだ。優秀なセールスマンは、どんなストーリーが相手の心に訴えるかを敏感に察する。その人にとってのヒーローストーリーはどんな話だろう？　この買い物で、何を得たいのだろう？　誰に認めてほしい？　理想の人間像とは？　部下のセールスマンを鼓舞する立場にある管理職もまた、同じことを問いかける必要がある。部下は仕事から何を得たいのか？　どうしたら彼らのヒーロー願望を実現させられるだろう？

ストーリーを共有し、拡散する

二〇〇八年の春、ヘッジファンドマネジャーをしているイギリス人の友達が電話をくれた。ロサンゼルスでミルケン・インスティテュートのグローバルカンファレンスに出席しているという。

「これまでで最高の講演を聞いた。あんな話は聞いたことがない」。スピーチの主はスティーブ・ウィン。億万長者のホテル王兼カジノ王だ。友人が言うには、ウィンはステージに上るとおぼつかない足取りでマイクのところまで歩いていったらしい。目が悪くなりつつあるのか、マイクまで付き添いが必要だった。それから、彼は小声で話し始めたので、聴衆は前のめりで耳を傾けなければならなかった。「これまで一度も打ち明けたことのない話をしようと思います」と始めた。「自分が学んだもっとも深い商売の教訓」を教えるというのだ。

ウィンは生き馬の目を抜く業界で成功を収めてきた。世界一競争が厳しいと言われるラスベガスの賭博と観光業界である。彼は過去三〇年にわたりラスベガスの急成長の中心的存在であり続けてきた。一九八〇年代にドレクセル・バーナムランバートのマイケル・ミルケンが発行したジャンクボンドで調達した資金によって、第一号の大型カジノリゾートであるミラージュを建設したのを皮切りにトレジャーアイランド、ベラージオと続けざまに大型カジノを開発し、ついに自分の名前のついたウィン・ラスベガスとウィン・マカオを建設した。そんな人物が商売の秘密を明かそうというのだから、当然誰もが耳を傾ける。

数年前、ウィンは妻と娘をパリに連れて行き、そこから自分だけシンガポールに飛んだ。妻と娘はシャンゼリゼのすぐそばにあるフォーシーズンズ系列のジョルジュサンクに泊まっていた。ある朝、二人はルームサービスの朝食を頼んだ。娘のジリアンはクロワッサンを注文した。とても風味豊かな美味しいクロワッサンだったのに、ジリアンは半分しか食べ切れなかった。彼女は残りをサランラップに包み、帰ってきたら食べようと冷蔵庫の上に置いて部屋を出た。

ジリアンと母親が部屋に戻ると、クロワッサンはなくなっていた。清掃係は捨てていいと思ったに違いない。二人は電話のメッセージランプが点灯しているのに気付いた。ウィンの妻のエレインがフロントに電話をした。清掃係から話があるという。「ご連絡ありがとうございます」と清掃係は言った。「お戻りになったら焼きたてのクロワッサンをお持ちしようと思いまして。お部屋に残されていたものは、乾いておりますので」。エレインはいたく感激して、地球の裏側にいたウィンに電話をした。ウィンもその話に感動して、カナダにいるフォーシーズンズの創業者で会長のイザドア・シャープに電話をかけた。「受話器の向こうで、彼もパッと明るい声になった。シャープは、『なんと、そりゃすごいな』と言っていたよ」。ウィン自身も思い出を楽しむように、大きな笑顔を浮かべていた。

もし、仕事の上で一つだけ望みがかなうなら、こうなってほしい、と彼は言った。「わが社の従業員が、従業員としてお客様と向き合うのではなく、人間対人間としてお客様とおつきあいするようになることだ。ブラックジャックのディーラー対プレーヤーではなく、ルイスさんとジョーンズさんとしてね。そんな情熱を育てることができたら、企業の歴史が変わり、どんなサービス業でも圧倒的な世界一になれるだろう」。

この一人の清掃係のおもてなしの心を、数千人を擁する組織全体に広げることなど、現実に可能なのだろうか？　従業員が顧客と二人きりになったとき、誰からも監視されずとも相手に奉仕することに心からのよろこびを感じられる環境をつくれるだろうか？　罰を与えると脅かしたり、金銭的な報酬を与えたりするやり方では、四六時中厳しく見張っていなければうまくいかない。最高のおもてなしを実現するには、従業員自身がそのことに喜びを感じるようにするしかない。それがウィンの見果てぬ夢だという。

その夢は、のちに「ストーリーテリング」と呼ばれるシステムになった。ウィンリゾートでは、八時間のシフトのはじめに一二人から一八人の従業員が監督者とグループミーティングを行う。メイドたちは清掃検査の監督者と会い、カジノのディーラーたちはピットのボスと話し合う。彼らは、この組織のもっとも末端でお客様と接するスタッフとその直属の上司たちだ。

監督者は、ミーティングのはじめに「昨日なにか面白いことがあったかな？」と訊ねる。すると、ゆっくりと手が上がる。ある男性従業員は、女性のお客様が部屋の前で何かを落とし、気付かずに部屋に入っていったと言う。それはクレジットカードだったので、従業員はカードを拾い、部屋をノックしてカードを渡した。もう一人の従業員は、到着したばかりのご夫妻をお手伝いしていたところ、その夫妻が自宅に持病の薬を忘れてきたことに気付いた。自宅はロス郊外のエンシノという街で、ホテルからは車で五時間ほど離れていた。ご夫妻はパニックになり、休暇をキャンセルして帰宅しようとしていた。男性従業員は、「大丈夫、ご心配なく」と言った。ご自宅に誰かいらっしゃいますか？　ええ、家政婦がいます。それはよかった、と従業員は答えた。従業員の弟のラミレスがそれほど遠くない場所に住んでいたのだ。家政婦にラミレスという男が薬を取りに来ると伝えてくださいと従業員は夫妻に言った。そうすれば、私がラミレスから受け取ります、と。その従業員は上司にいきさつを話し、上司はさっそく取りに向かわせることにした。薬は翌朝ご夫妻のもとに届いていた。その夫妻は、おそらく生涯ウィンリゾートへの恩を忘れないはずだ。

こうしたストーリーはすべて社内のイントラネットで公開され、スタッフ控室の壁に貼り出されている。いまでは、スタッフ全員が自分のストーリーを貼り出してもらいたがっているという。「みんな翌日のストーリーを楽しみに出勤してくるんだ。原始的だし単純なやり方だが、すごく効果がある。これが、わが社の歴史を変えたのだよ」。ウィンにとって、ストーリーテリングは従業員に仕事のやりがいを感じてもらう手段であり、また、最高のサービスを組織に拡げる手段でもある。

断られた回数がいちばん多かった人ほど売上金額が多い

多くのグローバル企業と協力してきたフランス人心理学者のクロテール・ラパイユは、優秀なセールスマンを「ハッピーな負け犬」と呼ぶ。彼らは拒絶を勝利への第一歩と受け止めるからだ。英雄伝説の主人公のように、拒絶を自己変革のバネにするのである。このマインドセットの根っこにあるのは、子供時代になにかを売り込んだ経験だ。その経験が頭のなかにずっと生き続ける。たとえば、レモネード売りの経験だったり、学校をずる休みしたくて親を説得しようとした経験だったり。最初の「ノー」は、毒にもなるし薬にもなる。売り込みが怖くなったり、嫌いになったりする子供もいるだろう。セールスマンの資質がある子供なら、そこでなんとか「イエス」と言わせたくなるものだ。

ラパイユは、数企業で毎週セールスマンたちとミーティングを持ち、その週に受けた「ノー」の数を訊ねていた。すると、受け取った「ノー」の数が多いほど、売上の金額も多いことがわかった。それらの「ノー」は、彼らの努力と創意工夫の表れだったのだ。「ノー」の多いセールスマンほど、顧客への訪問回数が多く、新たなことを試し、失敗も重ねていた。そのことは、拒絶に対する打たれ強さを示すだけでなく、いったん相手に受け入れられたらそのチャンスを限界まで活用する積極性をも表している。たとえば、お客様がすでにドレスを二着とベルト、セーター、上着まで買っていても、優秀なセールスマンはまだ勧め続ける。「お洋服にぴったりの靴はいかがですか?」。こうしていると、商談はかならず「ノー」で終わるはずだが、そこに至るまでに十数回の「イエス」があるのだ。

セールスマンを採用するとき、企業は販売の成功実績よりも失敗への受容性を見るべきだとラパイユは勧める。「人生でどれだけ失敗してきましたか?」と聞くべきなのだと。

成功しか味わったことがないというなら、それはとりも直さず浮世離れした人生を送ってきた証拠だし、そういう人が営業の仕事につけばかならずコテンパンに潰されてしまうだろう。ラパイユは、セールスのスリルはキツネ狩りのスリルのようなものだという。みないっせいに出かけていくが、多くが脱落したり怪我をしたりする。キツネが逃げおおせることもある。だが、追いかけっこのスリルこそが、ハンターを興奮させるのだ。

ラパイユは言う。「断られた回数がいちばん多い人に金メダルを与えるといいでしょう。ジョナサンの先月のコンピュータ売上台数は五〇万台。でも断られた回数は五〇〇万回！　おめでとう！　という具合にね。ばかばかしいと思われるかもしれませんが、これがセールスマンの胸の奥にある闘志をかき立てるのです——とりわけ、逆境に克つことがなにより素晴らしいと思われているアメリカではそうなのです」。

ドナルド・トランプがセールスマンにこれほど賞賛されるのは、彼が成功者だからではなく、成功し、失敗し、そしてもう一度這い上がってきたからだとラパイユは言う。彼を馬鹿にする人は多いが、ヒーローだと思う人はもっと多い。一度は破産したが、ふたたび富を築いた。みんな彼の髪型を笑うが、それでも彼には美しい妻がいる。セールスマンがトランプに憧れるのは、彼が逆境を跳ね返したからだ。そのストーリーが、繰り返し話題にされ、人々を勇気づけるのだ。

女王陛下に売り込んだ伝説の興行師

アメリカのセールスの歴史のなかで、フィニアス・テイラー・バーナム（P・T・バーナム）ほど注目を集めた人物はいない。バーナムは一九世紀に一世を風靡した興行師であり、ストーリーテラーだった。彼は善良さとうさんくささの両方を併せ持ち、自らを「ペテン師」と呼ぶことをいとわず、それが後の世代にセールスマンのイメージとして定着することになった。節制と勤勉、信心と貞節の美徳を説く一方で聴衆をたぶらかし、それを楽しんでいた。ある伝記作家によると、「行動と理想が矛盾すると、バーナムはどちらかを選ぶことはしなかった。理想を見直したのである。古い規範が崩壊しつつあるとわかっていても、まだそれに縛られるアメリカ人が多いなか、バーナムは自由奔放に生きた」という。

バーナムにとって、セールスは勝ち負けにかかわらず、楽しみながらワザを磨くゲームだった。彼のことを、嘘つき、詐欺師、騙し屋などと呼ぶ人もいた。バーナムのごとき人間の内面にある道徳や哲学を問う『詐欺師』という作品は、ハーマン・メルヴィルが小説家を諦めて税関吏になる前の最後の小説だ。どろどろした売り込みや説得の物語を書いていた陰気で文なしのメルヴィルとは対照的に、バーナムは表舞台で注目を浴び、巨万の富を築いていた。

バーナムの成功を人生の不公平さの象徴だと叩く人もいた。節制や正直さや勤勉さが報われず、誰よりも目立ちたがりでうさんくさくて厚かましい人間が成功しているのは、不公平だと批判されたのだ。

一八四六年、イギリス人画家のベンジャミン・ロバート・ヘイドンは、ロンドン中心部にあるエジプシャン・ホールで個展を開いた。不運なことに、同じホールの別の場所で、バーナムがチャールズ・シャーウッド・ストラットン、別名「親指トム将軍」の名で知られた小人の見世物を興行していた。落ち込んだヘイドンは日記にこう書いている。

「数千人という人々が親指トムを見に押し掛ける。聴衆は押し合い、喧嘩をし、叫び、気絶し、『助けて！』『殺される！』と大声で訴える。私のポスターや宣伝を見ても、まるで気に留めてはいない。視界には入っていても、うわの空だ。正気の沙汰ではなく、何かにとり付かれているとしか思えない。まさかと思うような悪夢である」。数週間後、金銭的にも精神的にも破綻したヘイドンは、自分の頭を撃ったものの死にきれず、喉をかっ切って自殺した。バーナムの成功が彼を追い詰めたのである。

バーナムは一八一〇年に生まれた。彼が育ったのは、アメリカという国が自らのアイデンティティーを求めて、伝統という堅苦しい衣を脱ぎ、開放的で自由な精神へと向かう時代だった。バーナムは、野心と個人的利益の追求こそが人間を進歩させると信じられていた時代の申し子だった。多くの偉大なセールスマンと同じく、彼の商才もまた子供時代に育まれた。バーナムは一二歳でコネチカット州ベテルの雑貨店で事務員として働き始めた。客の多くは帽子職人だった。バーナムはのちにこう書いている。「彼らは生地の量をごまかしていた。うちの店も商品をごまかしていた。お互いが、承知のうえだった。耳より目が頼りだった。見えることもあてにならなかったが、耳に入ってくることはそれ以上に信用できなかったからだ」。

バーナムはさまざまな仕事を転々とした。新聞配達。宝くじ売り。聖書の訪問販売。そして一八三四年にニューヨークにやってきて興行師としてのスタートを切ると、ドサ回りの巡業を組み、その後、奇形動物やめずらしい生き物を展示するロウワーマンハッタンの博物館を買い取った。一八四二年に彼はライバルの興行師に週一二ドル五〇セント、現在の価格にすると三四〇ドルを支払って、「フィジーの人魚」を借り受けた。それは、三フィートの魚の身体にサルの頭と腕がついた、乾ききった醜いミイラだった。バーナムは、この人魚を記事にしてくれた新聞社だけに木製の人魚像の限定品を贈呈すると約束したが、実際には街中の新聞社がこの「限定品」の人魚像を受け取っていた。彼は科学者と医者に金を払って、この人魚の真贋論争をぶち上げた。議論が白熱してくると、バーナムは宣伝のために偽物疑惑を認め、それを利用してさらに注目を集めた。「医者でも議論が分かれるのなら、誰に判断できるだろう?」「これが本物であれつくり物であれ、これまで衆目にさらされたもののなかで、もっとも好奇心をくすぐるものだ」と彼は書いている。

この年、バーナムはチャールズ・ストラットンに出会う。五歳児のストラットンは、生まれてからわずかに六ポンド（三キロ足らず）しか体重が増えず、身長はぎりぎり六四センチしかなかった。複合的な小人症で身体は小さなままだったが、体型は完璧に整っていた。ストラットンのなかに永遠の少年を見たバーナムは、衣装を着せて歌と寸劇を教え込んだ。その体格をさらに奇異に見せるために一一歳だと偽り、コネチカットではなくイギリス生まれだということにした。ストラットンは「親指トム将軍」と名付けられ、大評判の見世物となった。それがバーナムの古典的な手口だった。

親指トムのロンドン巡業にあたって、イギリス人の懐に入るには上流階級に受け入れられるのが早道だとバーナムは考えた。彼はイギリス貴族の邸宅が立ち並ぶメイフェアに豪邸を借りた。貴族たちを一人ずつ招いてこの秘蔵っ子を紹介しているうちに、やっと待ちに待った招待状を受け取った。ヴィクトリア女王が親指トムの興行を見たいというのだ。親指トムは、女王のプードルと格闘したり王族の目の前を走ったりひっくり返ったりして、宮殿で大受けした。その後のエジプシャン・ホールでの興行は、大ヒットとなった。バーナムはイギリスの支配階級と貴族のお墨付きをうまく利用して、興行を売り込んだのである。

社会科学者たちは、バーナムが「社会的なお墨付き」を使って、大衆の上流階層への同一化願望を刺激し、一般人に興行を売り込んだのだと解説した。ヴィクトリア女王が面白いというなら、私や私の家族も見ておくべきだろうというわけだ。セレブのオススメと同じ理屈である。グィネス・パルトローが持っているハンドバッグがほしい、レブロン・ジェームズが履いているスニーカーを履いてみたい。そうすれば、一瞬だけでも彼らと同じ高みに上れるかもしれない。

そんな強引な売り込みなど断固お断りだという人がいるのは、いまもバーナムの時代も同じである。メルヴィルの『詐欺師』を読むと、あの『白鯨』の名作家が筆を折ったのは、バーナムの成功を深読みしすぎたせいではないかとさえ感じてしまう。本のタイトルでもある「詐欺師」は、さまざまな手練手管を使ってハーブ薬やら石炭やらインディアンへの慈善までありとあらゆるものを売り込む、悪魔のようなキャラクターだ。かならず薬が効く、石炭株が上がる、貧しい南部インディアンを救えると請け合うのだ。もちろん、どれ一つとして真実ではない。しかし、この蒸気船の乗客と詐欺師との会話のなかに、セールスについての議論の枠組みが描かれている。

周囲の全員を疑ったり警戒したりして生きていると、世の中がいやになる。とはいえ、脇が甘いと、騙されかねない。自分はどの立場を取るのか。リスクを承知でこの危険なゲームに積極的に参加するのか？　それとも恐れをなして閉じ込もるのか？

メルヴィルはバーナムのような人間に明らかに反発していたが、この本のいたるところでその存在は必要悪として描かれている。ある批評家は、『詐欺師』が「当時のリベラリズムのあらゆる害悪——金儲け主義、浅はかさ、俗物根性、偽りの楽観性、手放しの自己礼賛、都合のいい曖昧さ、口当たりのいい言葉への傾倒、悲劇に見舞われた人々や崇高な人々そして自然に対する裏切り、自動的な進歩への安易な盲信——を白日の下に晒した」と書いた。

イェール大学のティモシー・ドワイト学長も、その数年前に、アメリカ人と彼の学生のなかにさえ根付いていた「売り込み」文化を同じように批判していた。「人生の出発点で誰彼かまわず雑貨を売りつけているような人間は、ほぼ間違いなく詐欺師になる。そうした人間は、駆け引きに勝つことだけを唯一の目標とし、自分の得になることならなんでもいいと思い込む。詐欺の手口を、善良な商人が使う商売のスキルや正統な取引のやり方となんら変わらないと勘違いしてしまうのである」。

セールスマンをどう見るかは、つまるところ信条の問題だ。ドワイトのような禁欲的な人間の側に立ち、セールスをまともな商人階級のやり方に比べて低俗な、詐欺まがいの行為だと考えるのか？　それともよくも悪くもやりたい放題のバーナムの流儀を受け入れるのか？　僕たちはバーナムのペテンに眉をひそめるか、それともそれを讃えるか？

バーナム自身も、回顧録のなかでこの疑問に答えようとした。自分が聴衆に見せた「ペテン」は、人々の純粋な好奇心に応えたまでのことだと主張したのだ。「確かに私はいかがわしい人魚の死骸を展示していたが、そのほかにキリンやサイや灰色グマやオランウータンや大蛇も展示していたし、それらはすべて間違いなく本物の動物だった。たまにちょっと〝ひっかけ〟たり、ベールにつつんだり、大げさな写真で目を引いたり、誇大広告を打ったりしたが、それらはこの興味のつきない現実という荒野における息抜きのようなものでしかない。『ペテン』や『ペテン師』の称号は、私が自分でつけたものだ。この称号は、私にとって商売道具なのである」。

バーナムの回顧録は、一九世紀のアメリカにおける新約聖書に次ぐベストセラーになった。彼はペテンや誇大広告になんら罪はないと言いながらも、正真正銘の詐欺には異を唱えていた。また、奴隷制度や人種差別にも声を大にして反対した。節制を説き、のちに居を構えたコネチカット州ブリッジポートの地域改善のために資金を拠出した。バーナム自身の道徳観は、ある意味で厳しくまっすぐなものだった。ただセールスにおいてはそれを緩めていたにすぎない。

客の心のなかに秘められた恐れや欲望を読みとる

ペテンと偽りの間にははっきりとした境界線がある。バーナム的な大言壮語と正真正銘の嘘の間にも、顧客の心を読み必要なものを与えることと相手の弱みにつけ込んで自分が得をすることの間にも、明らかな境界線がある。だが、商売熱心が高じればその境界線を見失いがちになる。世界中の誰もが憧れる、あるジュエリーブランドで小売部門を率いる人物と話すうち、それがはっきり見えてきた。実名を控えてほしいということなので、その人物を仮にデビッドとしておこう。

デビッドは、セールスとは人の心を操ることであり、何がなんでも顧客に商品を買わせることがその目的だという。利益への責任を任された立場にある者として、彼はセールスの道義的な側面を深く考えたりはしない。「セールスに力ずくの面があるのは仕方ありません。相手が自分を信頼して決断の手助けをしてほしいと思っているわけですから、こちらの仕事は相手に決断させ、売上をあげることにつきます。セールスマンは人の心を操ることに長けています。セラピストのようなものなのです。お客様はだいたい淋しい方たちです。自分の価値を認めてほしいと思っているのです。だから買い物を通してお客様が認められたと感じていただくことが、私たちの役目なのです」。デビッドの才能は、店にやってくる人々の心に浮かぶストーリーを理解し、買い物を通して相手の問題を解決するところにある。

マジードやサリバンやバーナムと同じく、デビッドもまたセールスマンの家庭に育った。父親はカメラのセールスマンだった。しかし、デビッドは、数万ドルのカメラよりも、数百万ドルのジュエリーを売ることをいつも夢見ていた。そこで、美術とアンティークを学び、ビバリーヒルズのカルティエに応募した。面接の前に、貯金をはたいてカルティエの財布とペンと腕時計を買った。いよいよ面接のときには、カルティエの財布から名刺を取り出した。面接の途中で、メモを取っていいですかと聞き、カルティエのペンを取り出して、カルティエの腕時計が相手に見えるように袖を少し上げた。「このブランドへの情熱を相手に伝えるためです。私は、事前に店の人の服装や外見を予習して行ったんです。その場で採用されました」。

デビッドの経験談は、その説得力、見込みのない状況を逆転させる力、相手を引きつけて商談をまとめる力を物語るものだ。彼は見込み客の躊躇や完全な拒絶を覆して売上につなげることにこのうえないよろこびを感じている。

「あるとき、年配の女性がいらっしゃいました。とてもシックな装いのその女性は、手袋を外しました。そのとき、ハンドバッグの内側のラベルがちらりと見えたんです。クリスチャン・ディオールでした。その女性はあまり乗り気ではありませんでしたが、私たちはおしゃべりを続けました。しばらくして、私はこう言いました。『マダム、本当に素晴らしいセンスですね。

ディオールのビンテージバッグをお持ちだなんて』。その女性は驚いて私に聞きました。『どうしてわかったの?』。だからこう申し上げたんです。『私どもは一流の品物をお取扱いすることが仕事ですから』。どんぴしゃでした。お客様の気持ちを摑んだのです。それから、私を完全に信頼してくださいました」

またあるときは、カップルが高価な宝石を前にどうしようかと迷っていた。「夫のほうに話しかけたんです。値段を気にするのはおやめなさい、と。私は、母を若いころに亡くした話をしました。そして、『もう十分ご承知でしょうが、結局大切なのはお金じゃありません。奥様をご覧になってください。笑顔が輝いていらっしゃる。大切なのはそれじゃないでしょうか。さあ、君にこれを捧げよう、と言うだけでいいんです』。そして妻のほうを向いてこう言いました。『奥様は、あなた、ありがとう、とおっしゃればいいのですよ』」。

いつもは夫と来る女性が、たまに一人で来店することがある。そんな女性が何か気に入ったものを見つけると、デビッドはこんな風にボタンを押す。「お独りでのお買い物も、たまには自由でよろしいものじゃありませんか?　自分で何かを決めるのは気分がいいものですよね」。宝石を買うという行為を、日常の束縛から逃げだして、自分のために思い切って何かやってみるというストーリーに転換するのだ。それは、商品の機能ではなくそれがもたらす恩恵を売るべしという古典的なセールス理論の究極のかたちだ。とりあえずカラットのことは忘れて、夫の許可なしに二万ドル使ったらどんなに気分がいいか考えてみてください、と。

高価なハンドバッグを持った女性がネックレスの値段にしり込みしているようなら、デビッドは相手の見栄をくすぐる作戦に出る。「お客様がお手に持ってらっしゃるのは一万五〇〇〇ドルのバーキンでございますね」。バッグのブランドを知っていることを相手に伝え、だから高価なものを買い慣れているはずでは？　とさりげなく伝えるのだ。「こんなジュエリー一つに何を悩んでいらっしゃるのでしょう？」。

最高のセールスマンは、さまざまなクライアントを相手に合わせた方法で魅了する。観客を前にした俳優のように、セールストークのなかにドラマチックな筋書きを織り込んで相手の気持ちを揺さぶるのだ。「まず、何か相手の心に触れるようなことを問いかけるのです」と彼は言う。「このビジネスマンは妻のために買い物をしているのか？　それとも彼女へのプレゼントだろうか？　この男性はワクワクしている？　それとも女の機嫌を取るためにいくらかかるか心配している？　毎日やってくる買い物中毒の女性もいます。ショッピングが麻薬なのです。そうしたお客様は、ちやほやしてほしいのです。また、セールスマンを本当の友達だと思って自宅のパーティーに呼ぶ人もいます」。

デビッドは人々の心のなかに秘められた恐れや欲望を読みとる達人であり、その天賦の才をジュエリーの販売に利用している。だがその才能は代償を伴う。それは誘惑の才と同じように、その人に力を与えると同時に、堕落させるものでもあるからだ。ビル・クリントンの自己破壊的な行動は、一つには自分の回復力を試したいがゆえのもの、つまり、もっとも許しがたい欠点をも許される魅力が自分にあるかを試したいがゆえのものだという説を読んだことがある。取り柄のない自分がいとも簡単に相手を落とせるようになると、そのうち退屈になってくる。優秀なセールスマンは自分の才能がどこまで通用するかを試したくなるのだ。どこまで深い穴から自分は這い上がれるだろう？　どんな物語なら真実を取り繕うことができるだろう？　どこまでなら許しが得られるだろう？

偉大なストーリーテラーやセールスマンは、情熱的だ。「ノリがよくてとにかく元気な人間のほうが向いてます」とデビッドは言う。「セールスマンは、みんな気分の浮き沈みが激しいものです。セールスマンにとっては、売り込みを成功させることが麻薬なんですよ。精神が安定している人のほうが適任だと思われがちですが、最高のセールスマンは実のところ極端に情緒的かつ感情的なのです。手綱を握るのがいちばん難しい人種といっていいでしょう。私の下にいるマネジャーなんて、自分のオフィスの外に『椅子に座って待つように』と表示してるくらいです。そんな集団をうまく切り盛りしていくのは並大抵じゃありません」。間違ってもセールスマンを信用するな、とデビッドは言う。「セールスマンはいつも仲間を出し抜いて、他人の売上を自分の手柄にしたがります。お客様には自分を信じてくださいと言って売り込むくせに、仲間内では騙し合っているんですよ」。

破綻してしまったイギリスの銀行のヘッドトレーダーが、こんなことを教えてくれた。採用面接で候補者に、一〇万ドルが突然手に入ったらどうするかと聞くのだという。借金を返すと言う人もいれば、家の頭金に二割ほど使って残りは貯金か年金に回すと言う人もいる。すぐに高価な車を買おうなんて人間はあまりいない。だが採用されるのはそういう人たちだ。「がんがん稼いで、自分でもいろんなものを買いたいという人間を採用したい。けちけちため込むようなヤツはいらない」ということらしい。

贅沢品の販売にも同じ資質が要求される。最高のセールスマンは、顧客のような人生を生きたいと心底望み、仕事を通してそれを疑似体験する。もちろん顧客と自分が違うことにそのうちいやでも気付かされるが、売り込むためには顧客の動機を理解する必要がある。

「お客様がほしがる一万五〇〇〇ドルの靴を、自分もほしいと思わなければ、セールスはできません。お金持ちの夫が成功の証として妻を宝石で飾り立てたいという気持ちを理解できなければいけないのです。たいていの女性はほかの女性に見せびらかすために宝石を買います。女性がダイヤモンドを買うのは投資ではなく、人から注目されたいからだとわからなくてはいけません。金持ちの友達にさえ手が届かないものがほしいという気持ちが理解できないとだめなのです」

共感力がなければものは売れないということだ。

第3章

生まれつきか、経験か

私の商品は、石鹸や自動車よりもはるかにいいものです。
人生そのものが商品なのですから。

テレビ宣教師、ジム・バッカー

セールスの基本原則

セールスのイロハのイは、顧客の欲求を知り、その欲求を満たすような商品を届けることだ。これには三つの要素がある。一つは値段。どの値段なら顧客が買ってくれるのか、どの値段でこちらは売りたいのか。次は、セールスの過程にかかわる構造的な要因。店で一度だけ商品を売るのと、企業相手にたくさんの人たちを相手にしながら数カ月かけて段階的に製品を売り込むのとではやり方がまったく違う。最後の要素は人間心理。つまり、売り手と買い手の間の、機転と性格と感情のぶつかり合いだ。

セールスには、かならずこの三つの要素がしっかりと絡み合っている。たとえば、たいていの小売店のセールスマンは、顧客が誰なのか、どんな商品と売り方を求めているのか、予算はどのくらいかを素早く判断したうえで、お客をうまくあしらって成約にこぎつけようとする。この過程を説明した伝統的な理論が「ＡＩＤＡの法則」、すなわち注意（attention）、関心（interest）、欲求（desire）、行動（action）の四段階だ。この法則は、広告の教育的価値を広めた作家のセント・エルモ・ルイスが一八九八年に提唱したものだ。セールスマンは顧客に話しかけ、注意を引き、関心を欲求へと変え、最後に商品を買わせる。売り込みの期間が長い場合は、このプロセスが数週間、数カ月に延びる。顧客にいろいろと聞きながらニーズを引き出したり、膨らませたりしていけば、拙速な判断を下さずにすむ。「もしこれがお入り用でしたら、きっところも気に入られると思いますよ」といった具合に。

大がかりな法人セールスは、この基本原則の拡大版と言っていい。ベンソン・シャピロとロナルド・ポーズナーは、大企業向けセールスには八つの段階があるという。まず、売上につながりそうな顧客を発見する（第一段階）。勧誘や紹介、またはより科学的な顧客分析から見込み客が浮かびあがる。次に、見込み客の特性を判断し、成約に結び付く可能性を考える（第二段階）。先は長そうか、一発で決められそうか？　誰にどんな風に売り込んだらいいか？　そもそも顧客のニーズに合う商品が自分たちにあるのか？　それから、販売戦略を立てる（第三段階）。関係者、ミーティング、情報、やるべきことなどをリストアップして、売り込みの計画をつくる。売り込む相手は正しいか？　彼らに予算権限はあるか？　自社内のどんなサポートが必要か？　次に、買い手の立場に立って購入を理由づけ、買い手とその同僚がどうしたら納得できるかを考える（第四段階）。計画の段階を終えたら、次は本格的な売り込みに移る。ここで、意思決定にかかわる関係者全員と連絡を取り、根回しをする（第五段階）。その後、顧客の意見を持ち帰り、要求を満たすために必要な資源と人手を確保する（第六段階）。そして、契約を結ぶ（第七段階）。この時点ですでに数カ月も買い手とつきあっているので、契約できるかどうかはたいていわかっている。最後は、顧客が満足していることを確かめ、その後何年も購入を継続するように、関係を大事に育てる（第八段階）だ。

こんな風に説明すると、セールスなんて段取りがすべてで、うまく行かないとすれば段取りが悪いか怠けているかだと思われそうだ。だが、セールスという仕事には、常に恐れや不安がつきまとう。劇作家がこの題材にこれほど魅かれる理由もそこにある。営業にはただのテクニック以上の複雑な心得が必要で、それがセールスマンとして成功するかしないかを決めるのだ。シャピロとポーズナーの分析のような学術的な研究は、さまざまな種類の顧客を特定し、それぞれにいちばん合う売り方を探すにはいいだろう。だが、優秀なセールスマンの内面を理解するには向かないようだ。

役割認識がはっきりしているほど売上成績がよくなる

一九八五年、ギルバート・チャーチル、ニール・フォード、スティーブン・ハートリー、オーヴィル・ウォーカーの四人の学者がセールスについての論文を発表し、研究者仲間からこの分野の二〇世紀でもっとも重要な論文に選ばれた。この『セールスマンの成功要因――メタ分析』は、それまでに発表された研究をすべて取りまとめ、優秀なセールスマンは何が違うのかを描いたものだ。彼らは、適性、技能、モチベーション、役割認識、そのほかの個人的、組織的、環境的な要因など、成功を左右する要素を定量的に分析した。大変な労作だった。そこでわかったのは、販売環境が違えば、成功の要因もまったく違うということだった。長期にわたって身を削るような売り込みを必要とする工業製品の販売では、モチベーションが成功を左右する。買い手と長期的な関係を結ぶ必要のないその場限りの取引の場合には、適性、つまり生まれつきの能力が大切になる。次々と取引をまとめる要領のよさが必要なのだ。しかし、モチベーションや適性よりも重要なのは、個人的な属性、つまり年齢や性別、身長や体重、人種や教育、配偶者の有無、クラブの会員資格といった雑多な要因だ。こうした属性は適性とは違う。身体的な特徴が才能とは言えないのと同じことだ。背の高いバスケット選手に才能があるとは限らないが、背の低い選手よりはダンクシュートを決めやすい。カントリークラブの会員だからといって、会員仲間に何かを売り込めるとは限らないが、少なくとも知り合いにはなれる。

個人属性については、研究分野によってこれほど違うのかと思うほど、結論に差がある。個人の属性がかなり大きく成功を左右する分野もあれば、まったく関係のない分野もある。高級不動産の販売には、クラブの会員資格が重要になるが、道路工事業者にアスファルトを売る場合は違う。医師に医薬品を売るなら、若くて美しい女性のほうがいい。だが顔を合わせない電話営業では、容姿はほとんど関係ない。

しかし、どの研究にも共通する最大の成功要因は、役割認識だった。セールスマンが自己の行為をどう受け止めているかが、売上にもっとも大きく影響していた。自分の行動とその理由を理解し、どんな見返りがあるか、また誰をよろこばせればいいかをはっきり認識しているセールスマンは成功していた。仕事に対してあいまいな気持ちや葛藤が大きい人ほど、成績は振るわなかった。自分を見失ったり目的がないと感じたりしている場合も売上はあがっていなかった。営業という行為自体、人間が行う多くの行為の例にもれず、さまざまな内面の葛藤や倫理の矛盾を生むことになりやすい。わかりやすく指導せずにセールスマンにこうした問題を押し付けたままにしておけば、失敗することは目に見えている。会社や上司がこうした指導をしてくれないなら、セールスマンは自分でなんとかするしかない。セールスマンとして成功したければ、自分の行動とその理由を理解し、自分にどこまでの心構えがあるかを知ることがもっとも大切なのだ。

スーパーセールスマンの秘密

一九六一年、ハーバード・ビジネス・レビューに、「スーパーセールスマンの秘密」と題した論文が掲載された。著者はシカゴ出身の産業心理学者、ロバート・マクマリーだ。マクマリーはシカゴ大学とウィーン大学で心理学者としての教育を受け、心理学をビジネスに、とくにマーケティングとセールス分野に応用した第一人者として知られる人物である。アメリカ中の経営者が、彼の助言を求めたものだった。彼の論文は、かなり時代の先を行くもので、またその内容も厳格な社会科学というより心理学の事例研究に近かったが、これをきっかけにセールスが真剣に研究されるようになった。彼はセールスを経済学と心理学の中間にある独自の学問として確立することを助け、今日もその位置づけは変わらない。

マクマリーは、オートメーションから組織理論までのあらゆる近代産業の進歩とセールスをくらべて、「セールスマンシップ、つまり対人関係の技能は、一〇〇年前と変わらずいまも原始的なものに留まっている。それが通用するのは確かだが、なぜ通用するのかは謎のままである」と指摘する。トップセールスマンでさえ、どうして自分たちがトップなのか説明しろと言われてもできない。マクマリーは、まったく違う種類のさまざまなセールスの仕事を、単純なものから複雑なものまで列挙した。セールスのなかでもっとも単純な仕事は配達人で、感じよくきちんと物を届けることがその役割だ。配達人は郵便配達員と同じく、顧客にとっては商品を発送する組織の顔になる。いちばん複雑なのは、目に見えない商品を売る仕事だ。たとえば、広告や教育の場合には商品を目の前に持ってくるわけにいかず、相手に内容を思い描いてもらうしかない。

もっとも単純な配達の仕事ともっとも複雑な売り込みの仕事の間には五つの段階があるという。まずは、店内で注文を受ける仕事。つまり、カウンターの後ろで働いている人たちの仕事で、買いたいものがはっきりしているお客様に、少し高いものを勧めたり、いくつか余分に買わせたりする。その次が、外へ出て注文を取る仕事。すでに確立した顧客基盤があり、強引に売り込む必要はないが、継続的に注文してもらうには効率的で気持ちのいいサービスを提供する必要がある。その次にくるのが、外交官的なセールスマンの仕事だ。いろいろな場所に出て行って商品への興味を盛り上げる役目をするが、必ずしも取引を成約させなくてもいい。もう一つ上の段階が、専門知識を売る仕事である。複雑な商品を買う顧客にコンサルテーションを行う。そして最後が、車や冷蔵庫のような消費材をあの手この手で売りつける仕事だ。相手に「いまお持ちのよりもこちらのほうがいいですよ」と相手を説き伏せて、成約まで持ち込まなければならない。

マクマリーの分類上でもっとも複雑な仕事につくセールスマンは、いちばん報酬も高い。彼らなしでは、そのビジネス自体が成り立たないからだ。たとえば、投資銀行家は、企業に合併や、株式または債券の発行を勧める機会をつねにうかがっている。売り込みに失敗すれば、商売そのものがない。それにくらべて、郵便配達員は組織の存亡を左右するわけではない。

優秀なセールスマンはかならず三つのことを行っているとマクマリーは言う。最初に、見込み客の感情や夢を素早く見抜き、夢をかなえる商品に相手を引き付けること。次に、その商品が必要でもなくそれを買う余裕もない相手に、合理的な理由を与えること。「一二カ月分割でいいんですよ、ジョンソン様。一カ月たった七五ドルの大特価は明日までです」。最後に、プレッシャーをかけて成約に持ち込み、お金を支払わせることだ。この誘惑、理由づけ、成約の三段階には、それぞれまったく違う才能が必要になる。相手を引き付けるのが得意な人は、成約させる強引さがないこともある。理由づけが得意な人は、論理に頼りすぎて相手と気持ちを通わすことができないかもしれない。成約にこだわる人は、強引すぎて相手を引き付けられない場合もある。

マクマリーによると、セールスマンにいちばん大切なのは「求愛力」らしい。求愛が習い性になっている人間は、「他者の愛情を勝ち取りそれを保つことに強迫的にこだわる」という。それは幼児期の環境からくるものである。求愛者は「自分が誰からも愛されず求められていないと強く信じ込んでいる」ため、愛を勝ち得るためには手段を選ばない。愛想を振りまき、おべっかをつかい、嘘もつく。他人の気持ちが手に取るようにわかるので、売り込む相手と親しくなれる。だが、心の底では自分の行動をすべて嫌っている。周囲を利用し、罠にはまった相手を結局さげすむようになる。

「セールスの場での求愛は、女性の口説き方と同じで、教わってできるものではない」とマクマリーは言う。「生まれつきの求愛者でない人間をそう仕立て上げようとするのは、聖職者を女たらしにしようというのと同じことだ」。求愛者といっても、外見はさまざまだ。粗野で騒々しい人間もいれば、静かで目立たない人間もいる。だが、中身は変わらない。

そのほかに、マクマリーは優秀なセールスマンの特徴を五つ挙げている。あり余る元気と気楽さ。断られてもめげない自信。金への執着。自制心と勤勉さ。そして拒絶や障害を挑戦として受け入れる姿勢。企業にとっての大問題は、これらの特徴をすべて併せ持った人材がめったにいないことと、これらが教えて身に付くものではないことだ。セールスの段取り的なことは教えられる。たとえば、商品知識、時間管理、顧客層の特定、演技にも似た一連のテクニック。無数の販売場面を想定し、言葉遣いまで訓練することもできる。それは限りなく個性を抑えて、ロボットのようなセールスマンを製造するやり方だ。ほとんどのセールスマンには持って生まれた求愛力がないので、企業は営業部隊に演技を教え込むしかない。

マクマリーの描くセールスマン像は、あまり気持ちのいいものではない。もっとも優秀なセールスマンは、「もともと自信満々な人間が、たまたまセールスマンになっただけの場合が多い。そもそも非常に自分勝手なので、雇い主にも、同僚にも、上司にも、顧客にも、誰に対しても忠誠を誓えない。ほぼ例外なく一匹狼を貫いている。私の見るところ、スターセールスマンは欲と敵意に突き動かされている」と彼は言う。自分の魅力を利用すれば、ほしいものがいつも手に入るので、彼らはいつまでも大人になれない。「満ち足りておだやかなセールスマンはほとんどいない」。逆に、彼らは商業界のハンニバルよろしく、他者の欲求を敏感に嗅ぎ取り、それを自分に都合よく利用する。

共感とは相手の感情を理解し、それを共有する二段階のプロセスだ。反社会的人格障害者《サイコパス》は、他者の感情が手に取るようにわかる反面、僕たちと違って、その痛みを分かち合うことができない。逆に、痛みを与えることにこのうえないよろこびを感じ、相手のいちばん弱い部分をわざと狙ってくる。まさに悪魔のように。相手の心をずばりと見抜き、その痛みを考えもせず容赦なくそこにつけ込むのだ。優秀なセールスマンもそう違わない、とマクマリーは言う。相手の心を読んで深く共感しながらも、それを利用して品物を売りつけるのだから。

共感力と自我のほどよいバランス

マクマリーがセールスの世界に大きな一石を投じてから三年後の一九六四年、二人の若き研究者がマクマリーの理論をさらに進めた。それがデイビッド・メイヤーとハーバート・グリーンバーグだ。保険外交員への七年にわたる実地調査をもとに二人が導き出した結論は、優秀なセールスマンは二つの資質を兼ね備えているということだった。それは、「共感力」と「自我」である。すなわち、顧客に耳を傾けてその頭の中を理解する共感力と、成約にこぎつける自我の強さが必要だというのだ。

二人は、いいセールスマンと悪いセールスマンを、新型ミサイルと旧式ミサイルにたとえた。旧式ミサイルは、空中に放たれたあと標的に当たることもあれば、当たらないこともある。最新の熱感知ミサイルなら、逃げようとする標的を追跡して命中させる。共感力とは高度な追跡装置のようなもので、これがあればあの手この手で顧客の欲求を洗い出しそれを満足させることができる。

セールスマンの自我は、売り込みに成功して自分の価値を自覚したいという気持ちから生まれると彼らは言う。お金のためだけでなく、つねに自分の人格を賭けて戦うような気持ちでなければ成功しない。「セールスという仕事は、そもそも成功よりも失敗することのほうが多い。失敗は自尊心を傷つけるため、自我が強くなければ否定的な自己像を長い間引きずってしまう。

失敗をきっかけにいっそう努力して成功することで、さらに自我が強化されるようでなければならない。自尊心を傷つけられることがいっそうの営業努力につながる反面、失敗してもそれで潰れない程度の強い自我が必要なのである」。

優秀なセールスマンを見つける難しさはここにある。高い共感力が必要だが、相手に共感しすぎて成約できないようでは困る。強い自我は欠かせないが、相手が何を欲しているのかを考えられる人間でなければならない。成約に持ち込む押しの強さは必要だが、押しが強すぎて相手を遠ざけてはいけない。相手に共感しすぎると、ただのいい人で終わってしまう。自我が強すぎると、行く先々で嫌われる。どちらも足りない人は、そもそもセールスに向かない。すべてを兼ね備えた人間がいれば、それこそ奇跡だ。

実際に、保険会社は数十年間研究を重ねても、いまだにいいセールスマンをなかなか見つけられないという。新規採用の半分は一年以内に辞め、三年以内に八割はいなくなる。しかも、その間の採用、研修、解雇、顧客管理のミスへの対処には莫大な費用がかかる。企業の採用基準に沿って人を選ぶと、本当に必要な人材ではなく、すでに抱えているだめなセールスマンと同じような人材ばかりになってしまうと二人は言う。面接で応募者にセールスに興味があるかと聞けば、もちろんあると答えるはずだ。採用試験も、ちょっと考えれば誰にでもわかりそうな、「人といっしょにいるのと、家で本を読んでいるのと、どちらが好きですか」といった質問ばかりだ。こうした試験で採用されるのは、これまでのセールスマンと同じタイプの人たちで、多様性に富んだ人材ではない。最悪なのは、企業が社交性や勤勉さといった個別の特性を探し、いちばん重要な共感力と自我の強さを見落としている点だ。

モロッコのマジードのような人には経験を重ねてこそのスキルがあったが、皮肉なことに、経験をもとに採用するのは企業にとって最悪だとメイヤーたちは言う。経験豊富な人材を採用するのは自然だし、とくに複雑な専門知識が求められる業界では製品や市場に詳しい人材を採用したくなるのはあたりまえだが、経験だけを見ていると、潜在的な営業向きの資質を見逃すことになる。管理職はだいたい自分と似たような人間を採用する。「類は友を呼ぶ」のだ。もし経験にこだわらず、肉屋や炭鉱夫や鉄鋼夫や失業者を面接してみたら、そのなかの一割はトップセールスになれる素質があり、二割はたいていのセールス職でほどほど以上の成績があげられるはずだという。「この人たちの多くは、長年経験を積んだ人たちよりはるかにいいセールスマンになれる可能性がある」。

面白いのは、メイヤーらの研究に参加していた中古車ディーラーに仕事を探しにきた「ビッグ・ジム」の例だ。ジムは標準的なセールスマン採用試験と、メイヤーたちが共感力と自我の強さを見出すためにつくったテストの両方を受けた。彼は標準試験には落ちたが、メイヤーたちのテストではぴったりの人材と出た。そこで二人が彼のことを詳しく聞きに中古車ディーラーに行ったところ、セールスマンたちは狐につままれた様子だった。冗談だろう、という感じでジムの標準試験を二人に見せたという。オーバーオールのジーンズとぼろぼろのスニーカーを履いたジムはただの田舎者にしか見えなかった。それまでものを売ったことなど一度もないのに、ショールームを見回して「俺、ここで車売りたいっす」と言った。メイヤーたちはそのディーラーに彼を雇うように伝えた。予想通り、ジムは超一流のセールスマンになった。働き始めて間もなく、「シアトルの万博を見に行きてえ！」と思ったジムは、その月の一週目に車を売りまくって旅費を稼ぎ、万博に行って二週間も留守にした。帰ってくるとその月の最後の週にスタッフの月間平均給与と同じ金額を稼いだ。

押し出し、つまり見かけがいいからといって優秀なセールスマンになるとは限らないのと同じで、経験もセールスでの成功を占う指標にはならないと二人は結論づけた。共感力と自我のバランスのほうが大切だったのだ。この二つの資質を兼ね備えた人なら、研修でさらにいいセールスマンになれる可能性がある。だが、それがなければ、どんなに研修を受けても必ず苦労することになる。

こころの知能指数（ＥＱ）の研究によると、人間の気質は、遺伝的な脳の活動習慣によるものではなく、環境によって時間をかけてかたちづくられるものだという。ハーバード大学のジエローム・ケイガン教授は、人間の気質は臆病、大胆、外向き、内向きの四つに大きく分けられ、それは扁桃体、すなわち脳内の感情や記憶を司る部分の活動に支配されているという。内気な人は、扁桃体が活発になりやすく、そのために不安になり、不確実なものを避けようと手を打つ。多少外交的な人は、扁桃体がそれほど敏感に反応しないため、恐怖心が少なく、より積極的にリスクを取ろうとする。脳がまだ発達途上にある幼少期の経験が、とりわけこの神経の配線に作用する。だが、その後は回路が固まってしまう。気質が決まるのだ。この理論は、マクマリーの研究結果と一致する。セールスマンとして成功するための資質があるかどうかは、大人になるまでにもう決まっているのだ。

「流動性知能」と「結晶性知能」の違いもまた、セールスマンが生まれつきであり、教わってできるものではないことを示すものだ。心理学者のレイモンド・キャッテルとジョン・ホーンは、知性とは、さまざまな才能が結びつきお互いを強め合うことで生まれるという。

流動性知能とは「過去の特定の経験や指導とは無関係に、関係を捉える能力」のことである。つまり、教育や経験とかかわりなく新しい問題について素早く考えをめぐらせ解決する能力だ。結晶性知能は、勉強や経験、事実、読書、知恵などを通して発達する。正解がわからないときに使うのが、流動性知能だ。流動性知能は、結晶性知能の発達のもとにもなる。この二種類の知能は、しばしばお互いに作用し合う。

マジードには販売の経験から得た巨大な結晶性知能の土台があるが、同時に、強力な流動性知能、すなわち積み上げた作業記憶を利用して、顧客を一瞬で正確に判断している。流動性知能の方は、それほど商品や顧客固有ではないため、さまざまな種類のセールスに応用できる。「生まれつきのセールスマン」と言うときは、流動的知能を指している。彼らの直観と生まれ持った機転は、自転車選手にとっての肺活量のようなもので、ほかの人間がどれだけ研鑽を積もうとかなわない天賦の素質なのだ。

日本の生命保険トップ外交員の生きざま

僕はアメリカにもごまんといる保険の外交員を取材することも考えたが、あえて日本に行くことにした。日本人は歩合営業が嫌いだと聞いていた。セールスマンも経理の社員と同じように、毎月生活に必要な給料を受け取って当然だと考えられているからだ。また、日本人には、服従と尊敬に基づいた独特の人づきあいの決まりごとがあり、それがアメリカ流の強引な保険外交のやり方と相いれないように思えた。日本は世界の経済先進国でありながら、セールスにもそれ以外のことにも独自の決まりごとがある。僕のセールスについての考え方が、経済的には同等なまったく違う文化にもあてはまるのかどうかを知りたかった。

日本の生命保険会社の本社は、皇居の東側に添ってずらりと並び、巨大な岩の壁ごしにこの街を見守っている。これまで数十年にわたって、生命保険会社はこの国の主な資本の保有者かつ分配者として、月々の保険料を徴収しては株や債券や不動産にそれらを再投資してきた。第二次世界大戦後、日本で、というよりおそらくアジアにおいて日本の生命保険会社ほど重要な金融機関はなかったと言っていい。

日本企業の経営陣はほぼ例外なく男性である。しかし、この業界が特殊なのは、女性が鍵を握ってきた点だ。第二次世界大戦後、生保会社は戦争未亡人を雇い、訪問販売を行わせた。その慣習はいまも残っている。いまだ男性優位の日本企業のなかで、生命保険会社は優秀なセールスウーマンが活躍できる業界だ。第一生命の柴田さんはその第一人者である。

マッカーサー将軍が戦後の日本を統治するための執務室を探していたとき、第一生命ビルの六階を選んだのは、そこが敗戦国の皇居を見下ろす数少ない場所の一つだったからだと言われる。大きな御影石の階段を上って、広々とした音の響く吹き抜けのロビーに入ると、日本が長い間不況にあるとは信じられなくなる。第一生命の本社からは、安定感と巨大な富の蓄積が滲み出ている。周囲を威圧するような巨大な灰色の大理石に囲まれた受付デスクがなんとも小さく見えた。地上階から遠い天国に届きそうな狭いエスカレーターを上ると、周りは物音一つなく、画一的な仕切り机のなかにピクリとも動かない頭がフロアいっぱいに並び、これぞ大企業という雰囲気が漂っていた。

そのフロアのはるか奥にある、皇居の庭を見下ろす角部屋の、天井まである大きなガラス窓に夏の霧雨が打ちつける会議室のなかに、背は低いが目がくらみそうに華やかな女性がいた。首もとからひざまである白い花柄の紫のドレスに身を包み、頭の後ろに丸い紫の帽子をちょこんと載せている。それが柴田さんだ。歩きやすそうなぺたんこの靴を履き、ダイヤとルビーの大振りのイヤリング、左手の薬指には大きな真珠の指輪、そして喉に詰まりそうな飴玉ほどの大きさの真珠の連なったネックレスをつけている。鮮やかな紫のアイシャドウは、帽子や洋服とお揃いの色だ。

年度にもよるが、柴田さんは第一生命で全国一位に輝く外交員だ。営業の達人として人気の著作も執筆し、二人の娘たちも同じ道に進んだ。日本の生命保険業界における柴田家は、ニューヨークの不動産業界におけるドナルド・トランプ一家のような存在だ。裕福で、いたるところに出没し、事業の成功について話し出したら止まらない。

柴田さんは、二〇代のころ夫といっしょにアパレル企業で働いていた。だが、夫婦で同じ職場にいるのはよろしくないと上司に言われ、しばらくコンピュータの技術サポート会社で働いた。有能で稼ぎもよかったが、チャンスをもらえないことが不満だった。事務よりも、もっと自分の自由になる仕事に就きたかった。そこで、娘たちを出産したあと、三一歳で生命保険会社で働き始めた。第一生命の大勢の外交員のなかのいちばん下から始めた。大変だったのは、最初の三〇〇人の名簿づくりだ。「三〇〇人も知り合いはいませんでした」と柴田さんは言う。「親戚や近所の人を手当り次第名簿に入れても、一八一人が精一杯でした」。それから、売り込みのためにその人たちを一軒一軒回って、生活について聞き、お礼状を送り、ちょっと贅沢なものにお金を使ってしまうよりも生命保険に入ったほうがいいと、少しずつ説得していった。

「生命保険の外交は大変な仕事ですから、本気でないとできません。そもそも、生保の外交員と話をしたがる人なんていませんよ。生命保険なんて、楽しい話題じゃありませんから。だって、死んだときのことを考えるわけですからね。保険料の支払者が生きている間は、何ももらえないんですから。保険料なんて、自分が死んだあとに家族の安心を確保するためだと思わなくちゃ払えません。生命保険で長生きできるわけでもないし、自分はお金をもらえるわけじゃないですから。でも家族への愛があるから、払うわけです」

何度も断られて、柴田さんはずたずたに傷ついたという。

「何度だめだと思ったことか。契約が取れなくて、お客さんの前で思わず泣いてしまったこともあります。でもね、三回断られたら、もう一度自分を見つめ直して、悪いところを探さないとだめ。ぼろぼろになっても、それはいい方向へ前進しているということなんですよ。私は自分のやり方を客観的に見られるようになりました。そして、厳しい状況を楽しめるようになったんです。紹介者もなく銀行にアポなしで訪問していたときなんて、九八回も続けて断られました。やっぱりまだ自分に甘いところがあったんです。でも、やる気をなくしたなんて言うのは、ただの言い訳です。私は自分のなかに燃えるものがあったので、ずっと仕事に向かい続けました」

生保外交を始めたころ、柴田さんは生保の仕事がお客様のため、その安心と健康のためだと自分を説得したという。その仕事が自分に必要なのではなく、お客様に必要なのだと自分に言い聞かせた。ただの給料泥棒ではなく、なによりも現在と未来のお客様の利益のために闘っているのだ、と。お客様には生命保険が必要で、それを提供するのが自分の使命だと自分に言い聞かせた。

「これが私なりの社会貢献です。お金ならもう使いきれないほどありますよ。でもお客様のご家族には、保険の支えが必要なんです。もう仕事じゃなくて人助けなんです」

営業マンはだいたいそう言うものだ。お客様のため、社会のため、そして自分がお客様なら迷わずそれを買うだろうと。それがうさんくさく聞こえることも多い。しかし、柴田さんに心からの笑顔で明るく言われると、本心からの言葉に聞こえる。

友達や親戚を訪ね歩いた苦しい時代を経て、柴田さんは人脈を広げ、紹介が次々と舞い込み始めた。どんな事業も創業期はそんなものだ。規模を拡大するには信用が必要だ。信用を得るには規模か、少なくとも実績がなければならないが、新人セールスマンにはそれがない。この時期に柴田さんを支えたのは、粘り強さと自己改善と売り込みへの集中力だった。

営業で身を立てようとする人たちが諦めるのは、たいてい駆け出しのころだが、それは無理もない。断られ続けて稼ぎも不安定なら、プライドも懐具合もぼろぼろになるはずだ。僕は、映画『キャスト・アウェイ』でトム・ハンクスが岸に打ち寄せる波を何度もいかだで越えようとして、独り浜に打ち上げられるシーンを想像してしまう。その波を越えれば、海原に乗り出して脱出できる。だが、何度やっても彼は岸に押し戻され、元の木阿弥になってしまう。海原に出るには忍耐力と並々ならぬ意志の力が必要だ。海原に出たあとも人生は厳しいが、少なくとも流れには乗れる。

柴田さんを波から救って大海原へと押し出したのは、日産の久米豊社長との出会いだった。

「ある有名な作家さんが、私を心根がよくて顔もかわいいって、社長に紹介してくれたんです。それで、久米さんに会いにいったら、あんまりかわいくないなって言われました。だから、私も、『久米さんだってあんまりいい男じゃありませんね』って言ってやったんですよ。そしたら久米さんが笑ってくれて、それで打ち解けたんです」

それは思わず口から出た言葉だったし、それで追い出されていた可能性もある。だが、柴田さんの場合はこの一言が日本で最大の顧客を開拓するきっかけになった。この経験から、柴田さんは、自分らしくあればいいこと、つまりおしゃべりで、背が低く、これといってパッとしない女性のままでいいことに気付いたのだ。従順なイエスマンや意見を持たない女性にいつも囲まれた日本の偉い経営者たちは、親戚のおばさんのような自分と軽口をたたき合うのが楽しいのだと気付き、自分らしくあることが怖くなくなった。

久米社長を介して、柴田さんは日本企業の経営者の夕食会に毎週招かれるようになった。部屋を回ってテーブルの名札を見て回り、全員の顔と名前を憶えた。夕食が始まって三〇分たったころ、経営者の一人が柴田さんのほうを向いて言った。「外交員なら、私たちの名前を言えますよね」。柴田さんは全員の名前をスラスラ挙げた。「なるほど、さすがナンバーワンと言われるだけのことはある」。

営業は紹介につきる、と柴田さんは言う。企業顧客を獲得したかった時期に、当時まだ数も少なかった自分のお客様たちに大企業を紹介してほしいと頼んだ。断られると、小さな会社でも紹介してほしいと食い下がった。そうした紹介客の多くが契約につながった。「簡単なことじゃないですよ、全然」と彼女は言う。「でも、紹介が紹介を呼ぶようになると、どんどんお客様に会えるようになるし、いろいろと教えていただけて、売上があがるようになってくるんです。そのうちに、昔アポなしで訪問していた若い人たちが、偉くなっていくでしょう。私が育てたようなもんですよ。私が偉くなると、お客さんも偉くなっていくのよ」。

いまでは柴田さんは自分を「負け知らずの女」だと言う。第一生命での最初の月に、柴田さんは競争相手の男性外交員たちを見て、絶対勝ってやると思った。わずか八年で全国一位になり、それはやはり生まれつきのものだと柴田さんは言う。「いま娘たちがトップセールスなのは、私と同じものを持ってるからなの。やる気と根性よ」。

柴田さんはいまも必死に売り込みを続けている。最近、会社のために三億円の保険に入るつもりだと言っていたある会社の副社長が、二億に下げたいと言い始めた。柴田さんはもとの金額に戻させた。「お客様が掛けるべきだと私が思うお金を掛けるまでは、絶対ありがとうございますとは言わないんですよ」。研修や本で勉強すれば、そこそこの営業マンにはなれるけれど、トップになれるかどうかは性格の問題だと柴田さんは言う。

「営業は教えてできるものじゃないんです。だって、自分がいつも考えていることや、生きざまそのものが問われる仕事ですから。友達や親を大事にしていれば、それが自分に返ってくるものよ。目に見える収入として、自分に戻るんですよ。営業の目的が人生の目的になるの。それは、周りの人に敬意を払い、その人たちのためにベストを尽くすってこと。そうなると営業が仕事じゃなくなるの。それが、自分らしく生きるってことになるんですよ」

「生命保険を売るな、それがかなえる夢を売れ」

一九九〇年、アメリカ人研究者のガイ・オークス教授が、『セールスマンの魂――個人営業の倫理観』と題した本を出版した。これは、生命保険、化粧品、掃除機、投資信託まで、さまざまな商品を売る企業と個人への調査から発展したものだった。オークス教授はセールスには二つの側面があるという。一つは買い手と売り手の戦略的交わりという側面。そのなかで売り手は買い手を手段として利用し、自分の取り分をできるだけ増やそうとする。もう一つは顧客への奉仕の側面だ。問題は、「いかさま師が同時に思いやりのある奉仕者になれるかという点だ」とオークス教授は言う。

保険外交員との面接と生命保険マーケティング協会からのデータから引き出された証拠に、オークス教授も嫌気がさしていたようだ。「保険外交員の仕事を調査した私の限られた経験からは、顧客からの信用を食い扶持にしている外交員が、自分以外の誰も信用していないことがわかる。ある外交員は、あたりまえのように『この業界では誰も信用できない』と言う。みんながら下心や目的や動機を隠し持ち、虎視眈々と自分をつぶそうとしていると思っているらしい」。もとをたどれば、研修方法に問題があるとオークス教授は言う。研修では、商品知識を授けたり、見込み客の掘り起こし、勧誘、説得、契約、サービスの五段階方式を教えるだけではない。日ごろの習慣を通して違う人間になることを強いるのだ。「外交員は研修を通して人生そのものと生活習慣をこと細かに見直し、管理することを求められる」。早起きして、身だしなみを隙なく整え、活動を細かく記録し、商品に没頭すること。夜はくだらない遊びで時間を無駄にせず、良書を読み、地域社会の要として奉仕すること。「二四時間三六五日、会う人みんなをお客様だと思って生活する」こと。これらを外交員は要求される。そのうちに、ちょっとしたトリビアを語らせたら右にでるものはない雑学の王様になり、「人脈がすべて」の人間になっていく。父兄会でも、スポーツクラブでも、ロータリーでも、セールスマンは下心を秘めて相手の家族の様子を訊ねながら、隙あらば獲物を釣り上げようとする。時と場所をわきまえないことがセールスマンの条件とされるのだ。

子供を亡くしたばかりの親にどう生命保険を売り込むか、喪に服している人たちにどう語りかけたらいいかを解説した記事が生命保険協会ニュースの一九八九年四月号に掲載されていた。たいていの親は、子供に死亡保険を掛けるなんてとんでもないと思うだろう。だから、子供を亡くしたばかりでまだほかに何人か子供のいる労働者階級の親を狙うのが一つのやり方だというのだ。おそらく葬式の費用も割賦払いで、支払いごとにその子供の死の重荷から解放されようとしているはずなので、別の子供が死んだときにその負担がなくなる商品には心が動きやすいのだろう。外交員が故人を知らない場合、喪中の家族と知り合いになるためにどんな小さな情報のかけらでも利用すべきだという。たとえばこう言ってみる。「映画好きの奥様がお亡くなりになっておさみしいでしょう？　故人をしのんで今度いっしょに映画でも見にいきませんか？」。これでは、保険を売るために男やもめの弱みにつけ込んでいるように聞こえるかもしれないが、記事によるとこれが友人として手を差し伸べることになるらしい。

オークス教授も、メイヤーとグリーンバーグの二人も、ノーマン・レヴィンが古きよきアメリカの典型的な保険外交員だと認めるはずだ。レヴィンは自己啓発本も数多く出版し、『イエス・ユー・キャン——メリケンサックを捨てシルクの手袋をつけて営業を』や、『営業ができれば、どんな夢もかなう』のテープのシリーズでもおなじみだ。著者近影では、椅子に座ってあごを手に載せ、まるで「考える億万長者」のように写真に納まっている。レヴィンは、デール・カーネギーに代表されるような、営業と人生を説く哲学者として華々しく成功した、古典的なセールスマンの一人である。

ロサンゼルスからそう遠くない砂漠のリゾート地、パームスプリングスに住む彼に電話をすると、シルクの手袋よりもメリケンサックが似合いそうな声がした。セールスマンでもないのにセールスについてものを書こうなんて一〇〇年早いと説教された。「本物のプロなら、他人に聞く必要ないだろう」と怒られてしまった。だが、運のいいことに、営業という仕事について僕が熱く語り始めるとすぐに彼の怒りはどこかへ消えてしまった。公式履歴によると、レヴィンは生命保険のセールス業界で四つの栄冠を勝ち取った唯一のセールスマンらしい。生命保険の個人営業における「トップセールス賞」。自営業者に贈られる「最優秀代理店賞」。「保険外交員の殿堂」賞。そして、二〇世紀のはじめに活躍した伝説の保険セールスマンの名にちなんだ「ジョン・ニュートン・ラッセル記念賞」。ジョン・ニュートン・ラッセルは、史上もっとも偉大な保険外交員と言われたベン・フェルドマンの弟子である。

ベン・フェルドマンはオハイオ東部で町工場や零細企業に保険を売っていた。五〇年間のセールスマン人生のあいだに、ニューヨーク生命の保険を一〇億ドル以上販売した。お客様をいい気分にさせて売るのがフェルドマンのやり方で、もし保険に入らずに死んでしまうと家族が路頭に迷うなどと脅かして売りつけることはしなかった。フェルドマンは勉強と専門知識が成功の鍵だと信じていた。毎晩一〇時から二時間は、生命保険や販売や説得やファイナンシャルプランニングやそのほかのお客様に役立つことを勉強すると豪語していた。セールスマン仲間には「本を読め」と勧めた。「勉強にはこれで終わりということはない。新しい読み物がどんどん出てくるからだ。読んで学べ。そしてよく考えろ。自分なりにかみ砕いてまとめるんだ。『なぜ』と聞いてみよう。そして答えを見つけよう」。勉強すること、そして仕事にいつも正しく向き合うことで大多数のライバルに大きな差をつけることができるというのだ。

フェルドマンが語った自身の哲学は、その後「元気になる言葉」として有名になった。「何かをするリスクと何もしないリスク。たいていの場合、何もしないほうがリスクははるかに大きい」。「問題を手段と考えれば、問題でなくなる」。「営業の鍵は面談だ。面談の鍵は相手を不安にさせる問いかけだ」。「生命保険を売るな、それがかなえる夢を売れ」。

フェルドマンは見込み客を訪れては、こう言っていた。「私が来たときも、帰るときも、お客様は同じ悩みを抱えているでしょう。ですが、私がお客様の悩みを持ち帰れば、それがなくなりますよ」。販売する商品自体はどんな相手でもほとんど同じだったが、顧客がどんな問題を解決したいかによって売り込み方は変わった。子供のいる客には大学教育を支える手段として生命保険を売り込んだ。事業に成功したビジネスマンには次世代に事業を継承するための方法だと説得した。

レヴィンは、営業能力は、学歴ともマーケティングの教科書的知識とも一切関係ないと断言する。「いい学校を出たヤツらはたいていこの業界じゃ使いものにならない。マーケティングの専門家なんてみんな、セールスの資質がまったくない」。また、彼にとっては、大企業勤めのセールスマンは、本物のセールスマンとは言えないらしい。「メイシーズで働くのは、名前があるからだ。俺がＩＢＭで働いたら、研修に送られて、ＩＢＭの名前をしょって営業に出ていくわけだ。本物のセールスマンは、一匹狼で、商品も仲間も持たずに仕事を始める」。レヴィンにとって、セールスはただの仕事ではない。彼という人間そのものなのだ。朝起きたときも、夜寝るときも、夢を見るときも、セールスマンなのである。元気になりたければ、元気に振る舞え、と彼は言う。成功したければ、成功者のように振る舞わなければならない、と。「かなり意志が強くなければ、それができない」とレヴィンは言う。「自分はこれまでずっと、ものすごく熱心で前向きだと思われてきた。だからいまそうなった。でも、若いころ、まだ失敗続きのころには、そんな振りをしていただけだ」。

レヴィンは、人間関係を築くには、「自然な会話」を重ねるにつきるという。そして、営業とは、ものを売ることではなく、自分を売り込むことだと考えている。お客様は商品を買うのではなく、信頼できるあなたが売っているもの、つまりあなた自身を買うのだ。セールスマンはお客様の夢をかなえる媒体でなければならない。だが、お客様の夢を知るにはまず、その頭のなかに入りこまなくてはいけない。共感力が必要なのだ。レヴィンにとって、それは地域社会に身を埋めることであり、学校の理事になることであり、父兄会やクラブや地域組織、つまりお客様に出会える場所ならどこにでも参加することだった。彼こそ、オークス教授の言う「人脈がすべて」の人間なのだ。どんな出会いも彼にとっては顧客を掘り起こす機会になる。校門脇でのおしゃべりも、教会での朝のコーヒーも。「ＰＴＡでおそらく一〇回は自然な会話を交わして、やっと人間関係ができる。売り込むまでに一〇年かけることもある」。仕事の人間関係と個人的な友情の境目があやふやでも、まったく気にならない。「友達のほとんどはお客様だし、お客様のほとんどは友達だ」と言う。オークス教授が問題視した公私混同を、レヴィンと柴田さんは胸を張って語る。

プルデンシャル生命の一億円プレーヤー

この仕事と個人の人間関係の境目のあやふやさが、収益に大きな影響を与えることもある。日本では、生命保険の値段がアメリカやヨーロッパの二倍から三倍はする。それはいまでも、健康状態を聞くために毎月戸別訪問にやってくる外交員の販売網を通じて、保険が売られているからだ。このインターネットの時代に、そんな必要はない。それでも、日本の人たちはいまのやり方をやめる気はなく、セールスマンとの関係を切りたがらない。ノーと言えない日本人の顧客のおかげで、日本の生命保険会社は儲け続けられる。

日本の生命保険業界への数少ない脅威の一つは、プルデンシャル生命だ。このアメリカの金融サービス企業は一九八〇年代に鳴り物入りで日本に上陸し、外交員に日本企業の何倍もの歩合を稼げると勧誘してきた。僕が会った外交員は一人残らず、みんな過去にプルデンシャルから破格の誘いを受けていた。柴田さんは、第一生命の七倍の基本給を提示されても断ったという。アメリカの新参者が提示する金銭報酬より、日本企業の安定性とステータス、そして家族意識のほうが柴田さんには大事だったのだ。

プルデンシャルの誘いを受け入れたのが、がっちりとした体格の元大学ラグビー選手の岡さんだ。彼の希望で仮名を使うことにする。岡さんは三〇代前半で、プルデンシャルに入ってから今年で六年になる。岡さんの家族は有名な学者一家で、母親側にも父親側にも大学教授の親類が多い。大学卒業後、岡さんは大手広告代理店に入社し、自動車メーカー担当の営業になった。意欲が削がれるような仕事だった。「日本企業は成果に対して報酬を与えません。みんな横並びで、自分がどれだけ成績を上げても関係ないんです。僕は自分を信じたいと思いました。人生を変えるために生命保険の営業に飛び込んだんです」。

それこそプルデンシャルのような企業が採用の際に言いそうな宣伝文句だったので、岡さんがそこまで真剣に言うのを聞いて僕は興味が湧いた。採用されるまでに、岡さんは何度も面接を受けた。最初の面接で、プロのセールスマンの仕事とは何かと聞かれた。大卒のサラリーマンはみんな、目標を達成すること、とか、チームに貢献すること、などと答えるらしい。岡さんの答えは、面接官が聞きたがっていたことだった。セールスとは、野球のバッティングのようなものだと言ったのだ。打てなければ給料がもらえない。

次の面接では、営業職のやりがいについて話し合った。この面接では、これまでの人生のことばかりを質問された。将来どうするかについては、まったく聞かれなかった。採用には関係ないことだからだ。

「この会社は、人間は変化の激しい環境に置かれると、過去の行動を繰り返すと考えています。過去を知ることで、将来が予想できるんです。過去とまったく関わりのないことを将来やりたいと言っても、意味がありません。筋トレをしたこともないのに、ラグビー選手になりたいと言うようなものでしょう。プルデンシャルは筋肉をつける訓練をしてくれると言いますが、それは本人に素養があると感じられた場合だけです。まずは訓練できそうな人間でないといけません」

ある質問に岡さんはハッとさせられたという。これまでの人生で、持てる力をすべて出し切っていると感じたのはいつですか、と聞かれたときだ。考えるまでもなかった。それは大学四年生の年にラグビー部でプレーしているときだった。その後の六年間の社会人生活で、そんな気持ちになったことは一度もなかった。「その面接で気が付いたんです。自分は広告に全然向いていなかったって。自分は人を説得するのが得意だから広告会社に入ったはずなのに、そんなチャンスは一度もありませんでした。でもプルデンシャルはたった二時間で私を深く見抜き、私も間違いに気付きました」。

面接官は、会社は岡さんを鍛える用意があると言ったそうだ。だが、ものすごく厳しいものになる。二年間、一日も休みはない。最初の三カ月は基本給があるが、それから二四カ月間で基本給はゼロになる。それで生き延びれば、人生が変わるはずだ。

「父はいつも、人生の目的は学ぶことだと言っていました。人間は学ぶために生まれてくるんです。自分はラグビーから、他者と対話することを学びました。広告を選んだのは、それがコミュニケーションビジネスだと思ったからです。セールスを選んだのも同じ理由ですし、自分がその点でライバルに勝てると思ったからです」

岡さんは必死で勉強した。プルデンシャルの分厚い営業マニュアルを丸暗記し、お客様に合わせてひねりを加えたり、反論に対応したりした。ペンを手に持ち、自分の姿を録画して、自分の営業方法を分析するようになった。「野球と同じです。プレーの後にコーチとひざを突き合わせて反省会をやるようなものです。トップセールスマンでも、自分を録画して改善しようと努力していますよ」。

柴田さんと同じように、岡さんもはじめは友達に売り込んだ。「全然だめでした。古巣の広告代理店で六〇人に声をかけて、全員に断られました。でも、ラグビー部の仲間が何人か契約してくれて、その人たちがまた知り合いを紹介してくれました。そこから広げていったんです」。

僕に保険を売り込んでみてもらえないかと聞いてみた。岡さんは、真顔で僕を見つめた。ディップで固めたモヒカン頭に、えらの張った彫りの深い顔だち、仕立てのよいダークスーツの上からでもはっきりとわかるがっちりとした肩幅。岡さんは、強面《こわもて》のセールスマンだ。メルヴィルの『白鯨』に出てくる南海の原住民クイークェグがセールスマンになったらこんな感じだろうかと思わせる。

生命保険は二つの夢に関わるものです、と岡さんは切り出した。まずはじめは悪夢です。あなたが死んだら家族が困ります。お子さんは大学に行けなくなります。奥さんは路頭に迷います。車や家といった資産には保険を掛けるのに、人生に掛けないのはなぜですか？　父親には少なくとも家と同じくらいの価値があるのではありませんか？　もう一つはいい夢です。生命保険に入れば、お金が残せます。家族が独立して保険がいらなくなったら、現金を受け取ることにすれば、掛け金の七割から九割は戻ってきます。年を取ったとき総額が一括で戻ってくればありがたいでしょう。「最初に取った契約は、自分と妻の両親からでした。人生でいちばん大切な人が買わないようなものを、人に売るわけにはいきませんから」と岡さんは言った。

岡さんの営業を聞いているうち、もし僕が目をそらしたら、岡さんから一発平手が飛んできて話に引き戻されるんじゃないかと思ってしまった。「たいがいの保険の外交員は、頼み込むんです。自分も時間をくださいと頼むことはありますが、その後に、私どもの商品に価値があるかどうかをお客様自身がしっかり調べてくださいと言うんです」。岡さんにいやと言える人はなかなかいないはずだ。だからこそ、岡さんはいま、年間一億円以上稼いでいる。彼が嫌いなのは、明らかに保険営業を見下している人たちだ。

「そういう人は、自分が上みたいに振る舞うんです。二、三分しか時間がないって言うんですよ。だから、私ははじめに、それならどうして今日私と会うことにしたんですかって聞くんです。一〇分とお願いしたじゃありませんかって。すると、みんな生命保険に興味がないと言います。だけど、もう生命保険に入っているのに、私に会うことにしたのはなにか理由があるはずでしょう。私はいつも全部台本を書いて、営業するんです。それで、お客様を観察して、気持ちを読み、反応を見て、営業方法を調整します」

セールスは自分の根っこの部分を変えた、と岡さんは言う。「仕事のおかげで自分を変えることができました。最初の仕事で天職が見つかる人はほとんどいません。どこかの時点で退屈したり、もっと興奮や充実やお金がほしくなったりするんです。すると、営業に目が向きます。ですが、仕事が自分を変えると信じられなければ、うまく行きません。そう期待すべきなんです。わが社の創業者は、考え方が変われば行動が変わる、行動が変われば習慣が変わる、習慣が変われば人格が変わる、人格が変われば運命が変わると言っています」。

経験豊富でもいいセールスマンになれないというのは、おそらく狭い意味ではほんとうだろう。しかし、岡さんや柴田さんやそのほかのセールス向きの性格の人たちにとっては、営業活動を続けることが行動や性格の変化につながっているようだ。

岡さんは毎朝トイレを掃除する。筋骨隆々の男が小さなトイレにこもって、充足と謙虚さの証として便器をゴシゴシ磨いている。それが一日の心の準備になる。岡さんは、シャワーを浴びながら、お客様の名前を思い浮かべ、契約してくれたことに感謝する。自宅マンションの玄関の内側には、「毎日感謝」と書かれたプレートが吊るされている。岡さん夫妻はそのプレートに向かってお辞儀をし、感謝する。宗教みたいですね、と僕は言った。岡さんは、笑いながら「そうです」と答えた。「スポーツマンが信心するとセールスマンになるんですよ」。

オークス教授から見れば、岡さんの言動こそ、自己欺瞞ということになるだろう。台本を読むことで、岡さんはこの仕事の倫理を深く考える義務から逃れている。俳優になり切れば、自分の行動に責任を持たなくていい。シェークスピアの戯曲『マクベス』のなかで、マクベスを倒すマクダフ役の俳優には、殺人の責任がないのと同じことだ。「保険の外交員が、自分自身を、友達を金づるとしか思わない詐欺師のような人間だと感じるようになったら、この仕事はできなくなる」とオークス教授は言う。そこで、セールスマンは「見て見ぬふり」をするようになる。売り込みと奉仕は矛盾しないと自分に信じ込ませるのだ。疑いを排除するような信仰の体系をつくり上げるのである。それは一種の宗教だ。岡さんはよろこんでそれに従っている。オークス教授にはカルトに見えるものも、岡さんやそのほかの大勢の人たちにとっては、よりよい生き方なのだ。

営業という名のもとに行われる犯罪まがいの行為

セールスマンが仕事がら陥る危険は、自己欺瞞だけではない。営業という名のもとに法律すれすれの行為を行う企業や業界全体にも気を付ける必要がある。中古車販売はなかでも評判が悪い。この業界では、南部のフォードディーラー二人がつくり上げたハル&ドブス方式、またの名を「システム」とも「演習」とも呼ばれるやり方が横行しているからだ。

ジミー・ドブスとホラス・ハルは第二次世界大戦のはじめにメンフィスでフォードのディーラーを経営していた。景気が悪くなると、二人は販売台数を増やそうと、四段階の販売方式を発案した。まず、セールスマンが店にやってくる客に「身分証明のために」運転免許証を求め、ガレージのなかで車を調べて下取り価格を出すからと車の鍵を渡してもらう。次に、訪問客はディーラーに足どめされる。客が鍵と免許証を返してほしいと言うと、セールスマンは鍵が見つからないと言ったり、掘り出しものがあるからと引き留める。そのあとに、プレッシャーをかける。セールスマンが値段や割引や変更やおまけを提示して、数分おきに「どこまで勉強させてもらえるか」上司に聞いてくると言っては席を立つ。強硬な場合には、トップセールスマンでもある上司自身が契約をまとめにやってくることもあった。買い手が何時間も拘束されて疲れ切り、最後に諦め半分で車を買うと、やっと解放される。セールスマンは客がそこから立ち去るまで、よろこびを表してはいけないとされた。この「システム」のおかげでハル＆ドブスの中古車ディーラーは発展し、このやり方を真似たさまざまな販売方法が業界に広まった。

患者第一を謳う医薬品業界も似たり寄ったりだ。製薬メーカーは、治療薬を開発して必要な人たちに売るよりも、治療できる病気の範囲を拡大しようと日々努力に余念がない。製薬会社のマーケティングの柱となっているのが、「新しい病気を仕立てる」戦略、つまり健康な人に病気だと思わせてどんな症状でも医者に薬を出すよう仕向ける戦略だ。マーケティング会社を雇って一般大衆に新しい病気を浸透させ、消費者団体に「患者」を生み出させ、ＰＲ会社を使って「画期的な治療法」を打ち出し、営業マンに売り込みの道を開く。そして一般の人たちにちょっとした症状を実際より深刻だと思わせて個人的な悩みを病気に仕立ててあげるのだ。

浜辺を歩きながら小枝を投げて犬と遊ぶ夫婦の画にかぶせて、早口のナレーターが涙声で睡眠剤や勃起不全治療薬の副作用を語る長尺のテレビ広告は、もうお笑いのネタと言ってもいい。

コメディアンのジェリー・サインフェルドも言っていた。「ヤツらは誰かが岩登りしてる画像に薬の名前をかぶせたコマーシャルなんか見せて、自分にその薬が必要かを考えさせるんだ」。だが、これはただの笑い話ではすまされない。みんなの不安をかき立てて、命にかかわる医療資源を本当の問題から逸らせているのだから。

昔なら禿げはただの禿げだった。でもいまではそれが医療問題だ。製薬大手のメルクはオーストラリアで脱毛治療薬のフィナステリドを売るために、PR会社を雇って専門家に恐るべき抜け毛の影響についての論文を発表させたことが、二〇〇二年の英国医療雑誌に報告されている。その専門家たちによると、抜け毛はありとあらゆる精神的な問題の原因らしい。抜け毛のせいで仕事に失敗し、心の健康も失うそうだ。この悲惨な病気を研究するために、国際毛髪調査学会が設立されたと新聞でも言っていた。この学会をメルクが資金援助していることはあまり公になっていないようだが。

製薬会社は、元チアリーダーをMRに雇い入れて、薬を売り込む。その理由は単純で見え見えだ。医者の大半が男性だからだ。元気でかわいい女の子のほうが、面会を取り付けやすい。このセックスアピールを利用した販売方法が、薬の出しすぎにつながることも少なくない。医者は元チアリーダーをよろこばせるために、必要以上の薬剤を仕入れて処方する。男性のMRだとそうはいかない。だからMRにブスはいないというのがセールス業界の常識だ。ケンタッキー大学のチアリーディング顧問は、製薬メーカーの勧誘がしつこくて困ると言っていた。

「専攻なんて聞きませんよ。大げさな身振りと大げさな笑顔と大げさな熱意。それさえあれば、自分のいいように相手を操作できるんです」。製薬メーカーの成功の鍵は、薬の必要性を煽ってセクシーな女子を送り込み、退屈で忙しい男たちに売り込むことだなんて、よっぽど正直な経営者でもない限り認めないだろう。ここでもセールスとは人生の縮図だとよくわかる。倫理を掲げれば、日常的な慣行や金銭的な成功欲と衝突してしまうのだ。

うさんくさい営業方法のなかでもひどすぎるのが、葬儀を行う遺族に向けた連邦取引委員会のガイドラインに描かれている事例だ。葬儀の勧誘にかかわる不当表示は法律で具体的に禁じられているにもかかわらず、葬儀会社がそうした不法行為を行ってきたことは明らかだ。州法や自治体法で遺体の防腐処理が義務付けられていない場合には、遺族にそれが法律で義務付けられていると言うことは許されない。冷蔵のほうが安いので、その選択肢があることを伝えなければならない。火葬の際、棺に替わるもの、たとえば飾りのない木製の箱が法律上許される場合には、棺が必要だと言ってはいけない。遺体への処置が自然分解を遅らせると言ってはならない。こうした禁止事項は、葬儀会社の営業マンの嘘やぼったくりから親族を失った人たちを守るためのものだ。しかし、実際にそうした犯罪まがいの行為が行われているからこそ、これほど多くの人がセールスに反感を抱くのだろう。

「野菜スライサー」「自動パスタメーカー」「ポケット魚釣り機」などのヒット商品を次々に生

み出した伝説のテレビ通販パーソナリティーといえば、ロン・ポピールだ。彼の自伝『世紀のセールスマン』を読むと、ポピールは営業倫理の問題に自分なりの決着をつけていたことがわかる。テレビ通販で一旗揚げる前、彼は地元のお祭りで展示販売を行っていた。彼は、セールスとはそれだけが切り離された商業活動ではなく、いいアイデアから始まって特許、デザイン、包装、価格、製造、広告、広報まで含んだプロセスのなかの一部だと書いている。ポピールは、これらすべての行為を統合できるような、発明家兼経営者兼売り手こそが偉大なセールスマンなのだと言う。

セールスは、ほかの機能と切り離された瞬間に、確実に失敗する。だが同時にポピールはセールスの倫理的な課題を敏感に察し、その問題に現実的に対処していた。あるときポピールは陸軍の高官を訪れて、州兵向けに新製品のブーツのつや出しスプレーを売り込むことになった。ビジネスパートナーといっしょに部屋に入ったポピールは、その強面の将軍のブーツにスプレーを実演しましょうと申し出た。スプレーを吹きかけるとブーツは白くなった。焦ったポピールは別の靴で試してみましょうと、将軍に別のスプレーを手に取ってもらった。また同じだった。ブーツが白くなってしまった。ポピールは打ちのめされた。それでも勇気を振り絞って、将軍の目を見つめてこう言った。「では、州兵向けにいかがでしょう?」。驚いたことに、将軍はこう答えた。「ケイン大佐がいいなら私はかまわないが」。将軍はポピールを人脈豊富なケイン大佐の知り合いだと思い込み、大佐が望むものならなんでも許可するつもりだったのだ。

「ブーツを台無しにしておいて、将軍の目を見てよくあんなことが言えたものだ」とポピールは書いている。「まったく望みなしでも、とりあえず聞いてみるものだ。倒れて死んだふりをしてはいけない。いいセールスマンの秘訣は、あのような大胆な行動のなかにある。それは、諦めないことだ。とりあえず謝罪しておいてあとで挽回しようと努力してもよかった。だが、それでは契約は成立していなかっただろう」。

この言葉のなかには倫理的な問題をうやむやに切り抜けようとするセールスマン根性が透けて見える。この商品は明らかに不良品だ。後になってスプレーに含まれる薬品が湿気に弱かったことがわかった。しかし、ポピールは見て見ぬふりをした。とりあえず突き進んだのだ。倫理的な疑問が彼の頭に浮かんだのは、売り込みに成功したあとだった。その後ポピールは不良品を売らないと決めたが、そのわけは「自分の評判に傷がつくから」だった。最終的には道徳的に正しい道を選んだのだが、それは現実的な理由からだった。

ポピールは、大ヒット商品となった野菜スライサーを売り出したときのことについてもくわしく書いている。「チョップ・オー・マティック」と名付けたスライス器に「世界の有名シェフによる五〇の秘密のレシピが載ったお値打ち本」をただで付けたのだ。「正直言って世界の有名シェフのアイデアがどこからきたのか、まったく憶えていない」というこぼれ話もある。その本のどの章でも、ポピールはいい商品を手ごろな値段で販売することの大切さを説きながら、一方でセールスがどれほどいい加減でインチキなものかをはばからず公言している。

日常的だが不愉快な売り込みの例は、私たちの周りに数限りなくある。投資銀行は自分たちでさえ信じていない新規公開株や紙くずになることが確実な金融派生商品を売りつける。レストランは、消費期限切れすれすれの食材を使った本日のスペシャルを勧める。そんな売り方を決めるのがセールスマンとは限らない。むしろ顧客に会う必要もなく、後ろめたいことを言う必要もない管理職が決めるのだ。

葛藤を乗り越えて

優秀なセールスマンとだめなセールスマンの違いは、自分に正直に行動していると信じられるかどうかにある。営業は、自分自身との葛藤も、また周囲との葛藤も避けられない職業だ。柴田さんや岡さんやノーマン・レヴィンのように、そうした葛藤に折り合いをつけられなければ、セールスマンとして成功できない。彼らの共感力と自我の折り合いを批判する人はいるだろうが、彼ら自身は自分の行動に対して葛藤があるようには見えない。売り込みのたびに落ち込むことを恐れたり、大切な関係が壊れることを怖がるようでは、成功できないのだ。

自分の行動をどこまでなら許せるか、どこまでなら自分に言い訳ができるのかを決めるのは、自分しかいない。闘いそのものを愛し、勝つか負けるかの博打を心から楽しむことが必要なのだ。生まれつき内向的で、気が弱くて状況判断が苦手な人もいるだろう。だとしても、セールスマンの役割とそれに何が伴うのかをはっきりと理解する力を養えば、生まれつきの資質があっても自分を知ろうとしない怠け者よりも、最後には強い武器を手にすることができるのである。

第4章 教祖と信者

セールスマンにはお客様の財布を見てほしくない。その心を見てほしい。

アップル リテール部門シニア・バイスプレジデント、ロン・ジョンソン

アップルストアで感じる高揚感と無力感

アップルのとある上級管理職がこんな話をしてくれた。昇進を間近に控えていたとき、上司からもしかしたらスティーブ・ジョブズに会えるかもしれないと言われた。そうなったら、かならずユニフォームを着てこいという。彼はアップルに入社して日が浅かったので、どういう意味ですかと聞いた。そして、その答えの細かさに唖然とした。ユニフォームとは、まずデザイナーものでないジーンズ。リーバイス、ギャップ、ラングラーまでならOK。プレーンな白シャツで、カジュアル感を出すために袖をまくる。襟ボタンはいちばん上だけ外して、下にはTシャツ。腕時計は地味で機能的なもの。靴はローファーかスニーカー。革靴は避けたほうが無難で、フォーマル系は絶対にだめ。靴下は履いても履かなくてもいいが、けばけばしいものは避ける。メガネは目立たないもの。アクセサリーは付けず、コロンもなし。会議に持ち込んでいいのは、最新のマックブックだけ。「個性を感じさせるものは身に着けないことが原則」で、「スティーブが君を見たいように見られるように」するためだと言う。彼はユニフォームをスポーツバッグに入れて、車のトランクに六週間置きっぱなしにしていたが、残念ながらその機会はなかった。昇進はしたものの結局ジョブズには会えずじまいだった。

アップルがカルトだと言われるゆえんは、わけのわからない理念のために個性を捨てさせる、こうした行為にもある。

アップルの考え方や行いは、歴史上の多くの偉大な宗教的組織とよく似ている。アップルは、ジョブズという強いカリスマリーダーが創業し、長い間率いてきた。ジョブズは自身の業績を「魔法のよう」で「革命的」だと言う。広告では、その商品が「奇跡の」力を持つと謳う。iPadの発売一周年記念では、自閉症の子供を持つ母親がビデオに登場してこう言った。「奇跡とは、なにかが突然やってきて人生を思いもしなかったいい方向に変えることだと思います」。その奇跡がiPadであり、息子がそれに夢中になったことだという。同じビデオのなかで、当時アップルストアを統括していたロン・ジョンソンは、「手に持って触ってみないと、iPadの真の魔法は体感できない」と言っていた。それじゃあまるで、キリストの顔がほんのり浮き出たように見える「トリノの聖骸布」と変わらない。

アップルストアは、さながら教会のように信者を集め、新たな改宗者を引き寄せる。アップルが二〇〇〇年から二〇〇一年に最初の出店を計画したとき、都心に出店して通行人を引き寄せることと、製品を実際に手に取ってもらうことが何より大切だと言っていた。他社のPCからアップルへの「改宗者」を増やすことを目的としていたからだ。数百万人をアップルに改宗させるには、五番街のガラス張りの店構えが醸し出す大聖堂のようなおごそかな空間と、布教活動もどきの販売方法が必要だった。いままでアップルを持ったことのない人たちが試してみられるように、店のなかに製品をずらりと並べた。スタッフの熱気に満ちた「レッドゾーン」では、販売をきっかけにして会話が交わされる。「ファミリールーム」では顧客を名前で呼び、サービスやサポートやレッスンを提供する。ジョンソンが言ったように、「これは、アップル応援団を育てるための投資」、つまり、外に出てアップルの福音を説く伝道師の一群を育てるのが目的なのだ。

初期のアップルストアを語るのに、ジョンソンはよくエビアンの逸話を象徴として語っていた。一号店の開店に並んでくれた人たちに三〇〇〇本を超えるエビアンを渡したという。対面の技術サポートを提供する「ジーニアス」の第一号店でも、ファンとつながるため、そしてアップルの気配りを示すためにミネラルウォーターを配った。ライバル会社が二〇〇〇ドルのコンピュータを味気ない量販店のなかで熾烈な販売手口で売り込んでいたときに、アップルは真逆を行った。ジョンソンによると、他社はすっぽんのように食いついたら離れないタイプの販売員を雇っていたが、アップルは「すっぽんは採用せず、教師や写真家や映画制作者を採用していた」。歩合目当てというよりは、自分がアップルのファンであるがゆえに売り場に立ちたいという、自身が転向者でもある販売員を雇っていたのだ。いまでは、学校の団体が夜間や夏休みにアップルストアを予約して、子供たちがここでテクノロジーを学ぶこともできる。昼でも夜でも、どこのアップルストアに行ってみても、現代に蘇った聖堂にいるかのように感じる。

アップルの販売戦略を好意的に解釈すれば、お客様の生活をよりよくしたいという純粋な熱意の表れだと言えなくもない。iPadも、ファンが言うように人生を変える奇跡のような素晴らしい商品かもしれない。穿った見方をすれば、人生の意義や目的を得たい人々や、所属感やひらめきをほしがる人々の欲望につけ込んで、相手の懐具合も考えず、これでもかと製品を売り込んでいるようにも見える。僕自身、客としてアップルストアをうろついていると、ファンとしての高揚感とカモにされているような無力感の両方を覚えてしまう。

アップルの手法が天才的なのは、この会社が表面は超現代的でありながら、宗教的な組織行動と商売を融合させて、昔から成功してきたセールスの伝統を引き継いでいることだ。一四世紀終わりにイギリスで書かれたチョーサーの『カンタベリー物語』のなかに、「免罪符売りの話」がある。堕落したカトリックの聖職者が、イギリス中を回って、疑うことを知らない群衆に、免罪符だと偽ってまがい物の聖物を売りつける話だ。酔っぱらった男は自分の商売はいかがわしいと認めながら、とりあえず偽の免罪符を売り込み、それから道徳を語って強欲な男にひっかかるなと説教する。この一人の男のなかに、嘘つきと、皮肉屋と、やり手の商売人と、道徳家が同時に存在している。現代のある文学批評家によると、「この手の人間はめずらしくないし、私たちはそうした人間に取り囲まれていると言っていい。いまどきのセールスマンも、政治家も、そのほかの言葉を商売にする人たちも、みんなそうだ」。聖職者のくせにまがいものを売りつけている免罪符売りは、極端なケースではある。アップルの場合は、実際に役立つ製品を人々に提供している。それでもアップル流の販売方法の核心には、タッチスクリーンと処理速度以上の何かがある。その「何か」は昔から使われてきたものだ。

きわめて優秀なセールスマンとしてのイエス・キリスト

一九二三年、社会学者のソースティン・ヴェブレンは、商業的なセールスマンのルーツはキリスト教の布教活動にあると書いた。ローマ・カトリック教会を「キリスト教世界における、最大最古にして、もっとも巧みで厚顔かつ実入りのいい営業広報組織」と呼んだのである。

一九世紀のアメリカでは、セールスマンの一団が組織され、本やそのほかの商品を売るために送り出され、一匹狼の行商人の仕事を奪っていた。この新しい勢力は当時国中に数限りなくあったメソジストやそのほかの布教活動を行う宗教団体をお手本にして組織されていた。セールスマンたちに配布された指示書は、行商中の寂しさや度重なる拒絶を克服する信仰心や克己心の大切さを強調し、伝道活動を連想させるものだった。一九世紀末にコカ・コーラを大企業に押し上げたエイサ・キャンドラーは、讃美歌の「進め、キリスト戦士たちよ！」を歌いながらセールスマンを率いるほど敬虔なメソジスト信者だった。キャンドラーは、歴史上もっとも成功した訪問販売組織の一つ、米国聖書協会の副会長でもあった。

一九二五年、広告会社の重役で会衆派牧師の息子でもあったブルース・バートンは、自著『誰も知らない男 なぜイエスは世界一有名になったか』のなかでセールスと宗教を結びつけ、イエス・キリストをきわめて優秀なセールスマンとして描いた。「ここではひとまず教養を脇において、語られるままの物語を見てみよう。農家育ちの貧しい若者が、大工として働いている。次第に自分の力が拡大するのを感じ、隣人に影響を与え、やがて数人の信徒を従え、失望と挫折を経験し、最後に死を受け入れる。だが、彼の築いたものは盤石で、彼の死はその影響の始まりにすぎなかった。教義を抜きにすれば、これは史上最大の成功物語である。成功に心を躍らせない人はいない。成功譚を聞き飽きることは決してないのである」。

バートンはキリストがセールスマンとして成功した要因を三つ挙げている。まず、彼の声と身のこなしが人を惹きつけて離さず、彼の「圧倒的な誠実さ」がそれに真実味を与えていたこと。次に、有象無象の衆から隠れた才能を発掘し、優秀な弟子を周りに置いていたこと。最後に、いちばん大切なのは、「果てしない忍耐力」があり、それを使って組織を養成していったこと。彼は、他者に共感しながらも、成功したいという意欲を持っていた。イエスの先駆者と言われる洗礼者ヨハネは、群衆を引き寄せることができても、「洗礼を受けさせたあとの計画」がなかった。ヨハネは売り込むだけだったが、キリストは関係を維持できた。いま風に解釈すれば、ヨハネは狩猟民族で、キリストは農耕民族だったことになる。「人々の潜在能力を発見する驚くべき直観に加えて、比類なき信念と忍耐力を持ち合わせたキリストは、永遠に成功し続ける組織をつくり上げた」。それがバートンの描いたキリスト像だった。

バートンは、恐れ多くも宗教とセールスを結びつけたとして広く批判されたが、その著作は七五万部も売上げ、おかげで下院議員の座を射止めた。セールスを自己発見と個人の変革のための半ば宗教的な手段として描いたのはバートンだけではない。オグ・マンディーノは、一九三〇年代に家族を連れてイタリアからアメリカに移住し、マサチューセッツ州ネイティックに落ち着いた。ジャーナリズムの学校に通うつもりだったが、母の死で断念せざるを得なかった。そこで、工場で働き、第二次世界大戦中には爆撃機の乗員になった。戦後見つかった仕事は、保険の外交員だけだった。マンディーノはその仕事を忌み嫌い、借金をこしらえ、酒におぼれて、路上で寝ることもしばしばだった。

クリーブランドでのある雪の夜、マンディーノは質屋の店先で、拳銃をじっと見つめ、自殺を考えていた。だが、その勇気さえもなかった。そのまま歩き続け、地元の図書館にたどり着き、なぜか自己啓発本の棚の前に立っている自分に気付いた。そして、何冊か抜き出して読みはじめた。一冊は、W・クレメント・ストーンの『心構えが奇跡を生む』だった。ストーンは成功した保険のセールスマンで、マンディーノはその会社の底辺の職についていた。ストーンの哲学に刺激されたマンディーノは、まもなくその会社でいちばんの営業部隊を率いるようになった。その後、一週間休みをとり、タイプライターを借りて、保険の地方外交の手引書を書いた。ストーンは、マンディーノを販売促進部に引き上げ、その後マンディーノは「サクセス・アンリミテッド（限りなき成功）」という全国誌の編集長になった。

一九六八年、マンディーノは史上最大のベストセラーの一冊となる『地上最強の商人』を出版した。物語の舞台はキリスト誕生直前のエルサレムだ。ハフィドという若者が死にかけた商人に成功の秘訣を訊ねる。その商人は、若かりしころ、ある裕福な男性に一〇巻の巻物を授けられ、そのおかげで史上最強のセールスマンになれたという話から始まる。その後の章では、それぞれの巻の内容が明らかになっていき、マンディーノは一巻を毎日三回、三〇日間読んでから次の巻に進むよう助言する。巻物のテーマは、習性、愛、成功、奇跡、人生最後の日、感情、笑い、価値、行動、そして祈りである。そのすべてに共通するのは、ただちに行動する人間こそ、つまり疲労と落胆を払いのけ、寛容さと希望を持って行動するセールスマンこそ、充実した人間だという教訓だ。バートンとマンディーノの本はどちらも宗教色が強く、その並外れた成功は、セールスという仕事が、現場の人間のやる気の高め方や組織のつくり方においても、また彼ら自身の仕事の捉え方においても、ビジネスのなかで特殊な機能であることを示している。

いまでも、アムウェイやメアリーケイ化粧品などの多くの訪問販売企業は、組織にも言葉遣いにも宗教色が色濃く見られる。メアリーケイは、神をいちばん、家族を二番、仕事を三番と説きながら、セールスマンにはっぱをかけて製品を押し込んでいる。夏休みに大勢の大学生を雇って教科書を訪問販売させているサウスウェスタン・カンパニーは、祈りや宗教書を使い、拒絶を受け入れ耐え抜く助けとしている。メキシコの健康食品の訪問販売会社、オムニライフは、勧誘イベントで聴衆のなかから会員を壇上に上げ、奇跡のような商品の効能を証言させる。その後、新人セールスマンが壇上に迎え入れられ、社員たちから大歓声を浴びる。それはまるで、熱狂的なキリスト教徒が大聖堂のなかで感極まって声をあげているかのようだ。プラスチック容器の訪問販売会社のタッパーウェアも、かつては極端に宗教がかっていて、フロリダ州キシミーの本部で、優良販売者に「洗礼」を授けていたほどだった。

アップルはそこまであからさまではないが、本質はそれほど変わらない。アップル製品を買うことが、「他人と違う《シンク・ディファレント》」と消費者を持ち上げる。あの世界的に有名なCMで、アップルとそのファンはこんな風に描かれた。「クレージーな人たちがいる。反逆者、厄介者と呼ばれる人たち。四角い穴に丸い杭を打ち込むように、ものごとをまるで違う目で見る人たち。彼らは規則を嫌う。彼らは現状を肯定しない」、と。その言葉にかぶせて、アインシュタイン、アメリア・イアハート、モハメド・アリ、ガンジー、マリア・カラス、マーティン・ルーサー・キング・ジュニアなどの姿が次々と写し出される。だが、アップルストアに行くと、「他人と違う」気はしない。そこでは、半ば神と化したジョブズの編み出した聖なる品々が滑らかな木の祭壇上に並べられ、群衆がそれを崇めたてまつっている。アップルもまた、バーナムと同じく社会的なお墨付き、つまり、たくさんの人がそうしているのなら、自分もそうしたほうがいいという思い込みにつけ込んでいる。その売り方は、アップルの専売特許とも言える「他人と違う」行動をとろうとする消費者の意思を弱めることに成功しているのだ。

心理学者のロバート・チャルディーニは、こう書いている。「自分一人でつねに集団の全員を説得できるリーダーはいない。だが、押しの強いリーダーなら集団のなかのかなりの人数を説得することはできるだろう。そして、相当な人数が信じているという事実が残りの人たちを納得させる。したがって、社会的なお墨付きが自分にいちばん有利に働くように集団の環境をつくり上げられる人間が、もっとも影響力のあるリーダーなのである」。

アップルには宗教の教祖にも似た、スティーブ・ジョブズというカリスマリーダーがいた。彼が喚起したのは、顧客ロイヤリティーというよりも信仰だった。ジョブズはいつもファンを前に新製品を発表し、ファンたちはときおり感極まって立ち上がり、熱狂的に手を叩いた。二〇一一年一〇月に亡くなるよりかなり以前から、金融市場はジョブズの健康と後継者選びについてあれこれと懸念していたが、その様子はカトリック信徒が次のローマ法王選びを心配するようだった。

人々から絶対的な献身を引き出すのがカリスマ的リーダーだ。彼らはフォロワーに転向と献身を求め、リーダー自身と同じ哲学で世界を見るよう強要する。そうしたリーダーは、奇跡を見せたり成功を繰り返したりして能力を証明する。また、自分は混沌のなかに秩序をもたらす力があり、それゆえによりよい世界をつくることができると周囲を信じさせる。この定義にすべて当てはまるのが、スティーブ・ジョブズだ。ジョブズは人々が競合製品を捨て、アップルを通してデジタル生活を送ることを望んだ。そしてアップル製品の奇跡のような品質を自慢し、アップルの驚異的な成長と商業的な成功を強調した。複雑なものをシンプルにし、芸術と科学の交差するところに豊かな生活をつくり出すアップルの哲学を説いた。

信者たちは新製品が発売されるたびにアップルストアに殺到し、アップル製品の機能的な価値しか見ない人には理解しがたいほど、とりつかれた様子を見せた。アップル信者になるとみなたいてい改宗者のような情熱を見せる。上から目線で、異教徒に嬉々としてアップルの賛歌を歌う。アップル信者はみんなと違うスマートフォンやタブレットを使っているというだけではない。よりよい人生を送っているのだ。ハーバード大学のロザベス・モス・カンターはこう書いている。「ユートピア運動のメンバーは仲間内の共通の理念をどれだけ体現しているかや、そのコミュニティーにどれだけ深く関わっているかによって志や徳の高さを認められ、その志や徳や熱意が高ければ高いほど、仲間内で尊敬される」。ユートピアグループ、宗教団体、メアリーケイやアムウェイを見ればそのことがよくわかる。そして、アップルが現代最高の成功物語となった理由もここにある。アップルは、商品を売るだけではない。信仰を生むのだ。

失敗の理由を理解し、それでも、前を向く

二〇一〇年四月の最終七連戦で、首都ワシントンD・Cを本拠地とするプロアイスホッケーチーム、ワシントン・キャピタルズは崩壊した。最初の三試合で勝利を収め、プレーオフのスタンレーカップ進出まであと一勝まできていた。ワシントン・キャピタルズはリーグ最高選手のアレクサンダー・オベチキンの活躍で危なげなくシーズンを送り、圧倒的優位に立っていた。対するは、まったく相手にならないと思われたモントリオール・カナディアンズだ。しかしキ

ャピタルズはそこから四連敗し、敗退。思いがけず早々と姿を消すことになった。最終戦の翌朝、キャピタルズのオーナーだったテッド・レオンシスは、こう題したブログを掲載した。『そこで倒れなければ――強くなれる』。そのなかで、今回の敗北は「自分自身が負けたように心底悔しかった」と書いた。彼は、たくさんの人たちを失望させたと感じていた。「ですが」と続けた。「だからこそ、私は人生に対して『そこで倒れなければ、強くなれる』と思うのです」。敗因を分析し、問題を修正し、これからも成長し続けると彼は誓った。チームを立て直すために力を尽くすと宣言したのだ。「ここまで言ってきたように……目の前には長く険しい道が続いています。暗くて深い森を進まなければなりません。ですがかならず成長して、次のシーズンにさらに高みを目指します。前へ、前へ。みなさんに感謝しています」。

レオンシスは、あらゆる意味で「大きな」人物だ。まず、体格ががっちりしている。ウェーブのある黒髪と髭が大きな顔の輪郭をつくっている。その業績も偉大だ。片耳に金の耳輪でもつけて短剣を口に挟めば、海賊といっても通用しそうだ。レオンシスは、一九九〇年代のネットバブル時代に、ＡＯＬの社長として名を成した。いまは、テクノロジーのスタートアップ企業からスポーツチームまであらゆるものに数億ドルの個人資産を投資している。

これほどの成功者にはめずらしく、彼のことを悪く言う人はいない。私と会ったとき、彼はこう言った。「セールスマンと呼ばれるのは褒め言葉だ」と。敗北後のレオンシスの言葉は、挫折から立ち直ろうとする優秀なセールスマンの姿そのものだ。個人的な敗北感を感じながら、それに潰されなかった。自らの過ちを認めつつ、成功はみんなの努力にかかっているとも言った。高い勉強代が身に染みたこと、そして、この敗北が将来かならず役立つと信じて前に進むことを約束した。未来への大きな確信を示したのだ。

これが優秀なセールスマンに共通する姿勢であることは、ペンシルバニア大学の心理学教授であるマーティン・セリグマンの研究でも明らかだ。一九八六年、セリグマン教授は、メトロポリタン生命のペンシルバニア地域に所属する外交員全員に一一〇〇通の質問票を送った。それは、セールスマンの「帰属特性」、つまり成功と失敗の原因をどう捉えているかを引き出すためのものだった。楽天的か、それとも悲観的か？　明日になれば陽はまた昇ると考えるタイプか、それとも世界が終わると思い込むタイプか？

セリグマン教授の帰属特性質問表（ＡＳＱ）は、うつ病患者の研究から発展したものだった。うつ病患者の多くは、自分にはどうしようもない不運な出来事によって引き起こされた精神状態、つまり「学習された無力感」に苦しんでいることに、セリグマン教授は気付いた。

残念な出来事をどう解釈し、それによって未来の行動がどう変わるかは、大きく三つのパターンに分けられる。一つ目は、その悪い出来事が内的な要因によるもの、つまり自分のせいだと思うか、外的な要因、つまりある特定の状況のせいだと思うかだ。残念な出来事の原因を内的に捉える人は、「財布を無くしたのは、自分がうっかりしていたからだ」と考える。逆に、「空港に行くのにものすごく急いでいて、子供たちが叫びまくっていたからだ」と自分以外のせいにする人もいる。次は、その出来事をいつものことと考えるか、たまたまと考えるかだ。財布を無くすのは、いつも自分たちの旅行の準備がぎりぎりになるからだと考える人がいる。一方、これはたまたま起きた一度きりのことだろうと考える人もいる。最後は、悪い出来事を拡大して考えるか、限定して考えるかだ。「財布を無くしたことは、失敗続きでものごとが整理できず、実りのない自分の人生の象徴だ」というのが拡大的な考え方だ。限定的な考え方は、「財布を無くしただけだから、クレジットカードの会社に電話して、免許証を再発行すればいいだけ。どうってことない」というものだ。

うつ病患者は、悪い出来事は、自分のせいで、それはいつものことで、大変なことに拡大すると思い込み、どんどんと内向きに暗く落ち込んでしまう。楽観的な人は、何かあっても、それを外的な要因による一過性の限定的なことだと考え、最悪のときは過ぎたと考える。理想的なのは、なんでもかんでもお気楽に捉えるのではなく、レオンシスのように成功と失敗の理由をきちんと理解したうえで、未来に対して前向きな姿勢を持ち続けられるタイプだ。

ASQは一二の仮定の出来事から構成される。そのうち半分はよい出来事、残りの半分は悪い出来事だ。どちらの出来事も、三つは過去の成果、残りの三つは人間関係に関わるものだ。悪い出来事の一例は、失業してしばらくの間職探しをしているがなかなか見つからないというものだ。その理由を一つ挙げなければならない。それから、その原因は内的か外的か、いつものことかたまたまか、その影響は拡大的か限定的かを七段階で評価する。第一段階は「全部自分のせい」で、第七段階は「全部他人のせい」である。仕事が見つからないのは、すべて自分が悪いのか、そうではなくて周囲の人や環境のせいなのか？　失敗は職探しに限ったことか、人生すべてにおいてそうなのか？　ほかの悪い出来事の例は、自分のスピーチが受けない、周囲の期待に添うような仕事の成果を出せない、友達が冷たい、デートで失敗してしまう、友達が助けを求めているのに応えられない、などだ。よい出来事には、大金持ちになる、昇給する、友達に容姿を褒められる、仕事を認められる、喉から手が出るほどほしかった職に就く、恋人がやさしくしてくれる、といったことがある。こうした出来事の原因をどう捉えているかを知るのが、質問票の目的だ。

第一回目の調査はニューヨーク州立大学のストーニーブルック校で心理学を学ぶ五〇人の男子と三〇人の女子学生を対象に行われた。心理療法から得られた分析および属性にこの質問票を照らし合わせると、かなり正確にうつを予測できることがわかった。

その後、セリグマン教授は生命保険の外交員を対象に同じ調査をした。これほど頻繁に失敗を受け入れなければならない仕事はないからだ。拒絶をすべて個人的に受け止めていれば、それが積もり積もって人間性を否定されたと思う人もいるだろう。セリグマン教授がメトロポリタン生命の外交員に送った一一〇〇通の質問票のうち、もれなく回答して返送されたのは一六九通だった。うち九四通は、きちんとした実績のある外交員からで、それらを使って質問票が営業成績の予測にどれほど役立つかを検証した。

サンプル数は少なかったが、結果には説得力があった。楽観的と評価されたグループは悲観的なグループより三七パーセント売上が高かった。上位一割と下位一割では、八八パーセントもの開きがあった。前向きな姿勢を持っていれば、はるかに優秀なセールスマンになれることが証明されたのだ。その姿勢は、レオンシスがチームのファンへ向けて送ったメールに見られるものだ。それは、敗北のなかで傷を癒して教訓を学び、それでも勇敢に前へと向かい続ける姿勢である。

レオンシスのオフィスは首都ワシントンＤＣの西、ヴァージニア州アーリントンのワシントン・キャピタルズの数階建ての駐車場と練習施設の上階にある。建物の正面には、スター選手オベチキンの全身ポスターが吊り下げられている。なかに入ると、練習場から子供たちの声が聞こえた。レオンシスは、チームとこの施設を地元の人々に開放するのが大切な務めだと思っている。

ニューヨーク州ブルックリンのギリシャ人家庭に育ち、八歳のとき労働階級が住むマサチューセッツ州ローウェルに引っ越した。親類縁者を含む大家族はみな、移民によるアメリカンドリームを心から信じていた。「なりたいものになんでもなれるんだといつも言われていたよ。でも、そんなの無理に決まってるだろうと思っていたさ」。レオンシスの父親はウェイターで、母親は秘書だった。レオンシスは背は高くなかったが、高校では攻撃的でしぶといバスケットの選手だった。頭もよかったので、飛び級して弱冠一七歳でワシントンＤＣのジョージタウン大学に合格したが、ほかの学生とは住む世界が違うと感じていた。「入学して間もないころパーティーに行ったら、女の子に『夏はどちらで過ごすの？』と聞かれた。みんなは高級避暑地のナンタケットとかマーサズ・ヴィニヤードだと言っていた。私は地元のマサチューセッツのローウェルだと答えた」。

最悪どうなるっていうんだ？

マジードやサリバン、ウォーレン・バフェットやその他大勢と同じように、レオンシスも若くして商売を始めた。大学時代にスノコロコという会社を立ち上げ、休暇の間にその会社を経営していた。「星条旗と同じ赤白青に色づけした三色かき氷を売っていた。宣伝文句は、『愛国者になろう。舌の上でそり遊びを！』だった」。

二〇歳で大学を卒業し、その後数年間は首都ワシントンDC周辺でいいビジネスアイデアを探していた。そしてスーパーのレジ待ちの列に並んでいるときに、ある考えがひらめいた。レジの横に置いてある雑誌を眺めていたら、テレビガイドが目に入った。その表紙には「アメリカでもっとも売れている雑誌」とシールが貼られていた。レオンシスの家にはテレビがなかったので、それまでテレビガイドにはまったく用がなかった。ページをめくってみると、有名人の短いインタビューの後に、番組表があるだけだった。「これがアメリカでいちばん売れている雑誌だとは、信じられなかった」。

レオンシスは家に帰り、世界で初めて個人向けに販売されたアップルⅡGSをじっと見つめ、いつかPCがテレビと同じくらい家庭に普及するはずだと呟いた。「テレビとコンピュータのビジネスがいつか一つになると思った。突然ひらめいたんだ」。そこで、コンピュータ版のテレビガイドをつくり始め、それをソフトウェア・テクノロジーのためのレオンシス・インデックス、略してLISTと名付けた。雑誌の前半には、ビル・ゲイツのような、当時まだ黎明期だったパソコン業界の大物たちのインタビュー記事を載せた。そして、後半には市場にあるすべてのハードウェアとソフトウェアのリストを掲載した。資金集めのために事業計画を書き、知り合いに頼んで、大手投資銀行のEFハットンの会長と経営陣との会合を取り付けた。

「大げさなプレゼンテーションを用意して利回りや収益予想を語ったら、最後にEFハットンの会長からこう言われた。『君の話は私らにはよくわからんし、評価もできん。だが、君の言うことがそのうち起きるのは間違いない。われわれとしては、その分け前にあやかりたい。君ならエスキモーにだって氷を売れるだろう』。会長はその場で一〇〇万ドルを投資してくれた。自分に売り込みの才能があると知ったのは、そのときだ」

レオンシスの売り込み方はそれ以来基本的に変わっていない。彼は、複数の収益源を持つ事業を好み、投資や売却を行っている。「ただの雑誌を売り込んでいたわけじゃない。もちろん、雑誌だけでも非常にいい投資だったのは確かだ。だが、なによりも、驚異的な速さで成長中の分野に投資して金を儲けながら、同時に多くを学べることが魅力だった。投資家にとっては、さまざまな人に会って業界について学ぶ機会にもなるし、そのうえ大金にもなると売り込んだ」。レオンシスが自宅で始めた会社は、ニューメディア企業のレッドゲート・コミュニケーションズとなり、一九九四年にアメリカ・オンライン（ＡＯＬ）に買収された。

ＡＯＬでのレオンシスの主な仕事はマイクロソフトと闘うことであり、彼はそれを楽しんだ。それには、大勢の社員の知性と感情に訴え、闘志をかきたてる必要があった。「敵をマイクロソフトと具体的に決めて、そのイメージを頭のなかに描けるようにしなければならなかった。古くさくて崩壊しかけたマイクロソフトの象徴として、巨大な恐竜を型どったバルーンをＡＯＬの本社にプカプカ浮かせたりもした。

「社員みんなに、いまの状況は真珠湾のようなものだと言った。私は子供のころ、第二次世界大戦での出征経験がある父に、『お父さんは戦争でどんなことをしたの？』と聞いたものだ。ＡＯＬの社員に、この戦いは第二次世界大戦と同じで、勝者が総取りすると言ったんだ。真珠湾の後は、戦うべきかどうかを議論するまでもなかった。全員がただ立ち上がって戦った」

セールスはＡＯＬ事業の核であり、レオンシスはほかの責任もさることながら、かならず営業に足を運んだ。「売らないと、給料が払えない」と、彼は心から言う。「マーケティングの人間はみんな、営業の経験がない。営業経験がないから、大きなミスをしてクビになる。新車が出ると、マーケティングの人間が一度もショールームに足を運んでいないことがディーラーにはわかる。消費者が低燃費を求めているのに、デザインで売ろうとしても無駄だ」。

レオンシスは、ベンジャミン・フランクリンの多くの功績の一つは、新聞広告を開発したことだと言った。ある日、フランクリンがペンシルバニア・ガゼット紙のオフィスにいると、地元の靴屋がやってきた。フィラデルフィアの街の拡大とともに商売も成長しているので、街の反対側に二号店を開く予定だという。そして、金を払うので、新聞の読者になんとか新店舗を知らせてもらえないかとフランクリンに訊ねた。「その靴屋は広告を買いにきたわけではなかった」。レオンシスは言う。「わざわざ街の反対側まで来なくても靴が買えると市民に知らせたかっただけだ。朝起きて、『そうだ、広告を出そう』なんて思う人間はいない。『みんなに知らせたいことがある。どうしたらいいだろう?』と思うだけだ。フランクリンは酒飲みの義弟を雇ってフィラデルフィア中を回らせ、知らせたいことはないかと聞いてみた。告知広告はそうやって拡大していった」。

レオンシスにとって、セールスとは気持ちのうえの殴り合いではない。どちらか片方が勝つまで相手を完膚なきまでに叩きのめす闘いとは違うのだ。それは、目的を達成するための手段にすぎない。レオンシスは、机の前の壁にかけてある、美しく優雅な金髪の女性の絵を指さした。「私は、裕福な家庭の目を見張るほどの美人と結婚した。みんな恐れ多くて彼女を誘えなかった。だが、私は聞いてみなくちゃわからないと思った。だから、夕食に誘ってみたんだ。彼女は、もちろんいいわよ、用事もないしと言ってくれた。彼女ならたくさん誘いがあるだろうとみんな思い込んでいた。だから、私はいつもこう言うんだ。最悪どうなるっていうんだ、とね」。

商売も私生活と同じだとレオンシスは固く信じている。「昔、同僚とクライアントを訪ねると、君たちはお払い箱だ、もう料金は払えないと言われた。担当者が会社の許可なく無断で交わした契約だから、発生した費用は支払えないという。そうなれば何百万ドルもの損害だ。とりあえず二人でその建物から外に出たが、同僚はどうしようと真っ青になって辞めると言い始めた。建物の外に突っ立っていると、向かいに森が見えた。風が吹いていて、木々が色を変えていた。同僚が、『なんでお前はびくびくしてないんだ？』と聞くので、こう言った。最悪どうなるっていうんだ？　クライアントを一つ失くすだけじゃないか？　かみさんは俺のことを愛してくれてるし、木だって美しい。顧客リストを洗い直して、三〇日以内に失くしたクライアントの倍くらい払ってくれそうな新しいクライアントを探そう」。

レオンシスはストア派の哲学者のように、恐れを捨て平常心で問題を見た。なにごとも勝つこともあれば負けることもあり、それほど大騒ぎすることはない。レオンシスは軽く考えていたわけではない。だが、もう起きてしまったことはしょうがないのだから、挽回できるかどうかは自分次第だと思ったのだ。

セリグマンの研究で最後まで残った疑問は、楽観性が好成績につながっているのか、それとも売り込みに成功した結果、楽観性が育まれたのかということだった。レオンシスが「最悪どうなるっていうんだ？」と軽く言えるのは、長年の成功体験に裏打ちされた自信があるからではないか？　この点を深堀りするため、セリグマンは第二弾の調査を行った。今回はメトロポリタン生命のペンシルバニア地区で一九八三年春に新規採用された外交員たちを対象とした。入社直後に全員が質問表に記入し、一年後に彼らの全四半期の営業成績と質問票の答えを照らし合わせてみた。楽観的な外交員はこの仕事にとどまる傾向が高く、彼らの年度後半の成績は、そのほかの人たちよりもはるかによかった。調査対象となった一〇一名の外交員のうち、一年後に残っていたのは四二名で、五九名は辞めていた。この離職率は業界の平均程度である。四二名の生き残りのうち、三分の二は、質問票から楽観的と評価されていた。楽観性の度合いが高いほど、この仕事を続ける割合も高かった。質問票はまた、外交員の生産性も予測していた。外交員たちが研修を咀嚼していくらかの営業スキルと知識を身に付けた年度の後半になると、楽観派の売上が悲観派を二割も上回っていた。

ここで明らかになった重要な点は、ものごとを「いつもこうなんだ」と大げさに考えてしまう悲観派は、失敗すると立ち直れないことだった。彼らは拒絶に対処できず、その敗北感がさらに失敗を呼び、うつ病患者に見られるような学習された無力感を引き起こしていた。

逆に、楽観的な人は営業に成功し、それでますます楽観的になってさらに成功する。学習された無力感と反対のもの、つまり学習された楽観性を身に付けるのだ。楽観的か悲観的かは、セールスの成功に複合的な効果を持つことがわかった。これこそ多くのセールスマンが繰り返し言ってきたことだが、学者たちはそれを信じまいとしていたのだった。

恐怖心から生まれる悪循環

セールスマンの楽観と悲観に深く結びついているのが自信と恐れだ。セールスへの恐れも、そのほかのさまざまな対人恐怖と変わらない。人と交わる状況に置かれると、誰しも自分がどう見られるかがそれなりに気になる。自信のある人は、自分はみんなに好かれ、ものごとはうまくいくと考える。対人恐怖症の人は三つの思い込みにとらわれて萎縮してしまう。一つ目は、あり得ないほど高い成果を出す必要があるという思い込みだ。何もかも頭に入れ、機をみて話し、相手を引き付けなければだめだと思い込んでいる。次は、その期待に添えないと、悲惨なことになるという思い込みだ。だから、誰かに反対の意見を言われると、馬鹿にされたと思ってしまう。自分が言葉に詰まったり話せなかったりすると、退屈で頭の悪い人間に見えるはずだと決めつける。間抜けだと思われないかと心配するばかりか、本当に自分を間抜けだと思い込み、人と関わる場面ではいつでも大失態を起こすのではないかと恐れてしまう。

対人恐怖症の人たちは、売り込みに行く時点で、すでに恐怖心でいっぱいになっている。そして、一連の行動パターンが絡み合い、この恐怖が肥大する。まず、自分自身の不安に非常に敏感になり、恐怖が増幅し、他人にどう見られるかがますます気になる。最悪な自分の姿で頭がいっぱいになり、他人もそう見ているはずだと思い込む。少し震えたり、言葉に間があいたり、汗が一筋流れただけでも、自分ではがくがく震えていると感じたり、ひどくどもっていると思ったり、汗が噴き出しているような気になる。増幅された自己像にとらわれすぎて、外の様子が目に入らず、そこまで悪くないことがわからない。みんなが普通に接しているのに、自分を落ちこぼれだと思いはじめる。たいして意味のない言葉でも、たとえば「車を動かしてもらえませんか？　道を塞いでいるので」と言われただけで、「あんた、どれだけ頭が悪いの？少しは周りを見なさいよ！」と自分を否定された気になる。ましてや、たとえば「そのネクタイ、趣味悪いですね」などと少しでも否定的なことを言われたら、「あり得ない、人間として最悪」ぐらいに感じてしまう。

恐怖症の人たちは、恐れているような大惨事を避けるために「予防策」を取る。言葉に詰まりたくないからと、逸話やジョークを暗記する。赤くなってしまうのがいやだからと、首や顔周りにスカーフを巻く。汗が心配だと、腕を組んで汗染みを隠そうとする。そういう行為によってますます他人の目を意識するようになり、たいていは悪いほうに転ぶ。

腕をしっかり組んでいると、よけいに汗をかく。赤くなってはいけないと意識すると、ますます赤くなる。自分の言葉を気にしすぎてかしこまってしまい、意思に反してうわの空だと思われてしまう。しかも、こうした行為が最悪の事態を防いでいると勘違いすると、事態はますますます悪化することになりかねない。人づきあいをさらりと流せばたいしたことはないとわかるはずなのに、「予防策」にすがりついてしまうのだ。恐れていた事態が起きなかったときは予防策のおかげだと思い込み、恐怖を永遠に乗り越えられない。自己防衛行動にとらわれてしまうのだ。

そして、こうしたストレスにさいなまれるために、不安を和らげてくれるはずの人間関係の手がかりに気付かない。周囲には安心できる手がかりがあるのに、だめな自己像に心を奪われて、最悪の事態を確認しようと証拠を探してしまう。人前でスピーチをしているとき、聴衆が静かだと、じっくり考えているのではなく好意的でないと思い込む。聞き手のなかにメールをチェックしている人を見つけると、自分の話がとんでもなくつまらないのだと思い込み、その人が子供の病院の予約状況を確認しているかもしれないとは考えない。おつきあいの場に行く前には、あれこれと考えすぎて自ら極度の緊張状態をつくり上げ、結局行くのをやめてしまったり、行ってもうまく振る舞えなかったりする。そして後になっていろいろ思い返して自分を責める。誰も気付かないような些細なあれやこれやを反芻し、夜中の二時にベッドの上で天井を眺めながら、恥ずかしさと自己嫌悪で胸がいっぱいになってしまうのだ。

対人恐怖症の人にとってのセールスは、閉所恐怖症の人にとっての地下鉄のようなものだ。セールスマンの四割は、売り込みへの不安を感じたことがあると言われる。実際はもっと多いはずだ。セールスへの不安は、さまざまなかたちで現れる。上司や同僚から批判されるかもしれない。ノルマを果たさなければ今月の給料をもらえず、健康保険が無効になったらもっと悲惨だ。仕事と家庭生活が衝突する場合もあるだろう。家族や友人に営業することになれば、これまでの自分とは違う姿を知り合いにさらさなければならない。そのことで、セールスマンとしての自分は本当の自分ではないと違和感を持ち始める。自分の倫理観を曲げることへの恐れもあるだろう。売り込むために、自社製品の欠陥を隠さなければならない場合もあるかもしれない。これもまた、セールスが人生そのものの縮図であることの一例だ。

対人恐怖の例にもれず、営業の失敗とそのことへの恐れは自尊心を傷つけ、それが失敗の原因を見誤らせ、やる気と感情を落ち込ませる悪循環を生む。売り込みの不安を研究するウィレム・フルベッキとリチャード・バゴッジは「個人営業はもともと、対人恐怖にさらされる機会が並外れて多い仕事である。個人営業には、度重なる拒絶や失敗がつきもので、それが自分自身に対する感情や思考に与える影響も大きい」と言う。

セールスマンがいちばん不安になるのは、飛び込み営業と成約の場面だ。この二つの場面で、もっとも緊迫した人間ドラマが展開される。飛び込み営業が難しいのは、何もかも知らないことだらけだからだ。それは、知り合いが一人もいないパーティーに行くようなものだ。パーティーなら、感じよくしていればそれで済む。だが、セールスマンは、感じのよさを契約に結びつけなければいけない。社会的にも経済的にも自分より上の人たちに売り込むことも多い。そんなときには相手に取り入るために下手《したて》に出るべきだろうか？　それともどう思われようと地を通すのか？　知らない人や文化に対応していると、心身ともに疲れ切ってしまう。飛び込みの営業は不確かな手探りの作業であり、拒絶されることも多く、ゆえに不安を生みやすい。

成約についての不安もまた、拒絶への恐れから生まれるものだ。成約を迫まれば、ノーと言う機会を相手に与えることになる。セールスマンは自分を否定されたような気持ちになるばかりか、会社や家族のもとに帰ってなぜ失敗したかを説明しなければならない。そのノーで、すべてが水の泡になる。そのうえ、成約が近づけば、セールスマンはもう逃げようがない。対人恐怖は逃避願望を生み、地獄のようなナイトクラブやカクテルパーティーや感謝祭の夕食から逃げ出したいと思わせる。だがセールスマンは逃げ出せない。売り込みに成功するか失敗するかがはっきりするまでそこから抜け出すことはできないのだ。

目の前の状況と自分を「意識して切り離す」

幸いにもセールスへの不安は具体的なので、治療によって不合理な恐怖から逃れることが可能だ。セールスへの不安は恒常的な疾病ではなく、むしろ通常の生活機能の不具合である。自分の恐怖をはっきりと分析できれば、それを克服できる。どんな場面で不安になるのかがわかれば、それに対処できるのだ。

たとえばあなたがある顧客に嫌われていると思っているなら、なぜそう思うのかを詳しく自分に説明してみよう。そして、自分を第三者だと思って客観的にその説明を見直してみるのだ。それでもまだその顧客に嫌われていると思うだろうか？　顧客の行動についてのあなたの思い込みは理にかなっているか？　顧客の気持ちがこちらに向いていない理由がほかにあるのではないか？　相手の企業で内紛があったり、相手の子供が学校で問題を抱えているのでは？　その顧客の振る舞いはあなたへの感情だけが原因ではないかもしれない。自分の振る舞いにあてはめたら、そうと言えるだろうか？　大きな誤解だということもあるのでは？　あなたが口ごもるのは、あなたの頭が悪いからだろうか？　もしそうでないのなら、周囲もそう思わないのでは？　こうした考え方を理解するには、目の前の状況から距離を置き、客観的にそれを分析しなければならない。つまり、フルベッキとバゴッジの言う「意識して切り離す」状態に自分を置く必要がある。

これは、この本で繰り返し指摘される概念でもある。セールスマンとして成功するには、エゴから距離を置く能力が必要になるという考え方だ。第1章に登場した土産物商のマジードは、一見自分を軽んじるような客の振る舞いに邪魔されず取引をまとめる、いわゆる「ゆったりした上着」方式で、これを実践している。だが、恐怖に支配されたセールスマンは、勝手な思い込みによる自分の欠点とそれに対する相手の反応を間違った方向に気にしすぎてしまう。そうして、みずからが取引の妨げになる。

この「意識して切り離す」理想的な状態に自分を持っていくやり方の一つは、いさぎよく予防策を捨てることだ。超一流のセールスマンのなかには極端な振る舞いを成功につなげた人もいる。一九八〇年代から一九九〇年代にかけてのCNN全盛期に営業部門のトップだったラリー・グッドマンは、創業者テッド・ターナーの逸話を教えてくれた。「テッドの情熱は、周囲に感染する。彼はケーブル事業がテレビの未来だと純粋に信じていた。彼が部屋に入ってくると、後ろを向いていてもそれが感じられるほど、生まれつきの偉大さとカリスマ性があって、それが周りに伝わった。誰もが彼に会いたがり、触りたがり、握手したことを自慢したがった」。だが、広告の営業にターナーのカリスマを利用するのは、いちかばちかの賭けだった。一九八七年までには、アメリカ国内の上位二〇社の広告代理店のうち、ターナー傘下の媒体から枠を買っていないのは一社だけだった。ラリーは次にターナーがニューヨークに来たときに、その代理店に連れていくことにした。朝食会が設定された。

「テッドを連れていくと、会議室にその会社でいちばん偉い八人の経営幹部がずらりと並んでいた。テッドは一人ひとりに挨拶し、会長のボブに向き直って『本日はお忙しいところありがとうございます』と言うと、ボブが、『こちらこそ』と答えた。それから、ボブがテッドに、『御社の最近の状況をお伺いしよう』と言った。するとテッドがこう答えた。『それはまた別の日に、喜んで。今日はぜひみなさんのご意見を伺いたい。ターナー・ブロードキャスティングの印象を一人ずつ順番に聞かせてもらえないだろうか』。それからテッドは赤毛で色白の、若い大柄なアイルランド人に向かって、『君から始めていただこう』と言うんだ。すると、この若い男が、ネットワーク局はケーブル局にない新鮮でオリジナルなコンテンツがたくさんあると言い始めた。五分ほどしゃべり続けて、その間に『新鮮でオリジナル』という言葉を三〇回は繰り返したんじゃないかな。聞いていて痛々しいほどだった」

「その男が話し終わると、会長が聞いた。『テッド、続けるかい?』。するとテッドは、『いや、俺が話す』と言った。そしてあのゆっくりした低音で話しはじめた。『いいか、毎朝、俺は目を覚ますと、ベッドの上で伸びをする。ベッドから出て窓まで歩き、アトランタを見渡す。晴れていても、雨が降っていても、関係ない。生きていることに感謝する。振り向くと、ベッドのなかにはたいてい美しい女がいる。二人いることもある。台所に行って、コーヒーを淹れ、オレンジジュースをグラスに注ぐ。それからどうするか知ってるか? トイレに行って、新鮮でオリジナルなクソをする。毎朝だ。便器のなかに何があるかわかるか? 君たちがネットワーク局から買ってるものだ。今週の殺人とかな。俺たちの新鮮でオリジナルなコンテンツを知ってるか? ジャック・クストー。ナショナル・ジオグラフィック。二四時間報道のCNN。新鮮でオリジナルだって? 俺たちは違うと言いたいね。君たちが買ってるのは、クソばかりだ』。そのときのテッドの声があまりにもデカすぎてネクタイがぶるぶると震えていた。彼の獰猛さは言葉で伝えられないほどだったよ。話し終わるとテッドは立ち上がって部屋を出た。私は一瞬考えたが、すぐに部屋を走り出てエレベーターの前で彼をつかまえた。私たちは顔を見合わせ、テッドは大きな笑顔を浮かべて身を乗り出し、私にこう言ったんだ。『やれやれ、グッドマン、うまく行ったかな?』」

二週間後、その代理店から初めての大きな注文が入った。ターナーは、いつもこんな風ではない。「彼を一日営業に連れまわすときには、クライアント一社につき、背景やニーズや取引履歴を書いたあんちょこカードを一枚準備させる。テッドには従来のやり方でいい相手と、とっぴなやり方が効く相手を見分ける天才的な勘がある」。

みんながテッド・ターナーの真似をできるわけではない。だが心理学者の言う「間口を広げる」ための方法として、彼のような振る舞いを考えてみる価値はある。厳格で退屈な社会のルールに縛られていると思い込まず、実際には状況によってさまざまな振る舞いが受け入れられることを知るべきだ。ほかのみんなと同じことをしなくても成功できる。恐怖に支配される必要はない。自分のビデオを見直して、営業の各段階をじっくりと検証すれば、不安から解放されて、誤った恐れと現実の溝が埋まり、自画像を修正する助けになるだろう。

うまく行っていることよりもうまく行っていないことに目が行く

マーティン・セリグマンの調査助手の一人、ピーター・シュルマンは、セリグマンの研究を引き継いで、楽観性はどのようにして身に付くのかを具体的に説明しようと試みた。彼の勧めは、ベストセラーの営業本の内容とも一致する。まず、粘り強く逆境に打ち勝たなければならない業界では楽観性が欠かせないと彼は説いている。ストレスの多い営業のような仕事で成功するには前向きでなければならないとよく言われるが、それはただの気休めではない。真実なのだ。シュルマンは後ろ向きな考えや不合理な思い込みや論理の誤りを払いのけて前向きになるいくつかの方法を挙げている。後ろ向きな姿勢は、すでに述べたように、すべてを内的で恒常的で大げさに捉えすぎる結果生まれる。不合理な思い込みとは、たとえば「売り込みをすべて成約につなげる必要がある」とか「一つも間違いを犯してはいけない」といったものだ。なんでも自分に結びつけて、「すべて自分のせいだ」と思い込むのも、論理の誤りの一例だ。たとえば、廊下ですれ違った上司が自分に気付かないと、自分がなにかドジを踏んだからだと思い込んでしまう。実際には上司はペットの犬が死んだことを知らされたばかりだったのかもしれないのに。

誰もが、たとえば四半期の人事評価でのちょっとした批判といった否定的なことを増幅させて考え、素晴らしい営業成績をあげたなどのよいことを過小評価してしまう。僕たちの多くは人生でうまく行っていることよりも、うまく行っていないことばかりに目を向けがちだ。うまく行くことよりも行かないことのほうがはるかに多いセールスでは、このものの見方が自分を蝕むことになる。

こうしたものの見方を矯正するために、シュルマンは四段階の方法を考えた。最初の段階は、自己を否定するような考えやそれにつながる出来事の特定だ。僕らにはみなそれぞれ、死ぬほどいやなことがある。人前で話すことがいやな人もいれば、飛び込み営業が耐えられない人もいる。それを考えただけでやる気が失せ、一日がどんより暗くなる。

次の段階は、僕らのなかに住みついた恐怖が正当なものか、それとも思い込みかを知るための証拠集めだ。人前で話すのが本当にそれほど苦手なのか？　飛び込み営業で断られると人格を否定されたことになるのか？　そうでなければなぜそれほど個人的に傷つくのか？　ここで大切なのは恐れと思い込みを疑い、シュルマン曰く「いい面を捉える」、つまり逆の見方をしてみることだ。たとえば、五〇回の飛び込み営業のうち四九回は断られて当然だとすれば、二〇回続けて断られたからといって、落ち込むことはない。成功確率が五〇分の一で、もう四〇回断られていれば、かなり成功が近いと思っていいわけだ。

この手の考え方を他人に勧めてみることはよくあるが、自分がその立場になると難しいものだ。落ち込んでいる友達に、ものごとの明るい面に目をむけて、幸運を自覚しようと言うのは簡単だが、なかなか自分ではそうできない。シュルマンは、自己否定にはまり込む前に、気持ちを別の方向に切り換える儀式を紹介している。手首にゴムのバンドを巻く。気持ちの負担になっている事柄を書きとめる。一〇〇から七つずつ引きながら数を数える。そして、成功したときのことを思い出してみる。「人間は、自己批判を頭から受け入れ、自分を力不足だと思い込む。他人から同じことを言われたら、はいそうですかとは納得しないはずだ。私の手法は自己批判を外敵からの攻撃として考えさせるものだ。敵が人生を賭けてあなたをみじめにさせようとしていると想定し、その敵に反論することを教えるのである」。

楽観的にすぎるとものごとを甘く考えて不注意になりかねない。悲観に負ければキャリアも精神の健康をも損なうことになる。必要なのは、その中間の姿勢、つまり前向きかつ現実的にものごとを捉える姿勢だ。大失敗に終わった売り込みのあとで、風に舞う秋の葉を眺めるよう自分に語りかけるテッド・レオンシスが、心のなかに必要なのである。家族を想い、子供たちや友人を想い、人生の恵みを想うのだ。明日また仕事に戻り、黙々と挑戦を続けるのだ。自分を信じて。それに実際、最悪どうなるっていうんだ?

ウォーレン・バフェットの人生を変えた男

デール・カーネギーほど、二〇世紀のセールスの世界に影響を与えた人物はいないだろう。一八八九年に、貧しいミズーリの農家に生まれたカーネギーは、中西部の牧場主にベーコン、石鹸、ラードなどを販売していたが、その後ニューヨークの演劇学校に入学した。俳優として成功できなかったカーネギーは、ハーレムのYMCAでスピーチを教えてみることにした。彼の授業は人気となった。鉄鋼王のアンドリュー・カーネギーとなんらかの関係があるように見せかけるために、名前の綴りも変えた。そして、六四歳のときに出版した『人を動かす』は、史上最高のベストセラーの一冊となった。内容は、親が子供に言い聞かせるようなシンプルなものだ。感じよく。笑顔で。身なりをいつも整えること。時間を守ること。人の目を見て話すこと。約束を守ること。だがこうした普遍の真実をまとめたカーネギーの本がなぜか人々の想像力を刺激したのだった。

投資家のウォーレン・バフェットは、カーネギーのおかげで人生が変わったという。バフェットの自伝によると、「たいていの人はカーネギーの本を読んで、確かにそうだと納得すると本を置いて忘れてしまうものだが、バフェットは持ち前の集中力でこの本の助言を実践した。彼はいつもカーネギーの助言に立ち返って行動した。バフェットは高校で何人か友達をつくり、ゴルフ部に入り、人気者とは言えないまでも、なんとか嫌われない人間になった。デール・カーネギーが、バフェットの生まれ持ったウィットを磨き、なにより説得力を高め、セールスマンとしての才能を開花させたのだ。バフェットは、『人を動かす』をこれまでに読んだ本のなかでもっとも自分に影響を与えた二冊のうちの一冊だという（もう一冊は、ベンジャミン・グレアムが株式の評価について書いた『証券分析』である）。

カーネギーは一九五五年に亡くなったが、彼が設立したデール・カーネギー・トレーニングはいまも活況を呈している。最高経営責任者のピーター・ヘンデルは、服飾業界で経験を積んだ物腰の柔らかな人物だ。僕は、マンハッタンのミッドタウン三番街の地下にある事務所を訪れた。ニューヨークもほかの地域と同じように不況のあおりを受けているはずだが、ここの会議室や廊下は、二一世紀にも色あせない原理原則を学ぼうとする人でごった返していた。経営学者たちは、デール・カーネギー・トレーニングをまともな会社だと思っていない。だが、企業や一流の経営者からは、熱烈に支持されている。ウォルマートは長年のお得意様だ。僕はヘンデルに、どうしてなんの変哲もないカーネギーの言葉がこれほど長年繰り返されているのか教えてほしいと聞いた。あたりまえのことをあたりまえに実践するのが非常に難しいからだ、というのが答えだった。

「大切なのは、自分に正直でいることです」とヘンデルは言う。「自分を変えてはいけません」。ヘンデルはほんの数語で、セールス恐怖症の治療法を言い表した。カーネギーのビジネスにとって幸運なことに、これこそ「言うは易し行うは難し」なのだ。デール・カーネギー自身でさえも、なかなかそうできなかった。五六歳で二度目の結婚をした際、カーネギーはこう言って笑いを誘った。「この本を書いた後でも、女性を口説き落として結婚するのに八年もかかりました」。

ニューヨークに集まった編集者や出版社や広告主を前にしたスピーチでは、こうも言っている。「私の本に大いに批判があるのは存じています。深みがないとか、人間心理や人間関係について新しい内容は何もないと言われます。それはほんとうです。自分の考え方が新しいとは一度も言ったことはありません。私はあたりまえのことを言っているだけです。あたりまえのことを説き、それを繰り返し讃えます。なぜなら、あたりまえのことこそ人々に伝える必要があるからです。人間にとっていちばん必要なことは他者とつきあうことです。それを自然にできると思いがちですが、実はそうではないのです」。

僕がピーター・ヘンデルに会った二〇一〇年までに、八〇〇万人が世界中二〇〇カ所で二八カ国語を使いデール・カーネギーの研修を修了していた。「お客様にイエスと言ってもらえる、親しみのある人間になれればそれでいいのです」とヘンデルは言う。デール・カーネギー・トレーニングが世界中で提供する研修は、地域のフランチャイザーが多少地域色を加えることを除けば、みな同じ常識的な内容のものだ。「フランスが私たちのもっとも成功している国だと聞いてみなさん一様に驚かれます」とヘンデルは言った。

「フランスで教えていることは、インディアナポリスで教えていることと同じです。ポーランドでも、デール・カーネギーの主要原則の一つ、相手に微笑みかけることを教えていました。ですが、ポーランドの文化では、知らない人に笑いかければ、頭がおかしいと思われてしまいます。狂人扱いされるのです」。クウェートでは、参加者同士がサッカーボールを投げ合うチーム構築の研修を諦めざるを得なかった。というのも、男性が女性にサッカーボールを投げる行為が無礼にあたるからだ。サウジアラビアでは女性の参加者はいない。インド政府は国内の一流大学を卒業する優秀なエンジニアに対人スキルがまったく欠けていることを懸念して、デール・カーネギーに研修を依頼した。

カーネギーの言葉など役に立たないと思われる時代になっても、その必要性がなくなることはないとヘンデルは言う。「私たちは、多数のＩＴ企業で、人づきあいに不慣れな社員たちへの研修を行っています。彼らは人づきあいを怖がっているのです。デジタルの世界では、他者への共感力が失われがちです。私たちは、そこを手助けすることができるのです」。体面がなにより大切な中国では、取引に関わる全員に勝ったと思わせるカーネギーの手法に共感する人は多い。

ヘンデルの話を聞いているうち、デール・カーネギーの研修に参加するのは教会に行ったり、精神修養を行ったりするのと変わらないことに気が付いた。新しいことを学びに行くのではない。日々の生活のなかで忘れがちなことを繰り返し、再認識し、改めて心に刻むためにそこに行くのだ。常識を行動に変えるために参加するのである。拒絶と嘘、約束しても心変わりをする顧客、目標やノルマ、自分たちを馬鹿にしながらも売上のために頼らざるを得ない経営陣、終わりのない出張の寂しさ。それらに打ちのめされるセールスマンは、微笑むこと、いつも気分を上向けること、そして「ゆったりした上着」をまとうことを、繰り返し思い出す必要があるのだ。

ミリオンセラー『営業の赤本』の著者の教え

セールスが学問としてまともに取り上げてもらえない理由には、ジェフリー・ギトマーのような人物がカルトのように祭りあげられることにもある。僕は、セールスについて考え始めたそのときから、ギトマーの存在をここかしこに意識するようになった。空港の売店には彼の本が山積みにされて一山いくらで売られているし、インターネットでは「ギトマーの一言」や彼のジョークがさかんに拡散されている。

セールスマンが一〇〇人いれば六〇人は間違いなくギトマー信者だ。研究者たちはギトマーの成功に腹わたを煮えくり返らせている。学者はギトマーをいかさま師だと言い、なんでも単純化しすぎると批判する。ギトマーは、世界中を旅して成功の7・5の原則だの12・5の原則だのを説いて聴衆を沸かせ、機関銃のようにジョークを放ち、セールスをささいな心構えや基本的だが忘れがちな振る舞いの問題に落としてしまう。ギトマーの『営業の赤本——売り続けるための12・5原則』は全世界で二〇〇万部の売上を記録した。ギトマーは新聞の連載コラムを執筆し、ビデオやオンラインの営業ツールを制作し、世界中の営業マンを鼓舞して大金を稼いでいる。

科学的な方法論に当てはまらないセールスを学者が理解できない一方で、ギトマーはセールスをばかばかしさの極みにまで単純化している。僕は彼のセミナーに出席する前日、彼のウェブサイトを覗いてみた。そこには、「誰でも売り込まれるのはいやなものだ。でもみんな買い物は大好きだ」という題名と、ユーチューブの動画があった。二〇一〇年に投稿された『ピザの法則。あなたはどんなトッピングを提供していますか?』という動画のなかでギトマーは、みんながピザを好きなのは、自分でトッピングを選んでカスタマイズできるからだと言っていた。そのうえ、家まで配達してもらえる。そして視聴者にこう問いかけていた。「あなたのビジネスもそうですか？　お客様がほしいものを届けていますか？　自分の都合がいいものだけを売っていませんか？」。

ある曇りの日、僕は、コネチカット州ハートフォードの街中にあるマリオットホテルで六〇〇人の聴衆に混じってギトマーの話を聞くことになった。一九七〇年代のロックの名曲『スピリット・イン・ザ・スカイ』が鳴り響くなか、ギトマーは壇上でツバを飛ばしながら熱く語った。彼は、スキンヘッドで大きな鼻とぎょろっとした目が特徴の、一度見たら忘れられない顔をしている。ゆで卵のような顔から大きなパーツがいまにも滑り落ちそうだ。黒いジーンズの上に赤い作業着を着て、胸ポケットには自分の名前と反対側に「営業応援隊」の文字が縫い込まれていた。

「こんなことがあった」とギトマーは切り出した。「豚インフルエンザの始まり」というタイトルのついた、子供が豚にキスをしているスライドが写し出される。それから、彼がサンフランシスコの中華街にある南京飯店に行ったときの話になる。彼は年に一〇〇〇回は外食しているので、店に入る前に食べたいものが決まっているという。ギトマーはお茶を一杯頼んだ。ウエイトレスが「オチャ、サービス、ないね」と言った。ギトマーはこてこての中国訛りを真似てみせた。店には一杯五ドル九五セントもする中国茶しかなかった。仕方なくそれを注文した。数分するとビールのジョッキの底に丸い毛糸玉のようなお茶の玉が沈んだ中国茶が出てきた。

後、そのお茶の玉がパッと開いて花になった。「結局、二杯頼んだ。お客を品質で驚かせれば値段は関係ない」。

次の数枚はアメリカンフットボールのスライドだった。「俺はニューイングランド・ペイトリオッツが大嫌いだ」と言う。「ニューヨーク・ジャイアンツも嫌いだ。ペイトン・マニングとイーライ・マニングの違いは？　片方はヘボだってことだ」。フィラデルフィア出身なので、ダラス・カウボーイズも嫌いだそうだ。彼の地元のファンと選手は本物で、ちゃらちゃらした見かけ倒しはいないという。「フィラデルフィアのファンは気合いが違う。トイレじゃ小便をして終わり。洗面台やゴミ箱なんて使わねえ」。次のスライドは、顔をイーグルス色の緑に塗りたくって、中指を立てている小さな男の子の写真だ。写真の見出しは、「くたばれカウボーイズ」。

ギトマーは聴衆に、果たしてピート・ローズが殿堂入りすると想像できたかと聞いた。引退したスポーツ選手が何をしようとどうでもいいじゃないか？　ベーブ・ルースが酒飲みで、試合中でもいつも酔っぱらっていたからといってそれが何だ？　ギトマーはタイガー・ウッズ絡みのジョークで笑いをとり、それから自分の孫の写真を間に入れた。彼は、スポーツ観戦でやじを飛ばすが孫には目がないような、「スポーツと家族が趣味の会社の人気者」の役どころを演じ、聴衆とのつながりを築いていた。誰にでもわかりやすいキャラクターを前面に出して営業すべしというアドバイスを自ら実践していたのだ。数分もすると、明日から使えそうな「ギトマーの一言」がいくつか憶えられる。空港のバーで仲間のセールスマンと交わすにはちょうどいい話の種になるだろう。

ギトマーは売り込みのミーティングの前にはロックンロールを聞くという。すると営業モードに入れるそうだ。ラジオのトーク番組の怒鳴り声や天気予報ではだめらしい。「君らが朝のワイドショーを見てる間に、俺は金を儲けてる。天気予報だって？　天気なら外を見りゃわかる。冬はずっと寒いに決まってる。『地図を見てみましょう』だって？　窓の外を見ろってんだ」。セールス関連のスライドが数枚続くと、また子供や孫の写真が入る。なぜなら人生はつまるところ仕事だけじゃない。家族も大事だからだ。

ギトマーはフロリダで生まれ、ブルックリンで育った。一九六三年にテンプル大学に入学したものの一九六九年に中退。大学時代は音楽とマリファナ漬けの毎日だったらしい。その後二〇年は、大きなお手玉型のビーンバッグクッションを売ったり、デパートで働いたり、自分で営業とマーケティングのセミナーを開いたりとさまざまなセールス関連の仕事を転々とした。本が売れて有名になるまでには、長い下積み時代があった。

ギトマーがセールスに目覚めたのは、一九七二年、彼が二六歳のときだ。往年の有名な営業コーチ、J・ダグラス・エドワーズが質問を成約に結びつける手法について話したテープを聞いているときだった。お客様に「緑もありますか？」と聞かれたら、「ございます」ではなく「緑をご用意しましょう」と答えなさいとエドワーズは説いていた。「なるほどとひざを打った」とギトマーは言う。そこでセールスの本を読み始めた。ナポレオン・ヒルやP・T・バーナムやデール・カーネギーの本を読み、一九九二年に四六歳で執筆を始めた。それから二年後に講演を始め、アメリカでもっとも人気のあるビジネス講演者の一人になった。彼はなんでもかんでも辛辣に攻撃する。五月のその曇りの日も、ギトマーはセールスを面白おかしく語った。彼はセールスマンの嫌いなものをあげつらった。飛行機、上司、販売システム。休憩時間には、ギトマーの周りにサインや写真撮影をねだる人だかりができた。彼は一人ひとりの目を見て応え、聴衆はみんな大きな笑顔で帰っていった。

ギトマーの基本的な主張はとりたててめずらしいものではない。彼は売り込む力は僕らのなかにあり、それを解き放てないのは心構えの問題だと説く。心構えを正して顧客を惹き寄せ続けるためには、もっとも単純な思考と行動を心がけ、つねに自分に厳しくそれを実践し続けることだと言う。それは、過去一〇〇年間のセールス関連のベストセラー本の内容と同じく、前向きな姿勢と勤勉さによって何ごともうまく行くという教えだ。

だから空っぽなお気楽主義がアメリカ文化に沁みつくのだと批判する人もいる。そこで思い出すのが、第二次世界大戦以前に家庭掃除用品のフラーブラシ社のトップセールスマンで、「気分上々クラブ」の創始者でもあったアルバート・ティーセルだ。ティーセルは、「調子はどうですか?」と聞かれたら、その日の気分がどうであろうと「上々です」と答えるべしと説いた。「『気分上々です』とか『元気ですよ、そちらはいかが?』と答えれば、活発で明るい人物に見えるからだ」とティーセルは言った。これほど癪に障る集団はないだろう。しかし、企業経営者から住宅ローンに追われる貧乏人まで、考え方次第で最悪のことが避けられると思っている人は多い。といっても、ギトマーは考え方を変えれば金持ちになれるとは言わない。ソファから立ち上がり、人脈を築き、注目され、好かれることが必要だと説いている。そして、中途半端な人間になるなと檄を飛ばすのだ。

お客様と自分、どちらが大事か

ギトマーの尊敬する、ラジオアナウンサーで保険外交員でもあったアール・ナイチンゲールも同じことを言っている。一九五六年、ナイチンゲールは「世にも不思議な秘密」を録音した。この一八分のスピーチは、ポジティブ思考運動の大きな節目として伝説になったものだ。ギトマーと同じく、ナイチンゲールも、人生においてもセールスにおいても、成功の鍵は心の奥に深く根付いた自信であり、自らの目標を立て、常識にとらわれずそれをひたむきに追い続けることだと言った。

「勇気の反対は臆病さではありません」。ナイチンゲールは奥深いなめらかな声で呪文のように唱えた。「周囲への迎合です」。ナイチンゲールはアメリカ人の存在の根幹にかかわる危機を説いていた。専門家によると、ほとんどの人は潜在能力のたった五パーセントしか使っていないというのだ。仕事の能力の五パーセントというだけでなく、楽しみやよろこびも五パーセントしか経験していないそうだ。「私たち全員のなかに、使えるのにあえて使っていない底知れぬ才能の蓄積があるのです」。

その症状の一つは、僕らの多くが人生で自分の選択をせず他人に追従していることだ。学校に入れば、周りに合わせて誰にでも好かれることや、みんなと同じことをして群れに従うことがよしとされる。他人と同じような仕事に就き、面倒を起こさないよう教えられる。会社や社会の規範に抵抗する勇気もなくただ従うことで、自分自身を貶める。仕事が終わるととぼとぼと家に帰ってテレビをつけ、自分の人生を生きるかわりに誰かの人生をおとなしく眺めて時間をつぶす。そうやって死ぬまであてもなく人生をさ迷い、取り返しがつかなくなってからもっと違う生き方をすればよかったと気付くのだ。

ナイチンゲールによると、成功とは「価値ある理想を一歩一歩実現していくこと」にほかならない。成功者とは、朝起きたときに自分が何をすべきか、それはなぜか、その結果、何がもたらされるかをわかっている人間だ。試験勉強であれ、誰かを教えることであれ、小さな会社の経営であれ、大企業の経営であれ。何を理想とするかは人それぞれだ。目的意識とそれを達成するための行動が大切なのである。この大きな意味での成功を手にしているのは、二〇人に一人だとナイチンゲールは言った。ほとんどの人はあてもなくぼんやりと暮らし、自分がとくに尊敬してもいない人に好かれようとしている。ギトマーと同じように、ナイチンゲールもまた、因習などだらないと説いた。「大多数の行動と正反対のことをすれば、決して一生失敗しないはずです」。人間がその能力を死ぬまで一度も完全に発揮せず、死の床で後悔にさいなまれることこそ悲劇だ、とナイチンゲールは言った。

こんな悲惨な状態にならないために、ナイチンゲールは「パイロットが使うような」チェックリストを勧めている。それが、満ち足りた人生を生きるための七項目である。一番目は目標。目標がない人間は、時間をつぶし、毎日をつぶし、いつも周りに振り回されて自分の道を決められない、ヒトデかアメーバ並みの存在だという。二番目は姿勢。自分の姿勢が相手の自分への姿勢を決める。前向きな姿勢は健全な人生につながる。三番目ははっきりとした目的意識。状況に振り回されたり、他者の言いなりになったりせず、自分の頭で考えることだ。四番目は、情けは人のためならずというあの「金言則」。五番目は、真実。真実はかならず報われる。六番目は自分の成長に投資すること。企業が成長するために研究開発に投資するのと同じことだ。そして七番目は、「人間は自分が考えているような人間になる」という、あの不思議な法則である。

思考が運命を決める、とナイチンゲールは言う。独裁者になるのも、ガソリンスタンドの店員になるのも、自分の気の持ちようなのだと。だからこそ、目標を持ち、そのことを考え続けることがとても大切なのだとナイチンゲールは説く。目標がなければ、何者にもなれない。

ギトマーは自分のために真剣に考えるよう説いたナイチンゲールの勧めを取り入れてきた。

彼は綺麗ごとを一刀両断にするのが大好きだ。ハートフォードの聴衆にギトマーが問いかけた。「お客様といっしょにいるとき、いちばん大切なのは誰だ？」。聴衆が「お客様！」と叫び返す。すると、ギトマーはこう答えた。「この地球上に二人だけ残された。自分と大事な客だ。どっちに死んでほしい？」。お客様は大切だ。だが、自分より大切なはずがない。

ギトマーがとくに手厳しく批判するのは、販促のパンフレットだ。「パンフレットなんかもらってみんなどうする？　額に入れて母親に送るのか？」。お客にどうでもいい情報をばら撒き、中身のないパンフレットを配るのは間違いだという。それなら、セールスマン自身がパンフレットをゴミ箱に捨てて、客の時間を無駄にしないほうがよっぽど賢い。次から次へとつくられる販促資料を持ち歩かされているらしき聴衆は、手を叩いてよろこんだ。

三時間の講習のうち一時間は、ギトマーが質問に答え、人生とセールスについて気の利いたセリフを返していた。

聴衆からの最初の質問は、お客に電話を返してもらうにはどうしたらいいかというものだ。「俺ならこうする」。ギトマーは受話器を耳に当てるようなしぐさをする。「電話してこう言うのさ。『こんにちは、ジェフリーです。昨日、大口のお客さん何社かと話をしておりましたら、こんなことを耳にはさみまして』と言ったところで電話を切る」。ギトマーは、友達からそれは無責任じゃないかと言われた。でも、どうせかけなおしてくれないなら、いいじゃないかと答えた。

次の質問は、見込み客をどう値踏みするかというものだった。ギトマーは、値踏みしようなどと思わず、ただ相手を好きになれとアドバイスした。彼は不動産屋を例にあげた。家を見に行くと、まず、いま住んでいる家を売るのか、住宅ローンを抱えているのか、予算はどのくらいかといった、買う可能性がどのくらいあるのかをさぐるような質問をされる。家を見せてもらえるのは、いちばん最後だ。「財布の重さで人を判断するな。友達になれば、財布を預けてくれる」。

ギトマーは一兵卒を褒め称え、経営者をこき下ろし、ビジネスの常識に異を唱える。セールスの鍵は、プロセスでも科学でもない、とギトマーは繰り返した。親しみのある、打てば響くような人間になることだという。セールスの専門家はなんでも複雑にして、何段階にもわたる小難しい方法を押し付けている、と。

「とにかく自分らしくあれ」とギトマーは言った。「研修部のヤツらより、俺たちのほうが賢いと思わないか?」。営業コーチなど、嘘を売って生きている世界の一部だという。年寄りのニュースキャスターの顔から皺を全部消して放送しているテレビ局みたいなものだ。完璧なボディーの映画スターみたいなものだ。自分たちは嘘に取り囲まれている、とギトマーは言った。その代表選手が、セールスは心構えではなく科学で解決できると言ってるヤツらだと。

矛盾を取り除こうとしても欺瞞につながるだけ

ギトマーのファンを見ていると、固く編まれた織物が初めはゆっくりと、次第に速度を早めてほどけていくように、「自分らしくあれ」というギトマーの誘いに身を任せて心の檻から抜け出し、手足を縛っていた商売の決まりごとから解き放たれていくように見える。スポーツのジョークを口にしながら部屋を歩き回っている、このなんの飾り気もない男がアメリカきってのセールスの大家になれるのなら、僕らにも希望があるように思えてくる。

ギトマーはオレゴンのクーズベイにあるガレージのスライドを見せた。「世界は変えられないが、オイルは換えられる」。それは、僕らがよく耳にする崇高なスローガンへの拒否反応だ。商売とはよくよく考えたら何なのかを思い出させてくれる。ギトマーは自分の人生は自分で変えられると繰り返した。僕らは機械の歯車ではなく、会社や商品への奉仕者でもない。自分らしくある力、セールスでも経済的にも成功につながる人間関係を築く力を内に秘めているというのだ。

ギトマーは聴衆のセールスマンたちに、自分から買った理由、または買わなかった理由を顧客に聞いてみることを勧めた。売り込みや提案や買う買わないの議論を離れて、友情と共感に基づく関係を築くよう説いた。「親しみは親しみを呼ぶ」と言い、もしそれを面白いと思わないのなら、セールスの仕事をすべきではないと告げた。「契約を取って、手数料を稼ごう」をギトマーのひとことに置き換えると、「友達をつくって、大金持ちになろう」になる。ワークライフバランスなんかに悩むのは時間の無駄だとギトマーは言った。「バランスは必要ない。必要なのは金だ」。金があれば、両立は問題でなくなる。

ギトマーは聴衆に一〇〇パーセント自分で自分の面倒を見られるようになれと言う。つまるところ、最後は自分だけが頼りなのだと。顧客との関係についていくら考えてみたところで、自分がどこかでぽっくり逝っても、顧客は気付きもしないだろう。ギトマーの個人哲学は支離滅裂だ。セールスは親しみやすさがすべてだと言ったかと思えば、そのすぐ後に、セールスなど欺瞞で、自分がいちばん大事、死ぬときはみんな独りだと言ったりする。初めに家族の写真を見せて、仕事と家庭の両立とは十分に金を稼いで自分の自由に時間を使うことにすぎないという。その十分な金を稼ぐ途中で、仕事と家庭をどう両立したらいいかについては教えてくれない。ジョークまじりに自分だけが真実を語っていると断言し、大風呂敷を広げてみせる。

彼は、セールスからきれいごとをはぎ取れば、この仕事がもっと楽しいものになるはずだと力説する。顧客に電話して、質問がありましたらなんなりとお受けしますと言うより、「金は準備できたか?」と言ってみたらどうだ? 顧客企業のロビーでライバルに会ったら、礼儀なんか無視してつかつかと歩み寄り「おい、お前さん、あんたが長いこと見てないもん見せてやろうか? ほら、署名入りの契約書だ」と言ってみたら? 他人がどう思うかばかり心配してしがらみに囚われるより、動物みたいに自由に振る舞えばいい。ギトマーは、嘘とたわごとばかりの世界でありのままの真実を話すのは、自分しかいないと言っているようだ。だがかしこまったビジネスの世界が存在するからこそ、彼の言葉が衝撃的だとも言える。ギトマーの言葉に矛盾があるのは人生そのものが矛盾だらけだからだ。その矛盾を取り除こうとしても、欺瞞につながるだけだろう。

ギトマーの本を初めて読んだとき、僕は、「一日五分、この新しい装置でぶよぶよのお腹が引き締まった筋肉に」と繰り返すテレビ通販を思い出した。セールス業界の有名作家兼コンサルタントのデイブ・スタインは、セールスの教育方法には根深い問題があり、ギトマーもその一部だと言う。「こんなやり方が蔓延しているのはセールスだけです。『一般会計原則の裏をかいて監査法人を煙に巻く六つのお手軽な法則』なんて本を読みたがる会計士なんていないでしょう。それなのにセールスマンはいつも次の隠し技、次の決め手を探しています。『お手軽セールス』だの、『悩み解決営業法』だの、ギトマー本だの、新しい出版物が出るたびにいちばん大切なことから注意が逸れてしまうのは、非常に危険です。いちばん大切なのは、顧客の問題を解決することでしょう。それには、早道もコツも技もないのです」。

空港で売っているようなハウツー本は、問題を解決するどころか、それを妨げているとスタインは言った。そうした本は、セールスマンに彼らの悩みが本一冊で解決できると思わせてしまう。あの通販の装置を使えば、誰でも腹筋の割れた引き締まった身体が手に入ると思い込んでしまうようなものだ。セールスマンに本当に必要なのは、現代の企業や個人がどのようにものを買うのか、彼らが戦略的優位に立つための手段として調達をどう捉えているのかを理解することなのだとスタインは言う。そして、そういう視点に立つ顧客に売り込むにはどんなやり方がいいのかを理解する必要があるのだと。「購買、調達、消費――セールスマンがそれらの本質的な変化に対応できなければ、車に轢かれたリスのようにぺちゃんこにされてしまうでしょう」。この手のことを理解するのに、ギトマーはなんの役にも立たないとスタインは言った。

スタインの言いたいことはよくわかる。ギトマーは底が浅い。どこにでもいそうな男だし、品もない。だが、問題を全部解決するのがギトマーの目的ではない。彼の特効薬でセールスが上手くなるのではなく、その言葉が営業活動のなかで慰めになり、心の支えになるのだ。このとてつもなく厳しい戦場で闘っているのは自分独りではないとギトマーは信じさせてくれる。ギトマーは僕らと痛みを分かちあい、僕らが恐れやしがらみから到底できないことをやってのける。そして、僕らは上司にクソ野郎と叫んで歩き去る自分を想像してみる。ギトマーならそうするはずだ。

彼はセールスマンたちにとってのもう一人の自分、辛辣な冗談とヒマワリのような明るさで一日を乗り切っていくもう一人の自分なのだ。それは、アップルの熱狂的なファンが実践しているのとは違う種類の信仰だ。アップルの信仰は、厳しいしきたりに従い、奇跡と変革を約束する宗教の教祖的な存在に盲目的に献身することだ。それは、訪問販売の組織で化粧品や台所用品の売り子がカリスマ指導者の伝道集会に集って気持ちを高めるようなものである。ギトマーへの信仰はレオンシスの信条の進化形と言ってもいい。現実的で皮肉たっぷりだが、基本的に嘘はない。運命は一瞬にして僕らの努力を無にすることもあるのだから、嘘をついて陰気に生きるより、明るく正直に生きたほうがいい、というものだ。カーネギーと同じように、親しみと気の利いたユーモアは周りに伝わり、繁栄が自分に返ってくるのだとギトマーは信じている。

精緻な営業システムをつくることに人生を費やしてきた人々にとって、ギトマーの存在は神への冒瀆にも等しい。「この時代に営業システムなんかなんの役に立つっていうんだ」。ギトマーはそう煽った。「一週間も研修を受けて、やっとお客に会いに行くころには、くだらないシステムなんてなんにも憶えちゃいない」。その会議場にいる全員が頷き、笑顔が浮かんでいる。セールスマンでもなんでもない僕でさえ、思わず立ち上がって声をかけたくなった。「アーメン！」。

第5章

誰にでもチャンスはある

私に信じるものがあるとすれば、それは売ること。
一生懸命売ることです。

エスティ・ローダー

伝説のセールスウーマンたち

一八六〇年代にミシシッピのデルタ地帯の農園で黒人女性として生まれることは、不幸の極みだった。サラ・ブリードラブの人生のはじめの三七年間は、貧困や偏見や虐待といった黒人女性につきものの恐怖の数々との闘いだった。七歳で孤児になり、一四歳で結婚し、二〇歳で未亡人となったブリードラブは、木綿摘み、料理人、洗濯婦として働いた。こんなに稼ぎが少なければ一生働きづめだと気付いたのは、洗濯かごに屈み込んでいた三七歳のある日だった。なにかを変えなければ。

ブリードラブはそれまで何年間も抜け毛に悩まされ、あれこれとトニックや薬を試していた。いちばん効いたのは、黒人女性起業家のアニー・マローンが売っていたトニックだった。そこで、ブリードラブはデンバーに引っ越してマローンの販売員として働くことにした。新聞記者のチャールズ・ジェイムズ・ウォーカーと再婚したブリードラブはマローンのもとを去り、マダムと名乗って自分自身のブランドを立ち上げ、夢に現れたという〝マダムウォーカーの驚異の育毛剤〟という頭皮剤を売り出した。その後数年間、彼女はアメリカ南部の黒人家庭を一軒一軒訪問し、教会や婦人会でも商品を売り込んだ。顧客と出会うなかで、売り込みの方法も洗練されてきた。顧客の多くは彼女と同じく農園育ちだったので、頭皮を土壌にたとえて説明した。「庭をつくるのに土壌を耕すのと同じで、髪の毛を育てるには頭皮を整える必要があるんですよ」と売り込んだ。土壌の風通しをよくするように、頭皮のつまりになるフケをこすり落とせば髪が生えてくるのだと説き、誰にでも髪が救えるのだと教えた。「どんなに髪が短くても、ゴワゴワでも、頭皮が傷んでいても、髪は育てようと思えば育てられますよ」。販売員にそう教え込んだ。

一九一二年までには、マダム・C・J・ウォーカーは、裕福で影響力のある黒人ビジネス界の大物になっていた。また、黒人を対象にした慈善事業への寄付者としても資金調達者としても有名になりつつあった。アレリア・バンドルズが『マダム・C・J・ウォーカーの人生と成功』のなかで述べているように、その夏、シカゴで開かれた全米黒人ビジネス連盟会議に運転手つきのリムジンで到着したウォーカーは、講演を求められるものだとばかり思っていた。

この会議は、黒人ビジネス連盟の創設者であり、アフリカ系アメリカ人の地位向上に起業家精神が欠かせないと信じたブッカー・T・ワシントンが主催したものだった。会議の進行に合わせてワシントンは銀行の重役や事業家に次々にスピーチを求めた。ウォーカーとその友人はスピーチを行いたいとあらかじめはっきりと伝えていた。それなのに、ワシントンは繰り返し彼女を無視した。会議最後の三日目になって、ウォーカーは腹に据えかね、立ち上がって、次の講演者を紹介しようとしていたワシントンをさえぎった。「私を門前払いにしようとしたってそうはいきませんからね」。

会場に集まった聴衆に、ウォーカーは言った。「私のビジネスは黒人女性のためになるものだと信じています。私は、軽蔑され、批判され、陰口をきかれるような、育毛ビジネスを興しました。多くの人は育毛など不可能だと思っていましたが、実際に髪の毛が育つことを私が疑いの余地なく証明してきたのです」。ワシントンとその仲間から無視され続けていることに憤りを感じるとウォーカーは言った。

「私は南部の綿畑で育ちました。綿摘みから洗濯婦になり、料理人に取り立ててもらいました。そこから、自力で育毛用品の事業を立ち上げたのです。私は過去を恥じていません。貧乏な出自を恥じることはありません。洗濯婦だから卑しいなどと思うべきではありません。この事業を興すのは間違いだとみんなに言われました。ですが、私は綿の育て方と同じくらい、髪の育て方にも詳しいのです」

彼女の成功はその言葉を裏付けていた。そのころには、マダムウォーカーの育毛部隊を育てるため、娘の名にちなんだレイラ・カレッジという教育施設をピッツバーグにつくっていた。インディアナポリスに工場とサロンを所有し、カリブ海と中央アメリカにも事業を拡大していた。一〇〇名を超える販売員を雇い、その多くは彼女と同じように貧困や社会が押し付けた過酷な立場から抜け出す道を探している女性だった。まもなくウォーカーは、南部の大学の黒人教育のために年間一万ドル（今日の二五万ドル相当）を投じるようになっていった。それでも、ウォーカーのスピーチが終わると、ワシントンは、まるで彼女がそこにいなかったかのように、そそくさとアラバマ州バーミンガムのバンカーの紹介を始めたのだった。

一九一七年からウォーカーは毎年全国から販売員を集めて集会を開き始めた。毛髪の会社なので、帽子は禁止だった。ウォーカーは商品のことだけでなく、起業が自己改善のチャンスと自信をもたらしてくれることについても語った。また、その地位を使って、アフリカ系アメリカ人への不正義に対抗する運動を広げ、アメリカに蔓延していた黒人へのリンチや暴行を止めるよう、政治家と新聞記者へのロビー活動を続けていた。ウォーカーの販売員としての成功は、その時代の最高のご褒美を彼女にもたらした。マンハッタンから三〇キロメートルあまり北上したハドソン川沿いの邸宅を購入し、ヴィラ・ルワロと名付けたのだ。ウォーカーはイタリア人の庭師を雇って、ロックフェラーやモルガンやヴィンダービルトやアスターといった大富豪の隣人たちに負けない庭をつくらせた。

一九一九年にウォーカーが亡くなると、ニューヨーク・ポスト紙は、彼女の成功を稀有なものだと記した。「ミセス・ウォーカーは、黒人《ニグロ》がアメリカの頂点に立てることを証明した。コールリッジ゠テイラーの曲やポール・ローレンス・ダンバーの詩やブッカー・T・ワシントンの学校を見下していた男たちも、黒人の億万長者が次々と生まれれば、敬意を払わざるを得なくなるだろう」。成功の秘訣を訊かれたウォーカーは、勤勉さ以外にないと言った。「花びらの敷き詰められた成功への道などありません」。

エスティ・ローダーもまた、成功を同じように捉えていた。ローダーはハンガリー系ユダヤ人移民のジョゼフィーヌ・メンツァーの九人の子供の一人として、ニューヨーク州クイーンズのコロナで生まれた。父親はつぶれそうな金物屋を営んでいた。だが、成長したエスティは、永遠の若さを売る華やかな事業家となり、金持ちや貴族と交友関係を持ち、慈善活動家でもある非凡なセールスウーマンとなった。

事業を始めた一九三〇年代と一九四〇年代から九七歳で亡くなるまでの間、エスティは自分の商品を売る店に欠かさず立ち寄り、お客様と会ってその肌に触わり、クリームを頬に塗り、香水を手首にふりかけ、自分を金持ちにしてくれた女性たちと実際に触れ合うことにこだわった。それが彼女が化粧部員みんなに教えたことだった。立ってるだけじゃだめ。お客様に触りなさい。ずっと話し続けて、お客様に決して背中を向けてはいけません。そのきっかけは商売を始めたころに大規模な広告を打つお金がなく、「口コミ」で事業を拡げようと決めたことだった。マーケティングの専門家が「口コミ」と言い始めるよりもはるかに以前の時代だ。自らのブランドを口コミで広めながら、「女性の口は電報や電話と同じ」と言ってのけた。

無料の試供品を配ることを考え出したのも彼女だ。これが後に「フリーギフト」として普及した手法で、広告よりもずっと身近で安上がりだった。マダム・C・J・ウォーカーと同じく、ローダーもまた持って生まれたセールスの才能を使って、自分の前に立ちはだかる企業や社会の障害を一つひとつ取り除いていったのだった。

テキサスから出て独力で身を興した、メアリー・ケイ・アッシュの創業した化粧品会社のメアリーケイは、優秀な化粧部員に、不可能な賭けに勝った証としてマルハナバチをかたどったダイヤモンドのブローチを授けた。羽の割に大きな胴体のマルハナバチは、普通に考えれば飛べるはずがない。だが実際に飛んでいる。アッシュは自伝にこう書いている。「私たちの仕事は化粧品事業というだけでなく、対人事業です。そして人を大切にするわが社の目標は、女性にチャンスを与えることです。そうすればこの女性たちがまた、スキンケアの方法を広めてほかの女性たちのニーズを満たしてくれるのです」。メアリーケイの販売員は、口紅やマスカラだけを売るのではない。起業が人生を変え、社会の障害を取り除くという偉大な哲学に貢献しているのだ。

訪問販売企業は、この呼びかけを世界中に広げてきた。エイボンが一九九〇年代のはじめにロシアに参入すると、たちまち科学や工学の教育を受けた数千人の女性が、夫の力に頼らず自分で事業収入を得るチャンスを求めて集まった。当時のエイボンの販売重役は、「はじめはネズミのようだった女性を、私たちが火の鳥にしたのです」と言う。

インドのヒンドゥスタンでユニリーバが行ったシャクティプロジェクトでは、女性たちに石鹼やシャンプーを販売させてみた。訪問販売企業の例にならって、ユニリーバも販売研修を行い、これまで存在しなかった「マイクロ起業家」を生み出している。そのPR資料によると、このプロジェクトは社会的な偏見を打ち消すのに役立っているとのことだ。そこには、こんなシングルマザーの言葉が綴られていた。「夫に捨てられたとき、私には何もありませんでした。いまでは、みんなが私を知っています。私は何者かになったのです」。

こうした起業家や会社は、官僚化し硬直化した組織に代わる働き方を提示してきた。大多数の企業は厳格な規則と支配のもとに経営されているが、訪問販売会社の組織はより分散型で、強烈な文化を共有することで人々を束ねている。勤務時間で給料が支払われる企業と違い、訪問販売では、売った分だけ自分の懐に入る。たいていの企業は家族や友人より仕事を優先することを強いるが、訪問販売会社は仕事と家庭を切り離してはいけないと説く。しかも、採用基準が緩いので、誰でも雇ってもらえる。訪問販売は、社会の規範に対する強烈なアンチテーゼであり、仕事に明け暮れる毎日と自分らしくありたいと願う欲求とを両立させる、これまでにない手段なのだ。メアリーケイの化粧品を売ることは、普通の勤め人とは正反対の生き方をきっぱりと選ぶことなのである。

セールスマンへの偏見は下克上的なものへの抵抗から来るものだ。イギリス貴族は何世代にもわたって「商売人」を見下してきた。それは新興の成金が自分たちの瀟洒な屋敷や社会的地位を奪うようになることを恐れたからだ。同じように、セールスマンは産業界の「商売人」であり、蔑まれ、脅威だと思われている。経営者はセールスマンに頼りながらも、その力を恐れている。財務諸表や戦略策定に近い世界の人間にとって、セールスマンは、ギリシャ神話のディオニソスのような奔放で支配できない存在に見えるのだ。

マダム・C・J・ウォーカーとエスティ・ローダーは競争力のある商品を女性に売り込むことで成功した。この才能は有名大学で教え込まれるものでもなければ、職業研修で身に付くものでもない。それは女性に富と力を持つチャンスがほとんど与えられなかった社会を生き抜くための強力な武器だった。エイボンとメアリーケイは、販売という仕事による社会進出を約束することで、かつてないほど多くの女性を惹きつけた。彼女たちの成果は、セールスの能力が正しく使われれば、前例のない社会的な平等が実現できることを証明している。

習慣と自制心へのこだわり

小説家ヘンリー・ジェイムズの兄でハーバード大学の心理学教授だったウィリアム・ジェイムズは、著書の『心理学の諸原理』のなかで、「習慣」について一章を割いた。セールス業界がそれに目をつけた。セールスマン誌は、それを「セールスマンへのかつてない最高の激励」と呼んだ。ジェイムズは、よい思考と行動を繰り返すことで、優れた習慣が身に付くと説いた。何かをやると決めたら、すぐにやること。ほとんどの習慣は、若いうちに身に付くもので、三〇歳を超すと何かを変えようとする意志と能力が著しく弱まるという。「教育のなによりも素晴らしい点は、神経系統に好ましい作用をもたらすことだ」と書き、そのためには自分の向かいたい方向に神経を訓練しなければならないと説いた。そうすれば自制心という名の垣根がしっかりと築かれ、人生に確固とした習慣が形成される。

これに類する考え方は、過去一〇〇年間に出版されたさまざまなセールス関連の書物に著されている。古くはアリストテレスにまでさかのぼる。アリストテレスは、反復行動がその人を決める、したがって「卓越とは行動ではなく習慣である」と言った。ＩＢＭが模範としたレジ機器製造企業のＮＣＲの創業者、ジョン・パターソンは、アメリカの新たな大衆市場を開拓するために大規模で画一的なセールス部隊を組織した第一人者だった。パターソンは、ジェイムズと同じく、セールスマンの服装から仕草からライバル対応まで、あらゆる行動を型にはめるべきだとした。パターソンは一時期、数秘術にはまり、とくに五という数字にこだわるようになった。やるべき五つのことと、やってはいけない五つのことをセールスマンに宛てた手紙に書いた。

一九一三年に出版された『科学的販売管理――科学的販売管理原則の実践的応用』のなかで、チャールズ・ウィルソン・ホイトは、セールスマンへの正しい研修は、「一人ひとりの動きや仕草にまで及ぶ。各地に分散したセールスマンの動きを正確に統一しなければならない」と言った。セールスマンの言動はすべて、規格化された。ずかずかと田舎の家庭にやってきて、相手を丸め込み、冗談を言い、つくり話でものを売り込んでいた一九世紀の行商人たちは、いまや紺のスーツを着て、清潔で折り目正しく、パターソンの言葉を借りると「暗がりを理性で照らす」男たちに替わったのである。

この迷信にも近い習慣と自制心へのこだわりは、さまざまな分野で見られる。オールスター戦に出場する野球選手が、打席に入るとそこを一歩出て、手袋をはめ直し、ヘルメットを軽く叩いてから、やっとスイングに入る。そして、一球ごとに同じ奇妙なパターンを繰り返す。ネルソン・マンデラは、毎朝自分のベッドを整える。ホテルにいるときでさえそうする。それはマンデラが刑務所時代に身に付けた、自制心と自己尊重の行為である。長引く打撃の不調であれ、アパルトヘイト後の南アフリカの再建努力であれ、人生の荒波を航海するときには、儀式や習慣がお守りになる。経済面、人種面、社会面の障害を乗り越えて商売を築こうと努力するセールスマンにとってもまた、それは同じように大切なのだ。

朝四時半のジョギングの効用

朝の四時半に、僕はボルティモア郊外の高級住宅街、ローランドパークの丘を駆け上がっていた。僕の横でまるでヨーヨーが上下するように、息も上げず軽々とつま先を弾ませているのは、〝シロアリ〟と呼ばれる男だ。一〇分ほど前、彼が僕の部屋のドアをノックして、寝ている僕を叩き起こした。これが彼の毎日の始まりだ。凍えそうな冬も、蒸し暑い夏も、近所の通りを四五分ジョギングし、頭をすっきりさせてこれからの一日に備える。「エネルギーを正しい方向に向けないと」と彼は言う。二人で走っていると、彼が一軒一軒の家と通りについて説明してくれる。あそこに、昔ボルティモア・レイブンズのクオーターバックが住んでいた。あっちはモルガン・スタンレーの共同経営者の家だ。あのレンガの邸宅は数年前に火事で焼け落ちて、ティーンエイジャーが二人亡くなった。この通りは若い家族と芸術家がたくさん住んでいる。このジョギングでいちばん苦しいのは、急な坂を上ってボルティモアカントリークラブのレンガ塀を越すまでの最初の五分間だ。僕が顔をゆがめているのを見て、シロアリは言った。「朝いちばんでこれをやると、あとの一日が楽になる」。

家族や友達やお客さんからは〝メモ〟の愛称で知られるギエルモ・ラミレスには、エネルギーがすべてだ。ラミレスは神経系統を好ましい方向に訓練すべしというウィリアム・ジェームズの教えに忠実に従い、習慣を成功につなげている。習慣が逆境を味方に付ける助けになったのだ。一九歳のとき無一文でメキシコからアメリカにやってきたラミレスはボルティモア近郊に一二軒の不動産を所有し、五〇人の従業員を抱える建設請負会社を経営している。景気が最悪に落ち込んだ二〇〇八年から二〇〇九年にかけてでさえ、年商は八〇〇万ドルだった。〝シロアリ〟のニックネームがつけられたのは一旦家に入り込むと、壁という壁に穴を開け、すべてを修繕し改装し終えるまで立ち去らないからだ。毎日のジョギングでエネルギーを充電し、長時間の仕事に精力的に取り組み、出会うすべての人たちの夢や弱みに敏感に反応する。それが、自分の価値を実感させ、人生の手綱を握っているという自信の源になる。ラミレスは自分で自分の運命を支配できると信じている。

モチベーションとは、自分の置かれた環境を俯瞰しそれを支配することによって、できるだけ多くの見返りを得ようとする欲求だと言われる。つまり、周囲の世界がどう機能するかを知り、それを自分に有利になるよう操作しようとすることだ。それは、能力テストで発見できる類の欲求ではない。だが、その欲求の強さ、すなわちモチベーションの高さが、粘り強さ、忍耐力、楽観性といった、人生につきものの敗北を乗り越える心の働きを育てる。メモは早朝ジョギングの日課を儀式のように欠かさない。ほんの少しでも自制心を失えば破滅につながると思っているようだ。彼のモチベーションは間違いなく恐れよりも強固だが、いつ消えてなくなってもおかしくないという危機感を持っているため、それを大切に育てることを人生の中心に置いている。

家に帰ると、メモはニンジンジュースを二杯注いだ。僕らはジュースを飲み、二〇分以内に出かけるからと彼が言った。灰色のフォード製高級SUV、リンカーンナビゲータに乗り込んだときまだ外は暗かったが、彼の電話が鳴り出した。ボルティモア全域と周辺の郊外で、彼の部下たちは動き出している。彼の部下には、メキシコ人、エクアドル人、ホンジュラス人、グアテマラ人、中国人、それにネイティブアメリカ人もちらほらいる。最寄りのスターバックスへと車を走らせながら、メモは愛車を褒め称えだした。壊れないし、乗り心地はいいし、なかは広いし、それにアメリカ製だ。燃費がいいからとトヨタのプリウスに数年間乗っていたが、コンクリート二袋と三人のメキシコ人作業員を乗せたまま、バッテリーがいかれて路肩で止まってしまった。「信頼性が絶対の条件さ。車のせいで一日無駄にしたら大変だ」。

電話は一日中鳴り続け、メモはしゃべりっぱなしだった。いろいろなアイデアがあふれ出し、強い口調で意見を言ったかと思うと、突然大声で笑う。その笑い声は、まるで熱帯の野鳥の群れが一斉に空に飛び立つ音のようだ。スターバックスで、彼は特大サイズのブラックコーヒーと雑穀入りのベーグルを買った。故郷のオアハカで飲む極上のコーヒーとは比べものにならないが、一応目覚ましにはなるらしい。僕らはまたしばらく運転し、バス停や建築現場で車を止め、塗料まみれのジーンズとTシャツ姿の作業員を乗せたり降ろしたりしながら、スペイン語で内輪話をしていた。

ベンジャミン・フランクリンがアメリカのセールスマンの規範を確立したフィラデルフィアから一五〇キロ足らずの場所で、それから二〇〇〇年の歳月を経て、メキシコ人移民一世のメモが、フランクリンの言葉を実践している。メモはこれまで一度もセールス本など読んだことはないが、彼と一日過ごせば、その必要はないとわかる。彼はエネルギーに満ちあふれ、自制心があり、楽観的で打たれ強い。それが彼をここまでの成功に導いてきた。

僕が初めてメモに会ったのは、二〇〇五年にボルティモアのハンプデン地区にあるテラスハウスで彼が本棚を塗装していたときのことだ。彼自身が作業するのは久しぶりだったらしいが、メモにできないことはない。当時メモは僕の友達とつきあっていたが、結婚して娘もできた。メモは一度会ったら絶対に忘れられない男だ。中背で身体は引き締まり、黒髪のポニーテールを肩甲骨の間に垂らしている。浅黒く彫りの深い顔立ち、輝く白い歯。胸を張った姿には自信がみなぎり、その手はつねに話し相手の腕や肩に触れている。二、三人の作業員が周りに立っているときは、それがいっそう目立つ。肩を落としてティーンエイジャーのようにくすくすと笑うメモは、部下に囲まれたギャングの親分のようだ。

メモは潔癖と言えるほど、いつも身ぎれいにしている。毎日同じユニフォームを身に着ける。リーバイス501、高級デパートのノードストロームで買ったブーツ、紳士衣料専門店のジョゼフ・A・バンクで買ったTシャツとVネックセーター。そしてものすごく細心だ。携帯電話のメモリーに入った番号は一つだけ。「ママ」、つまりオアハカに住む母親だ。もし彼に何かあれば、電話を拾った人は誰にかけたらいいかすぐわかる。そのほかの電話番号は、大勢の顧客のも従業員のも全部暗記している。「こうしてれば電話を失くしても困らないだろ」と言う。

髪を長くしているのは、床屋に行かなくても自分で切れるからだ。ボルティモアでの仕事も個人のつきあいもすべて、二〇キロ四方の範囲内にある。だからなにがあっても一五分以内で駆けつけられる。お客さんと話すときは、どんなに複雑なことでも絶対に書き留めることはない。何か起きたらその場で対応するからだ。ウィリアム・ジェイムズは、「決めたことをすぐに行動に移すべし」と説いたが、メモはまさしくこれを自分に強いている。経理は几帳面に記録しているが、それ以外はほとんど書類に残さない。すべてをその場で片づけるので、「すべきこと」のリストはないのだ。これだけ多くのものを手に入れても、メモは自分が支配できるのは自分だけで、確かなことはそれだけだと信じている。この気構えが、朝四時半に彼をジョギングに連れ出し、毎日の仕事へと駆り立てる。

下手な英語で自分を売り込む

メモはメキシコのオアハカで生まれた。父親は自動車やバスの廃棄場を営み、母親はレストランを営んでいた。メモは両親からその後のビジネスにつながる二つの要素を学んだ。物の修理とセールスだ。母のレストランにほろ酔いの客がやってくると、母はシェフに塩を多めに入れさせて味付けを濃くした。するとお客の身体がさらに温まり、もっとビールを注文する。父は壊れた装置を家に持ち帰り、また使えるように修理した。メモもまた、ビジネスとは誰かの問題を解決するものだと捉えるようになった。一七歳のとき、バーにいると真夜中にビールが品切れになった。そこでひらめいた。三輪の荷車を買い、真夜中すぎにオアハカの中心部にあるバーにビールを配達してまわることにしたのだ。三輪車はクーラーボックス付きのバイクになり、これが彼の初めてのビジネスになった。「そうやって、基本を学んだ。相手に必要なものを届けながら、夜中のほうが昼間の普通の配達時間よりも高い値段でビールが売れることに気付いたんだ」。

そのころつきあっていたのは、自分に英語を教えてくれていた一〇歳年上のアメリカ人だった。その彼女が妊娠し、故郷のメリーランドに戻って出産することになったので、メモもついて行くことにした。「アメリカに移住したら、アメリカ人があんまり親切じゃないってすぐに気が付いた。観光で来るときとは違うってね」。ボルティモアの彼女の両親の家に二泊したあと、仕事を探し始めた。新聞でアルバイトを探し、自動車整備工の求人を見つけた。彼女と父親が、一〇キロほど離れた面接の場所まで車で送っていこうと言ったが、メモは断った。「もし仕事がもらえたら、毎日自分で通うことになるから」。これこそ独立自尊のお手本だ。当時もいまも、メモは自分の運命を決める手段を握っているのは自分だと信じている。仕事場までの一〇キロを歩いて通うと宣言したのは、自信の表れであり、それを強める手段でもあった。

そんなわけで、メモは翌日早起きして歩いた。行き着いたガレージは散らかっていて、仕事への愛情が感じられず、オーナーの父と息子はずっと前から話をしなくなっていた。メモは求人広告の載った新聞を掲げて、「働きたい」と言った。

「下手な英語で、掃除はできるし、工具の使い方もわかるし、ものを解体してまた組み立てることもできると言ったんだ。俺は若かったし、その父親が俺を見て、『こいつは使えるかもな』と思ってるのがわかった。いつから来れるかと聞かれたので、いますぐと答えて、早速ガレージを片づけ始め、アメリカ製の空気圧工具の使い方を覚えた。そのうちオーナーも信頼してくれて、ブレーキや緩衝装置の修繕やお客さんの対応もさせてもらうようになった。数カ月もすると息子は俺の下で働くようになった。俺なら親父さんと話せるからだ。そうしているうちに、パーティーで会った建設請負業者から、左官工事はすごく儲かると聞いた。時給八〇ドルっていうんだ」

メモは手始めに土日なら働けると言って、整備工場のオーナーの息子を誘い、息子のトラックを運転してあちこちでいっしょに仕事をするようになった。数週間もしないうちに整備工場を辞めて建築請負業者のためにフルタイムで働き始め、どんな助言も情報も漏らさず吸収しようとした。請負業者の妻が不倫に走り、その業者は仕事に身が入らなくなったため、メモはますますたくさんの仕事を任されるようになった。「俺が会社の顔になり、お客になにが必要なのかがわかり始めた。お客は俺に小切手をくれるようになり、俺を相手に商売してくれるようになったんだ」。

僕らはメモの前妻の家の前に車を止め、一〇代の娘を車に乗せた。彼は毎日娘を迎えに来て、二〇分かけて私立学校へ送って行く。年間の学費は二万五〇〇〇ドルで、彼がそれを支払っている。アメリカまで追いかけてきた彼女とは離婚したが、元妻はいまも彼の仕事のマネジャーだ。いろいろ複雑なんだと彼は目を回した。

次に立ち寄ったその日最初の顧客は、三〇代の夫婦でどちらも銀行員だ。メモが言うには、ご主人はいつも出張していて、高給取りの奥さんは、養子の子供と家に残されているらしい。これまでさんざん家に金をかけてきたのに、まだやめられないという。とくに奥さんのほうは重箱の隅をつつくように注文をつけ、請求書にも文句を言っていた。「自分のほしいものに手が届かないと、人は無礼な態度をとる」とメモは言う。僕たちが家に着くと、その奥さんは仕事に行く恰好をしていたが、ベビーシッターはまだ来ていなかった。

僕らはすぐ二階のバスルームに連れれて行かれた。洗面台にものすごく小さな塗料の跳ねがついていて、それを落としてほしいという。それから照明の配線を変えて、シャワーライトと洗面台の照明を別々にしてほしいと言った。タンスの引き出しの滑り具合がなんとなく悪いと言ったが、少なくとも新しいドアノブは気に入ってくれた。そのたびに、メモは「大丈夫、大丈夫。任せてください」と言っていた。メモは頭を少し下げ、耳を彼女のほうに傾けて、真剣な面持ちで聞いていた。

僕らは家の外に出た。裏のベランダの灯りがおかしいという。照明が下向きにあたるはずなのに、外に向かっているらしい。メモは灯りを見上げて裏のベランダ灯まわりのさまざまな問題を説明し、いま配線が通っている場所や、反対側を照らすにはどこに配線を通さなければならないかを示し、さまざまな色や種類の照明を選べることを告げ、あちこちを動き回って、大きな弧を描くように両手を広げ、新しい照明が照らす場所を教えていた。最後にメモはその女性に向きなおって、どうしたいかを訊ねた。彼女はどうしたものかと唇の上に指を当てて考え込んだ。メモが助け舟を出すように提案した。幅木の色に合う暗めの器具を取り付け、動きに反応して、階段のほうを照らす照明にすれば、夜中じゅう光が家のなかに入ってくることもないですよ。奥さんは頷いて、そうねと言った。メモは庭に立っていた電気工に向かって頷いた。

「今日中にやりますから」。メモはそう言い、僕らはいとました。

「いつも、あと一つ、あと一つって何かあるんだ」。車に乗り込むとメモは言った。「自分のほしいものがわからず、なんどもこういう些細なことを言ってくるお客ってのは、なかなか難しい」。電話は鳴り続けていた。部下のウォーリーはある家の三階にエアコンを取り付けている。アルトゥロは別の家の外壁を塗っている。翌日は給料日だったので、銀行口座の残高を確認しておく必要がある。メモはいっときも休まずに次々と仕事を片づけていった。つねに動き、電話し、売り込んでいた。

次に行った家の主は、引退した年配のご夫婦で、ガレージを創作スタジオに改装し、最上階を子供用に模様替えしていた。奥さんはメモといっしょに上階に上がり、床に積み上げられた段ボールの山をどうしたものかという目で見ていた。「私が片づけましょうか？　地下に持って降りましょうか？」とメモが聞いた。「ええ、お願い！」と奥さんが言う。夫のほうは創作スタジオにもっと光を取り込むにはどうしたらいいかと聞いている。メモは、ドアから木板をくり抜いて、ガラスをはめ込むといいとアドバイスした。もっとお金をかけたいなら、新しいガラスのドアを入れることもできる。夫はガラスのドアにすることにした。

「だから俺が毎日現場を回るんだ」。その家から立ち去りながら、メモはそう言った。「注文を受けた時点で売り込みが終わるわけじゃない。工事中もずっと続くんだ。誰かに作業を確認させることはない。自分で行くと、家のなかに入ったらかならず何かが出てくる。シロアリと呼ばれてるのはそのせいさ。一度入り込んだら、なかなか離れないんだ」。

「出たり入ったりの繰り返し」。メモは自分の一日をそう説明した。人に会い、次の現場のことを考え、いつも忙しくしている。家を買って全面改修するような大きな仕事もあるが、不景気になると、水漏れを直したり、窓のひび割れを塞いだりするだけのこともある。それでも、忙しくしていることが重要なのだ。「忙しくしてるほうが健康にいい。自分にも家族にもお客さんにも、いい事をしてる気分になれる。一文なしになっても、忙しくしていれば、絶対そのうちになんとかなる」。

優秀なセールスマンはお客さんのサンドバッグになれる

メモにはアメリカで稼いだ大金でいつか故郷のオアハカに建てたい家の具体的な構想がある。頭のなかでそれを何度も思い描いてきた。郊外の歴史ある町の中心に家を建てる。床には分厚い石を敷き、壁には漆喰を塗る。現地の気候に理想的な造りだ。真夏にはシャッターを閉めて涼しく保ち、凍てつくように寒い冬の日には暖炉を燃やす。冷房もセントラルヒーティングもつけない。少なくとも一〇〇年は持つように自分の手で屋根を葺く。電気の配線と水道の配管は単純で扱いやすくし、複雑な照明装置や建て付けのステレオは置かない。市場で毎日買ってくる新鮮な食材を食べる。だから大きな冷蔵庫は必要ない。ボルティモアでメモが請け負っているような、いつもあちこちに手入れが必要な家ではない。メモの家は維持管理がほとんど必要のない家になるはずだ。

僕たちは、レンガ造りの邸宅の最上階に、短いブロンドヘアの六〇代の女性といた。作業着姿のその女性は、腰に手を当ててメモと話していた。まるでこれからエクササイズの教室で教えるところみたいだった。数週間前まで、その家の最上階には、元の使用人の部屋がいくつもごちゃごちゃと並んでいた。女性の二人の息子はその場所が好きだったので、彼女はメモを呼んで洗面所を修理してもらった。「はじめはトイレだけだったの」と彼女は言った。いまは最上階全体を改装して塗り直している。今日の問題は照明だった。配線工はいくつかの案を提示していたが、その女性は気に入らなかった。メモは鉛筆を取り出して、天井の埋め込み照明の取り付け場所に円を描き始めた。「ここに一つ、ここにも一つ」とメモは言う。女性は天井を見上げて頷いた。「ここところにもう一つずつ取り付けてもいいかもしれませんね」。メモは続けた。「そうすれば、部屋のこちら側が明るくなりますよ」。メモは女性に鉛筆を渡して、もう一つ照明が必要だと言った天井の中央を指さした。女性は背伸びして、印をつけた。

「彼女に主導権があるってことを言いたかったんだ」。車に戻ると、メモはそう言った。「あの女性はあの大きな家にいつも独りで、家族はあまり家にいない。家のことなら、彼女の好きにできる。ご主人はお金のことは気にしない。俺がなんでもかんでもやってしまうと、奥さんの生きがいがなくなる」。だから鉛筆を渡したのだった。

僕らが牧場の小さな家に立ち寄ると、パジャマ姿の若者が迎えてくれた。排水管がおかしいという。地盤から湧水が出ていて、しょっちゅう地下室が水浸しになっていた。その男性はネットで調べてみて、排水管を新しくするしかないと思ったらしい。メモはシャツとセーターの袖をめくって、金づちを取り出し、排水管を叩いてみた。反応なし。「誰かを寄こして取り換えさせます」とメモは言った。立ち去る前に、メモはダーツボードを見かけ、ダーツを手に取って一七に当てた。「うまいね」と男が言った。

もし自分の家の排水管だったらどうしてた？　家を出た僕はそう聞いてみた。「三〇分かけて排水管を外して、きれいに詰まりを取って、また戻してた」。どうしてそうしなかったんだい？「お客さんはそれを望んでなかったから。あの男は排水管を新しくしたかったんだ。それに配管工の修理の時間を考えたら、排水管を新しくしても、それほど値段は変わらない。あの男はネットで調べて自分で答えを見つけて安心したんだよ。だから新しい排水管のほうがいいのさ。パフォーマンスだよ、パフォーマンス。ものごとを回して、みんなを忙しくして、全員を幸せにするんだ」。

まだ朝の一〇時四〇分なのに、メモはそれまでの成果を簡単に集計してみた。ドア、照明七個、排水管。合わせて二〇〇〇ドル。材料費が一〇〇〇ドルに、税金、認可費用、人件費。自分の手元に残るのは三〇〇ドル程度だろうか。数年前のまだ不動産バブルが弾ける前、家を一軒転がすごとに数万ドルの儲けが出たころとはくらべものにならない額だが、メモは仕事を選ばない。「仕事をしようと思えば、不況でもなにかある。値段を正しく設定して、欲をかかないことだ。とにかく働き続け、やる気を上げて、どんどん仕事を取り込まなくちゃ」。

メモは水のペットボトルのふたを取って、手のひらに乗せた。「あっという間に全部誰かに持っていかれるんじゃないかと、いつもびくびくしながら生きてるんだ。手に入れたと思っても……」、そう言って、反対の手でふたを取り上げ、「急になくなる。だから、いつも全部自分が出向いて、お客さんと仕事があることを確認するのさ。俺にとって、セールスは一度売って終わりじゃない。二つ目、三つ目と続くものだ。一つ売り込んでも、次のものが売れるまでは終わらないし、それが、次へ次へと続く。同じお客さんが何度も何度も帰ってくるのが、最高のセールスマンだ。するとその友達や、兄弟や、おばあさんも仕事をくれて、しまいにはお客さんのお姉さんから家を買うなんてことになる。口コミが広がれば、商売が何倍にもなる。それがコツだ」。

これほど自信に満ちた男が、お客の前ではなぜあれほど腰が低くなれるのか、僕は不思議に思った。「俺はお客さんに奉仕する側だから」と彼は言う。「サンドバッグなんだよ。優秀なセールスマンっていうのは、パンチを受け止めてあげて、相手の問題を解決しないといけないんだ。偉そうなヤツはお客さんに好かれない」。だが、きびきびしていることも大事だという。年配の引退したビジネスマンを訪れたメモは、働き者の移民を演じた。その男性は僕を一瞬脇に連れ出して、これまでに使ったアメリカ人の業者とくらべて、メモたちは安いのに二倍も働くと言った。初めてのマイホームを改装していた若い主婦には、おべんちゃらを使い、笑顔とジョークで仕事を片づけ、朝の憂鬱な気分を明るくしてくれるような頼りになる何でも屋を演じ、違う種類の絆を築いていた。「場面によってどの自分を見せるかをよく考えないといけない。でも、どんな相手でも、セールスで大切なのは人としての魅力だ」。本にしろ映画にしろ、メモの好きなテーマは愛だ。愛の歴史や、愛が時代や場所や人によってどう違うかに興味がある。「愛がなくなると、国が滅びる。何をするにも愛が必要だ」。

昼すぎになってもメモの元気さは衰えなかった。ヴィクトリア様式の大邸宅では、女性が新しいバスルームに文句を言っていた。バスルーム以外の場所のほうが、塗装が剝げて絨毯は擦り切れ、屋根にも修繕が必要そうだった。メモによると、その女性の夫がバスルームを自分で改修しようとしたのだという。数週間たっても、数カ月たっても、タイルと漆喰が廊下に置きっぱなしで、トイレは詰まったままだった。夫より稼ぎの多かった妻はしびれを切らし、夫への罰として、七万ドルもかけて業者に新しいバスルームを三つ取り付けてもらうことにした。「夫に負い目を感じさせるつもりなんだ」とメモは言った。「彼女は稼ぎも多い。ほかの部分を修繕しなくちゃいけないのに、バスルームに金を使って夫の無能さを自覚させようとしてるんだ。夫は稼ぎも少ないし、ちょっとした改修さえろくにできないってね。雑用係の夫がいるかぎり、俺たちの商売は安泰だな」。

僕らは別の家に寄って、バスルームの電気の配線の問題を調べた。そこの奥さんは、メモの素晴らしいところは、あれもこれもできると言わないことだと言った。だから決めるのが簡単なのだと。僕らがその家にいると、旦那さんがひょっこり現れて、メモに四、五〇メートル先にある柵を見てくれないかと訊ねた。メモは早速、岩の多い庭を越えて柵を見に行った。そして、ガレージの横の腐った柵を修理しましょうと申し出た。その家を出たあと、彼は僕にこう言った。「俺が柵のほうに急いだのは、なんでもご主人に従うとわかってもらうためだ。ご主人に柵を見てほしいと言われたら、俺はそうする。ご主人が奥さんに家に入ってろって言ったのを見ただろ?」。僕らがアメリカ経済について話しているとき、家から出てきた奥さんに向かって、ご主人はお前には関係ないと言ったのだ。「あの夫は上に立ちたいんだ。だからその気持ちを汲んだんだよ。俺はお客の言うことをよく聞いて気持ちを汲み、それを自分の言葉と態度で相手に返す」。

その家に着いてから二〇分たったころ、メモがなんども時計に目をやっていることに気付いた。「そろそろ帰るふりをして、『ほかになにか?』って聞くと、それから問題がどんどん出てくる。柵とフェンスを修理しに戻ってくると、こんどはプールの温水器に問題がある。次のセールス、次のセールスにつなげないと。セールスマンってのは魚みたいなもので、いつも泳ぎながら、万一を考えて動きまわって、絶対止まっちゃだめなんだ。俺はさしずめ動きのいい魚ってとこだな」。

「花びらの敷き詰められていない道」を行く

メモは正式にセールスを学んだことはないが、売り込みに何が必要かをいつも真剣に考えている。準備と健康、周りを明るくする陽気さ、そして研ぎ澄まされた感覚。早朝のジョギングとニンジンジュースで心と身体を新鮮に保つことと、毎日かならず持ち上がる批判や混乱に打たれ強くあること。規律を守り、真剣に取り組むこと。人間的魅力、頭の回転の速さ、必要なときには自分にプレッシャーをかけながらも、全体像を見失わない能力。適度な懐疑心。

メモは、あの史上最大級の巨大詐欺を引き起こしたバーナード・マドフの話題を繰り返し語っていた。誰もが現実から目を逸らし、環境を変えればいつの間にか人生から問題が消えてなくなると思い込もうとしているとメモは言った。トイレの水漏れが、ただのトイレの水漏れのこともある。だが、バスルームの改装が復讐であったり、愛情の代わりだったりすることもある。セールスマンの仕事は、問題を解決することではなく、はけ口を与えて、お客の妄想を膨らませ、どんなに短い間でも心の隙間を埋めることだ。

「マドフの事件は、みんなを現実に引き戻した。でも、考えてみると、現実が追いつくのにこんなに長い時間がかかったことのほうが驚きだ。彼の商品が本物であってほしいと信じたいがために、みんな何十年もの間彼の口車に乗っていたんだ。あの事件はみんなの目を覚まし、どこにでも起きていることを見せてくれた。人々が現実から目を逸らして夢を買ってるっていうことをね」

オアハカでの幼少時代、メモはよく母親に連れられて近所の市場に行ったものだった。ある日、母はトマトを買いに出た。そして、露店でいいトマトを見つけた。段ボールをいくつか動かさないとそのトマトには手が届かなかったので、露天商は段ボールを動かしてくれた。値段を聞いて、母親は高すぎると思った。そこで、また市場を見て回った。結局いいトマトが見つからず、はじめの露店に戻った。だが、露天商は不機嫌に断った。さっきわざわざ苦労して取ってやったのに、買わずに立ち去ったのは失礼だと言う。母親は露天商をまじまじと見つめてこう言った。「戻ってきたじゃない。それで十分でしょう」。

いいセールスマンであるためには、何ごとも個人的に受け止めるなとメモは言う。買いたいなら、それでいいじゃないか。相手の無礼な振る舞いも、自分の努力や我慢も、結局なんでもないことだ。「以前はなんでも個人攻撃だと受け止めていた。いじめられると、どうして自分がいじめられるのかといつまでもくよくよ悩んだ。でも、毅然と立ち向かうことにした」。行動するという単純なことで、気が楽になった。自分で人生を変えられると気付いたのだ。

といっても、自我を抑えるのはそれほど簡単ではない。あるとき、昔のお客から電話があり、商売敵が安く引き受けた手抜きの仕事を修理してもらえるかと聞いてきた。次の火曜に来てもらえるとありがたいとお客は言った。メモは木曜なら大丈夫だと答えた。電話を切ったあと、メモは火曜日に行くこともできたと僕に言った。だが、自分のプライドのために、お客にどっちが上か教える必要があったのだという。たまにこういうことができれば、頷いたり、頭を下げたり、言いなりになっているときでもプライドを保っていられる。

メモと過ごす時間が増えるにつれ、彼の能力に対する僕の尊敬も膨らんでいった。メモは思いついたことをなんとも上手い具合に顧客との会話に落とし、バスケットボールを高いところから落とすように、それを自然に弾ませる。彼が家を出たあとも、その思いつきが何度も何度も跳ね返り続けるのだ。ドアの修理にやってきて、台所を通ったときに何気なく新しい塗装が必要かもと口にする。一週間後、そのお客さんから電話がある。台所の塗装に来てもらえる？テニス選手が試合に臨むように、メモはセールスに臨む。「相手に手の内を悟られないようにしなくちゃ。自分には隙があってはならないが、自分以外のみんなには隙だらけでいてもらうようにしないと」。

何ごとも感じよく片づけてはいるが、彼と顧客の間では、商売といえども恋愛関係や知的論争にも似た、人生の価値を問うような複雑な闘いが繰り広げられている。その闘いには囮《おとり》もあれば罠《わな》もある。だが、それを巧みに操ることは、人生を精一杯生きることの一部なのだ。メモにとって、売り込みの成功は、自分の強さの源でもある。「不況は混乱を生み出す。だが、ゼロから何かをつくり上げた経験があれば、いつでもどこでも、もう一度できると自信を持てる」。

オアハカの人々は、一九世紀のメキシコ大統領、ベニート・フアレスを神のように慕っている。フアレスは四歳のときに農民だった両親を亡くし、孤児となった。一二歳のときにオアハカに引っ越すまで、学校に通ったことはなかった。使用人として働いていたが、家の主人がファレスの知性を見抜き、学費を払って神学校に行かせ、その後法律の勉強を支援した。ファレスは当時ヨーロッパで大きな力を持ち、産業界にも支配力のあった教会と生涯にわたって対立した。彼は軍歴を持たない初めての大統領であり、政界の頂点に立つ初めての純血メキシコ人だった。

メモがなによりファレスを偉大だと思うのは、彼がとにかく行動したことだ。ファレスは過去や出自にとらわれず、ロマンを抱いてメキシコ国家の理想を追い求め、もっとも実践的な方法で自分と他者のために何かをしようと努力した。彼は、自分も他者も能力を発揮できるようにと、不公平な社会制度から障害を取り除こうとした。もし、ファレスとベンジャミン・フランクリンという、どこまでも前向きで行動意欲にあふれた二人がいまも生きていたならば、メモのよき理解者となったはずだ。夜明けのボルティモアで、マダム・C・J・ウォーカーの言葉を借りると、「花びらの敷き詰められていない道」を、ポニーテールのメモは今日も黙々と走り続けている。

第6章

芸術作品を売るということ

金儲けは芸術だ。仕事も芸術だ。いい商売は最高の芸術だ。

アンディ・ウォーホル

大金持ちの顧客を意のままに操った美術商

資本主義といえば抽象的な概念に聞こえるが、人間は誰しも能力を切り売りし、販売活動に日々関わっている。作家のサルマン・ラシュディとピーター・ケアリーは、広告のコピーライターとして出発した。詩人にも食べ物は必要だ。映画監督は、ハリウッドに移る前にたいていコマーシャル制作で生計を立てている。プロデューサーはアカデミー賞を取るためにアカデミーの会員に取り入って彼らを囲い込む。モーツァルトとミケランジェロは雇われ芸術家として裕福なパトロンの依頼を受け、偉大な作品を創作していた。

二〇世紀のニューヨークで芸術作品の市場を支配したのは、三人の男たちだった。それぞれ性格はまったく違うが、実用的価値のないものを桁外れの芸術作品に仕立て上げる能力は同じだった。

最初の一人は、ジョゼフ・デュヴィーン。「ヨーロッパには膨大な芸術作品があり、アメリカには莫大な金がある」と単純に考えた彼は、一九世紀の終わりにイギリスからアメリカへやってきた。そして、その後一〇年の間に家族経営の骨董商をニューヨーク随一のアートディーラー、デュヴィーン・ブラザーズに押し上げた。彼のつくり上げた仕組みは、その後のアートディーラーの手本となった。豪華な画廊を構え、強力な人脈を築き上げ、注目される芸術作品の供給を支配する一方で、その人間的魅力とユーモア、知識、サービス精神で、顧客を惹きつけ、離さなかった。鉄鋼王で財務長官も務めた、堅物で有名なアンドリュー・メロンにもこう言わしめた。「君といっしょに見ると、なぜかいつもより絵がよく見えるな」。

ニューヨーカー誌に連載されたS・N・バーマンの『デュヴィーン』は、画廊を訪れる金持ちの男女の欲望を、デュヴィーンがいかにしてかき立てたかを事細かに描いている。

ある日、デュヴィーンのお気に入りの顧客のラベリー夫人が、カリフォルニアの企業家を画廊に連れてきてもいいかしらと訊ねた。デュヴィーンは夫人の頼みならいいですよと応じたが、その企業家が得意客になるとは思わなかった。企業家がカリフォルニアから到着すると、デュヴィーンは夫人の抗議も聞かず、ドアマンに頼んでその人物を三〇分も待たせておいた。それからなかに入れて、画廊を案内し、レンブラントの絵を見せた。値段を聞かれたデュヴィーンは、一〇万ドルですと答えた。その企業家は買おうと言った。するとデュヴィーンが、どんな作品をお持ちですかと聞いた。相手がたいした作品を持っていないと知ると、デュヴィーンは「芸術品をお持ちでない方に、レンブラントをお売りすることなど到底できません」と断った。

デュヴィーンはもっと手軽な作品を何枚か買うように勧め、企業家はその勧めに従った。それから数年後、やっとデュヴィーンはその企業家にレンブラントを買う許可を与えた。デュヴィーンは作品の希少価値を高めただけでなく、顧客に喉から手がでるほどほしいと思わせたのだった。小切手を切りさえすればほしいものがなんでも手に入った顧客にとっては、さぞかし新鮮な体験だったに違いない。

新聞王ウィリアム・ランドルフ・ハーストの妻も、同じような体験をしたと洩らしていた。「デュヴィーンさんはなにも売ってくれませんでしたわ。どの作品も、もう予約済みだとか、妻にあげると約束したとか、まだ売る気になれないとか言われました。ロックフェラーさんも、売ってもらえなかったんですのよ。ロックフェラーさんは、色付きのタイルや小物なんかを細々と収集してらっしゃいました。デュヴィーンさんのところにいいものがあると聞いて、画廊に買いに行かれたんです。でも買えませんでした。デュヴィーンさんが何も売ろうとしなかったそうです。私の夫にもそうですし、夫の友人たちに対してもそうでした。デュヴィーンさんが何も売りたがらないので、みなさんデュヴィーンさんが折れるまで必死に頼み込んでいましたよ」

バーマンによると、デュヴィーンはいつも「美しいベールに包まれた販売法」で、顧客を誘導した。彼のお気に入りの手口の一つは、五番街の画廊のなかのベルベットの掛かった部屋に絵画を一枚だけ展示するやり方だった。イーゼルにその絵を置いて、美しい照明で照らす。買い手がやってくるとその部屋に一人残され、荘厳な静けさのなかで作品と対峙する。この儀式の後で買い手が断ると、デュヴィーンはそれをはなはだしく無教養な行いだと考えた。自分がとんでもない値段をふっかけていることは棚に上げて。「上流階級の婦人たちは、デュヴィーンを、文化という名の豪華な宴席に招かれた美食家の仲間だと思っていた」とバーマンは書いている。

モロッコの辣腕商人、マジードと同じく、デュヴィーンも仕入れに力を注いだ。デュヴィーンは買い値より高い値段で売れる作品を探しただけではない。芸術作品の市場を支配し、自分が扱う作品の希少性を上げて儲けようとした。オークションで彼が高い金を払えば払うほど、彼の顧客は作品により高い価値を見出した。大恐慌時代でさえ、彼は莫大な金額を支払って絵画を仕入れた。

一九三〇年七月、美術品市場が低迷するなかで、デュヴィーンは、四五〇万ドルを支払ってあるコレクションを手に入れた。彼は美術史家のバーナード・ベレンソンと組み、大西洋を渡るルネサンス作品の流れを支配するカルテルをつくった。ベレンソンが学者としてお墨付きを与える一方で、デュヴィーンが販売を請け負った。ベレンソンの鑑定がすべて正しかったとは言えないが、デュヴィーンの生存中は、作品の真贋への異議はほとんど出なかった。

彼は顧客について、こう言っていた。「なぜお客様が私を気に入ってくださるのでしょう？ 私はよそ者ですよ。どうして私と取引する必要があるのでしょうか？ それは、そうせざるを得ないからです。ほかの場所では絶対に手に入らないものを私が持っているからです」。そう言えるセールスマンがどれだけいるだろう？

デュヴィーンの顧客の多くは、競争の厳しい産業界で財を成した人物だった。デュヴィーンは絵画を売るだけでなく、作品を飾る家の建築にも手を貸した。顧客のために蒸気船の切符を手配してヨーロッパ旅行を組んだり、結婚式を計画したり、職人の世界に顧客を招き入れたりした。それは産業界の大物たちが懸命に働き、リスクをとった末に勝ち取った場所だった。デュヴィーンは自身の役割を、顧客が仕事では得られない永遠の命を手に入れる手伝いをすることだと考えていたのである。

ヘンリー・クレイ・フリックは、一九世紀の終わりから二〇世紀の初めにかけて、石炭をコークス燃料に変えアンドリュー・カーネギーの製鉄所に販売していた。ストライキを起こした労働者に残酷な仕打ちをしたことで、忌み嫌われた経営者でもある。デュヴィーンはフリックに絵画を販売したばかりか、その名前を冠したコレクションを飾るためのマンハッタンの豪邸を設計・建築する手助けもした。バーマンも書いているように、ブリタニカ百科事典のなかのフリックについての二三行の記述のうち、事業家としての記述は一〇行なのに、美術品収集家としての業績については一三行が割かれている。

「この一三行のなかで、フリックは、ティツィアーノやフェルメール、エル・グレコやゴヤ、ゲインズバラやベラスケスといった美の巨匠たちと自然に交わっている。鉄鋼所ストライキなどなかったかのように、ここではフリックがまるで異次元の居心地のいい場所に収まっている。フリックは、巨匠たちの翼の下に安住の地を見出した。巨匠と旅するよろこびをフリックに与えたデュヴィーンは、その見返りに大金を受け取ったのである」

バーマンに言わせると、デュヴィーンは「人一倍親しみを感じさせる」人間だった。「デュヴィーンの人柄のよさはまるで後光のように、芸術に関わるあらゆる人々を照らしていた。批評家、美術館館長、修復家、建築家、内装家、そして使用人たち、船の乗務員までに、その光は降り注いだ」という。顧客がいよいよ壁に絵を飾るときには、デュヴィーンは下働きの人たちにも十分な支払いと手厚いチップを確保した。そうやって、卓越したサービスと、幅広い情報提供者のネットワークを同時に確保した。執事たちは主人が金欠なのか、離婚しそうなのか、絵を売る必要があるのかを教えてくれた。大富豪の人生のなかで陰の存在として主人に仕えるこうした人々は、デュヴィーンの目となり耳となった。

デュヴィーンはその並外れた人当たりのよさで、ついにアンドリュー・メロンを口説き落とすことにも成功した。デュヴィーンはメロンを徹底的に調べあげ、メロン家の執事にメロンの真似をさせて、会話の予行練習までしたほどだった。メロンを得意客にできる自信がデュヴィーンにはあった。ただ出会うきっかけが必要だった。

一九二一年、メロンはロンドンを訪れ、クラリッジホテルの三階のスイートルームに宿泊していた。デュヴィーンは四階にスイートルームを持っていて、たまたまそこに泊まっていた。ある午後、メロンの客室係がデュヴィーンの客室係にメロンがホテルを出るためにコートを準備していると教えてくれた。デュヴィーンは部屋から走り出て、エレベーターのなかでメロンをつかまえ、心から驚いた様子でロンドンでの偶然の出会いを装った。デュヴィーンはメロンに言った。「これから国立美術館に絵を見に行くところなんですよ。絵を見ていると本当に気が晴れるものですね」。メロンはデュヴィーンについて行き、日がくれるころには美術に陶酔し、デュヴィーンの所蔵品を買うつもりになっていた。

だが、デュヴィーンがメロンと行った最大の取引は、それから一五年後、メロンがワシントンDCの新国立美術館に所蔵品を遺贈すると決めた後のことだった。裕福な顧客といえど、家のなかの壁のスペースには限りがある。国立美術館への寄贈は、その理想的な解決策だった。顧客は国立美術館への寄贈作品をデュヴィーンから買い、国家への寄贈者として永遠に名前を残すことができる。当時メロンは首都ワシントンDCのデュポンサークルの近くの部屋に住んでいた。デュヴィーンは同じ建物の一階下に部屋を借り、国立美術館への遺贈品としてメロンに買わせたい数々の作品をその部屋に飾って、管理人を住まわせた。デュヴィーンは、ニューヨークから作品を持って何度も往復するよりもこのほうが簡単だからとメロンに説明した。そして、宝物の詰まったその部屋の鍵をメロンに渡した。

メロンはよく寝間着とスリッパでその部屋に降りてきて、時間を過ごしていると管理人はデュヴィーンに報告した。メロンは自分の部屋でなくデュヴィーンの部屋で客人をもてなすこともあった。とうとうメロンは部屋にあった作品を全部買いたいと申し出た。それは美術界最大の取引だった。四二作品を二一〇〇万ドルで買ったのだ。

新人アーティストから神のように崇められた男

一九七五年一〇月、ニューヨーク・タイムズ紙に「買い手をひざまずかせる――あなたの知らない美術品取引の手口」と題した記事が載った。それは、ニューヨークのアートディーラーを皮肉った内容で、その中心人物として描かれたのがウォーホルやリキテンスタインを世に出したレオ・キャステリだった。その記事は、キャステリが傘下のアーティストの作品の価格を操作し、オークションで値を吊り上げ、閉鎖的な市場で甘い汁を吸っていると非難していた。

キャステリはニューヨーク・タイムズ紙上で強硬な自己弁護を展開した。

「私は現代芸術のディーラーとして、自分の決めた値段で作品を売る権利があります。また自分とアーティストの利益を考えて、異なる買い手に異なる値段で売る権利もあります。さまざまな要因が、私の決定に影響します。たとえば、買い手やその所蔵作品の特殊性、私からの購入頻度、個人的な関係や友情といった要因です。このような芸術品の取引慣行を理解できないとすれば、無知というほかありません」

キャステリの友人の心理学者バーナード・ブロドスキーは、キャステリがアメリカの新人芸術家の市場に出資し、彼らの世話をして成長させた役割を称賛してこう述べた。「レオ・キャステリは、守銭奴として批判されるべきではなく、アメリカの偉大な側面を世界に知らしめることに貢献した人物として称賛されるべきです」。

レオ・キャステリをめぐるニューヨーク・タイムズ紙の一件には、アートディーラーという仕事の難しさが凝縮されている。デュヴィーンと違い、キャステリは存命中のアーティストの作品の取引で名を成した。キャステリのような人物がいなければ、ほとんどのアーティストは金に縁のないまま世に知られず終わっていたに違いない。彼らの作品が世の注目を集めるには、市場をつくり出し、そこに人々を呼び込むキャステリのような人物が必要だった。キャステリが、収集家や美術館のキュレーターを集めて彼らを展示会へと急き立て、作品にそれなりの値段をつけたおかげで、アーティストに生計を立てる道が開かれたのだ。それは、ソーセージづくりと同じで、誰もその過程を見たいとは思わなくても、必要なものなのだ。

ジョン・F・ケネディは、アメリカを代表する詩人のロバート・フロストを称えた一九六三年のスピーチで、こう述べている。「わが国の未来と文化にとって、アーティストの地位を認めることほど重要なことはありません。芸術がアメリカ文化の根を養うものだとすれば、社会は芸術家が理想を自由に追い求められるよう、彼らを解放しなければなりません」。政治家の高尚な理念も結構だが、何より芸術家を解放するものは、ディーラーからの高額の小切手だろう。

キャステリもデュヴィーンと同じく、この仕事の天才だった。だが意外にも、彼は四九歳になるまでこの仕事に真剣に打ち込んではいなかった。キャステリは、イタリア東北部の端、アドリア海の最奥に位置する港湾都市のトリエステで、一九〇七年にレオ・クラウスとして生まれた。クラウスが生まれたころ、オーストリア＝ハンガリー帝国の統治下にあったトリエステは、一九一九年にイタリア王国領となった。ハンガリー出身のクラウスの父がキャステリ家から妻をめとり、その家名を継いだため、クラウスはキャステリとなった。

トリエステの多くの人々と同じく、キャステリもまた、四、五カ国のヨーロッパ言語と文化を自然に身に付けた。彼は弁護士となり、初めは保険会社に勤めた。ブカレストの保険会社にいるころ、ルーマニア随一の富豪の娘イリアナ・シャピラと出会い、結婚。二人は一九三五年にパリに移り、そこで芸術の世界に傾倒するようになった。キャステリは一九三九年に初めて画廊を開いたが、間もなく第二次世界大戦が勃発したため、画廊を閉めた。一九四一年にキャステリと妻はニューヨークに逃れた。

戦後、キャステリはニューヨークの美術界に関わったが、真剣な画商というより、どちらかといえば愛好家に近かった。手始めにペルシャ抽象画を少し取り扱ったものの、デュヴィーンと違って歴史上の芸術家やすでに発掘された画家にはほとんど興味がなかった。新しい才能を発掘したかったのである。後に、彼はある取材でこう答えている。「成功の秘訣の一つは、美術史の知識です。美術史を学んだことで、一つの傾向がしばらく続くこと、また変化が定期的に起きることを知りました。美術界ではしばらく抽象表現主義が流行していたので、何か別の潮流が起きるはずだと感じていました。私は、その『別の何か』を探そうと意識していたのです」。キャステリは、新しい文化を発掘し世に知らしめる役目が自分にあると感じていた。

その「別の何か」は、当時ニューヨークで身を立てようとしていた南部出身の二人のアーティストだった。小さな展示会でロバート・ラウシェンバーグの作品を見たキャステリは、ある日曜の午後にマンハッタンの南にあるラウシェンバーグの創作場を訪ねた。ラウシェンバーグはキャステリと妻に飲み物を勧め、「氷を入れますか?」と聞いた。キャステリがお願いしますと答えると、ラウシェンバーグは隣の家にある共有の冷蔵庫に取りに行った。キャステリがラウシェンバーグについて行ったところ、隣人の部屋の光景に目が釘付けになった。「アメリカ国旗の絵、ただの真っ白な大判の平面画、プラスチックのカバーがかかったダーツの標的、アルファベット、数字。それがすべて、樹脂を溶かして焼き付けるエンカウスティックというめずらしい技法で描かれていました」。キャステリはその作家に作品を扱わせてもらえないかと訊ね、作家はいいですよと答えた。それが当時二七歳のジャスパー・ジョーンズだった。

一九五七年二月三日、キャステリはマンハッタンの東七七丁目四番に義父が所有していたタウンハウスで画廊を開いた。家具を地下に運び、居間と娘の寝室を改装し、壁に絵を掛けて人々を招いた。ジョーンズの作品は旋風を巻き起こした。新人作家では初めてアートニュース誌の表紙を飾り、ニューヨーク近代美術館の館長だったアルフレッド・バーはその場でジョーンズの作品を四点購入することを決めた。のちにキャステリの伝記を手がけた作家はこう書いている。「一六年間ニューヨークで地道にアートのトレンドを観察し、折にふれてアーティストに資金を提供し、辛抱強く待っていたキャステリは、ぽっと出の画商とはくらべものにならなない豊富な人脈を美術界に築いていた」。

キャステリは、即断即決型の典型的な営業マンとは違い、人一倍忍耐強かった。人生の点と点は、あとで思い返して初めて結び付くものだとスティーブ・ジョブズは言ったが、キャステリの場合もまさにそうだった。一九五七年までのキャステリは、人生の目的が見つからずにふらふらとさまよっているように見えたが、画廊を開いたとたん、すべての選択と一見偶然に見えた出来事が意味を持つようになったのだ。キャステリの語学力、人間的魅力、資金力、鑑賞眼、そして豊富な知識は、どんな職業訓練もかなわないほど、この仕事の強力な武器となった。キャステリは、突如としてニューヨークでもっとも力を備えた画商になったのである。

キャステリはその後三〇年にわたってその才能を発揮し続け、新人を発掘し彼らを大々的に商業市場に売り出した。ロイ・リキテンスタイン、エルズワース・ケリー、ダン・フレイヴィン、リチャード・セラ、ドナルド・ジャッド、ジュリアン・シュナーベルといった現代アートの旗手が彼によって有名になっていった。

一九七〇年代にソーホーに移した画廊は、敷居が低いことで知られていた。誰にでも外から見えるよう全面をガラス張りにし、買っても買わなくても、訪問者全員にキャステリは喜んで話しかけた。ある人はこう言う。「キャステリは、商売になろうがなるまいが、画廊での楽しい出会いのきっかけに飛びついた。彼にとって、商売はまるで人づきあいのついでといった様子だった」。

キャステリは、多くのアーティストから神のように慕われた。まだ芽の出ない新人作家に月々決まった額を手当てし、作品が出来上がるのを待ったからだ。アーティストは金銭的な心配をせず芸術活動に専念できた。キャステリはまた、斬新な芸術家が作品を生み出し続けるために必要な激励と熱意を彼らに与えた。新人発掘と売り込みの興奮を、彼はこう語っている。「ジャスパー・ジョーンズとフランク・ステラの作品を初めて見たとき、痺れるほどの衝撃を受けました。ただただ熱狂したのです。すると、不思議なことに私の目が間違っていないと世間から認められるようになってきました。そうなると、もちろん売り込みにも力が入ります。才能を見つけることはそれほど難しくありません。ですが、アーティストをアーティストたらしめ、重要な存在にすることこそ、本当の発掘なのです」

キャステリは自分を商売人だと思っていなかったかもしれないが、これこそ本物のセールスマンの心得だ。のちに、彼は自分が芸術の世界に入ったのは、「世界を一変させる」可能性のある仕事に関わりたかったからだと言っている。「芸術品の売り込みは、とかく早い者勝ちなのです」。

キャステリが商売を全面に出さないのは、純粋に気後れしているのか、ヨーロッパ人らしい慎重さなのかはわからない。だが、キャステリが、借財をしたり、貸した金を回収しなかったり、高額で売れたはずの作品を美術館に寄付したり、まったく売れない作家に毎月給料を支払ったりして、しばしば資金難に陥っていたことは知られている。

セールスマンとしてのキャステリは、稀有な存在だった。その売り込みの能力は、長年の経験によって培われたものだ。彼ほどの経験と財力と鑑賞眼を持った人物はめずらしく、そのすべてを持ち合わせた人はもちろんいなかった。しかし、彼もまた、偉大なセールスマンに共通の資質を持っていた。自分の商品を愛し、顧客にも同じ感情を抱かせる能力があったのだ。キャステリは、自分とアーティストの周囲に魅惑的な世界をつくり上げ、その世界に他者を引き込んだ。そしてデュヴィーンと同じく、誰とでも友達になれる才能があった。

キャステリはまた、打たれ強い楽観主義者だった。キャステリの助けで画商の仕事を始めたメアリー・ブーンは、美術界の一流コレクターが参加する展示会、アート・バーゼルの開催中にキャステリとレストランのテラスに座っていたときのことを話してくれた。「レストランから見下ろす川のなかに、カップルがいたの。私は『あんな汚くて冷たい水のなかで、一体何をやっているのかしら』としか思わなかったわ。二人を見たレオはシャンパンのグラスを掲げて、イタリア語で『人生万歳！』って彼らに乾杯したの。レオはいつもそんな風に人生に向き合っていたわ。なんでもものごとのいい面を見る人だった」。

安物のポスター売りから大物ディーラーに

ニューヨークでキャステリの後を継ぐ大物の現代アートディーラー、ラリー・ガゴシアンは、暖かい人柄とは程遠いと噂される人物だ。ガゴシアンへの激しい風当たりにくらべれば、商業と芸術を混同させたとしてキャステリが受けた批判など、生易しいものだった。「あいつはセールスマンじゃない」。あるニューヨークの美術評論家はそう言った。「彼が現場にいるのを見たことがない。あの男は、ほかの惑星からの訪問者というか、この星の住人と対話しようとしている異星人のようだな」。ガゴシアンは野心家だが、「彼の野心はあけすけで、腹蔵がない。手の内を全部さらしている。複雑な男ではないんだ。サメや猫のように、動物的な直感にしたがっているだけだ」と言う者さえいる。

ガゴシアンが商売人のなかでも稀有な部類に入ると言うのは、ガゴシアンと長年取引のある画家のジェフ・クーンズだ。「ラリーはさまざまな種類の取引に挑戦したがる。そういうエネルギーがあるんだよ。性欲に近い種類のエネルギーなんだ」。イノベーションを商業化するのが起業家だとすれば、ガゴシアンもまた偉大な起業家の一人に違いない。彼はデュヴィーンのようなエンターテインメント精神と顧客の内面の情熱を理解する能力に加えて、キャステリのような新人芸術家を市場に売り出す才能を併せ持っている。また、堂々と恥じることなく自分自身のために商売を行う。作品に情熱を持っているにしろいないにしろ、それが彼にもたらした人生を心から楽しみ、世界中に家を構え、高級車を乗り回し、カリブ海の美しい島で豪華な年越しパーティーを開くのである。

現代美術の有名なコレクターが、ガゴシアンからある作品を買わないかと電話を受けた話をしてくれた。ガゴシアンは数多くのコレクターのなかから、この作品にふさわしい買い手として彼を選んだという。値段の話はしなかった。だが、言外に彼がその作品を買わなければ、二度とガゴシアンの上得意として認めてもらえないと匂わせた。それは希少性をつくり出し、作品の周りにベルベットの布を垂らして値段を釣り上げるデュヴィーンの手口とそう変わらない。

もう何年も前になるが、ロンドンに最初の画廊を開く準備をしていたガゴシアンに会ったことがある。華やかな業界の大物として有名なガゴシアンについてはさまざまな記事が書かれているが、彼自身が取材に応じることはほとんどない。キャステリと違い、たまたま画廊にやってきた歯医者の夫妻とおしゃべりするような人物ではないのだ。ガゴシアンの画廊はマディソン街にあるアールデコ調の建物の最上階にあり、まるで精神病棟のような真っ白な広い部屋が延々と続く、マンハッタンのなかでもっとも近寄りがたい空間の一つだ。僕が待ち合わせのために画廊に到着したときは、誰もそこにいなかった。僕は空っぽの場所に、大声で「ハロー」と叫んでみた。返事はない。だだっ広い部屋をいくつか通り抜けると、カウンターの後ろに受付係が座っていた。彼女は椅子を指さした。数分後にガゴシアンの秘書が呼びにきて、美術書が展示品のようにきれいにぎっしりと並べられた廊下を連れ立って歩いた。突然彼女が立ち止まると、僕の左側の本棚の間に、なんの飾りも表札も取手もない細長いドアがあった。彼女に言われてそのドアを押すと、そこにはヘルメットのような銀髪を整えた大男が、戸口に立つ僕を見下ろしていた。それがガゴシアンだった。太いベージュのスラックスとタートルネックのセーターの上に千鳥格子の上着を合わせた彼は、まるでロシアの石油利権を手に入れた元ＫＧＢの新興成金のようだった。股間のあたりで両手を握った姿は、ペナルティーキックへの守備を固めるサッカー選手のようにも見えた。

ガゴシアンが顧客や作品の値段について具体的な話はしないことは前もって聞いていた。僕が知りたかったのはそこではない。アメリカの大衆文化の中心とも言うべきカリフォルニア州のサンフェルナンドヴァレー出身の少年が、どうやって、この美術界で並み居る美術史博士を追い越して、マンハッタン中のうさぎ小屋のような画廊から羨望の眼差しを向けられるほどの大物になったのか。それを知りたかった。

ガゴシアンのオフィスは、画廊の空間と同じく、どこまでも真っ白だった。正午だというのに、部屋の一角にある曇りガラスから、夕暮れ時のような光が差し込み、壁をぐるりと囲んだ棚の上に美しく並べられた絵画や彫刻を優しく照らしていた。そこには、教皇の居室のような、簡素な静けさがあった。ガゴシアンの声は、生暖かい海水のようにねっとりと気だるく、単調で低く、親しげで、控えめだった。その声は、コレクターの財布の紐を緩めるための武器に違いない。

家族は芸術にまるで興味がなかった、とガゴシアンは言う。「画商なんていう職業があることさえ知らなかった。まったくね。芸術家の代理人になって絵画を売ったり、美術館で働くなんて、それまで聞いたこともない仕事だった」。英語を専攻したものの、大学を中退したガゴシアンは、地元の街角やマリブの海岸でポスターを売り始めた。「たまたま出会った仕事だったんだ。低俗な安物のポスターで、芸術とはいえない代物だったがね。だが、ポスター売りを通して、間接的に美術に触れることになった。安っぽいポスターのカタログを手に入れ、もう少し上等で値の張るものを売ってみようかという気になった。だから、芸術への入口は、露店のポスター販売だったんだ」。

彼は「あれやこれや」に興味を刺激されたという。「一冊の本がきっかけでというわけじゃない。美術雑誌、アトリエ訪問、画家との会話なんかに刺激を受けた。そうした経験を積み重ね、知識に触れて、とうとう美術館にまで行くようになったわけだ。お恥ずかしいことだが、私の家族は美術館に行くようなタイプではなかった。ロサンゼルス、なかでもサンフェルナンドヴァレーに住んでいると、美術館などまったく縁遠い世界に思えたね」。

ガゴシアンは、二〇代の初めにニューヨークに住む叔父と叔母を訪ねた。「いまでも憶えている。タクシーから降りて叔父たちのアパートまで歩きながら、この街の景色と雰囲気に衝撃を受けた。ガツンとやられた。初めての感覚だった。その景色にくらべたら、すべてが色あせて見えた。当時はヨーロッパに行ったこともなければ、あまり旅をしたこともなかった。まったくの世間知らずだよ。そんな私がニューヨークをこの目で見て、それに触れたんだ。街角の人々、その外見、建物、活気、なんとも言えない雰囲気。美しかった。とにかく美しかった」。

ガゴシアンはいつか絶対ニューヨークに戻ってくると心に誓った。それを可能にしたのはキャステリだった。二人の出会いは偶然だった。ラルフ・ギブソンの写真を見たガゴシアンは、ギブソンに電話をかけ、スタジオに招かれた。ギブソンの画商は、キャステリの当時の妻のトイニー・キャステリだった。ガゴシアンはついにニューヨークに居を移し、西ブロードウェイ四二〇番地のキャステリの画廊の向かいにあるロフトを借りた。

ガゴシアンはのちにキャステリのことをこんな風に語っている。「私は、育ちや生き方やポスター売りだった過去のせいで、わけもなく叩かれていた。でもレオが私の後ろ盾になってくれたんだ。私を誘って仕事帰りにマルゲリータを飲みながら、私がどんな陰口を叩かれているか教えてくれた。笑い話だったよ。もし私が大きな成功を収めているとすれば、それはレオのおかげだ。彼は私にとって〝金の鉱脈〟だった」。

ガゴシアンがこの仕事を始めたころ、ライバルの画商たちはガゴシアンの西海岸的な派手さやいかがわしさを見下していた。ガゴシアンは、彼らの世界に蛍光色で刷毛を入れたようなものだった。「ほかのやり方を知らなかったんだ」とガゴシアンは言った。「自分以外の人間にはなれなかった。ヨーロッパの上流階級のふりはできなかった。出来るかぎり努力はした。とにかくがむしゃらにやってみた。美術界で成功し、画廊を持ちたかったんだ。いまでもそうだが、当時も野心満々だった。だが、私には経歴もなければ頼れる人脈も組織もなかった。画廊やオークションハウスでの見習い経験もなかった。厚かましく見えたとしても、別にわざとそうしていたわけでもないし、注目されようとも思わなかった。ほかのやり方を知らなかっただけだ」。

カゴシアンの住んでいたソーホーのキャステリの画廊の界隈には、一九八〇年代のニューヨークのアートシーンにおける中心人物がみな住んでいた。イタリア出身の新表現主義の旗手フランチェスコ・クレメンテ、映画監督としても知られる画家のジュリアン・シュナーベル、写真家のシンディ・シャーマン、不穏なテーマを描くことも多かった画家のエリック・フィッシエル。「アート関係の人間は一人残らずダウンタウンマンハッタンに住んでいた。レストランにも、バーにも、アトリエにも、すごい仲間がいて、わたしはそのおこぼれにあずかり、彼らの才能に触れるだけで胸が躍った」。ガゴシアンは、彼を成功に導く人脈のなかに身を置いていたのだった。

ガゴシアンの生き方は、過去三〇年間のニューヨークの経済発展の軌跡と重なる。彼は、ニューヨークの自宅以外にも、高級避暑地のハンプトンズに超大物建築家のチャールズ・グワスミーの設計した邸宅を構え、高級車を乗り回した。こうした贅沢の延長線上に、芸術がある。彼は言う。

「アートは多くを物語る。美術品には、見る楽しみと、考える楽しみがある。稼いだ金で社会貢献するのもいいが、芸術品は多くの面で人を惹きつける。感情、感性、知性、商才への見識——非常に裕福でその余裕のある人々が美術品を買う理由の一つはそれだと思う。車を買うのとは違う。もっと繊細なものだ。別の価値体系と言ってもいい。奥深さと美しさのレベルが違う。私は美しい車が好きだが、芸術作品としての絵画は、非常に深い。いい作品は、本当に奥深い」

それが殺し文句だ。デュヴィーンが二〇世紀初頭の産業界の巨人たちを惹きつけたように、ガゴシアンは二一世紀初頭の金融界の大物の野心を摑んで離さない。

彼の顧客の大半はファンドマネジャーだ。ガゴシアンは、買い手の価値観とステータスへのこだわりを理解し、彼らが新たに手に入れた財力の使い道の一つとして芸術を捉えていることや、ハーストやウォーホル、トゥオンブリやクーンズの作品を一、二年先でなくいますぐ手に入れたいことを知っていた。また、そうした顧客が芸術に求めるのは、芸術性だけでなく装飾性であることも見抜いていた。ガゴシアンは買い手と同じくらい負けず嫌いで、アートの収集は芸術の追求とはいえ、陣取り合戦に通じるところがあることも知っていた。

キャステリと同じく、ガゴシアンもまた、自分に大きな恩恵をもたらした芸術の商品化を、やんわりと蔑むような言葉を口にした。「アートの金銭面ばかりが取りざたされすぎると思う。私が言うと嘘っぽく聞こえそうだが、それが純粋さを損ねている。金にこだわり、アーティストと自分が金持ちになることばかり考えていると、本物にはなれない。儲けようとするアーティストがつくるのは金だ。芸術じゃない。ピカソは金にも興味があったみたいだが、あれは極端な例だ。芸術家も食べていかなくちゃならないが、それと金持ちになりたがるのとは違う。金持ちになるために芸術の世界に入るわけじゃない」。

とはいえ、貧乏になりたくもないはずだ。ガゴシアンが儲けられる理由、そしておそらくほかの画商が彼にこれほど敵意を持つ理由は、芸術を学問の探求と崇めたりせず、人間の基本的欲求とは無関係の雲の上のものと考えたりもしないからだ。ヴァン・ゴッホの自殺も、モーツァルトの憂鬱で孤独な早世も、決してロマンチックな物語ではなく、現実の人生の危機を乗り越えられなかった天才の悲劇である。ガゴシアンかキャステリなら、天才たちの生計を助け、創作に手を貸したはずだ。どんな美術史の研究家も、芸術家の生計を助けることはない。その役割を担うのは、アートディーラーだ。

ガゴシアンは美術界の大物になりたいと思ったのと同じくらい強く、ニューヨークという街に惹かれていた。よそ者だったガゴシアンは、自分の力で頂点に上り詰めた。セールスマンとしての才能を使い、排他的な業界を平等な競争の場にした。彼は自分を見下していた人々と同等の立場に立ったのだ。だからこそ、彼はいつまでも恨みを買い続けることになるだろう。

実用性のないもの、新しいアイデアを売るという仕事

アートには実用性がほとんど、いやまったくないことが、画商の役割をさらに大きくしている。批評家にとってわかりにくい作品ほど売りにくい。ブロードウェイの舞台を売るのにさえ、マーケティングの専門家が必要だ。サイ・トゥオンブリの落書きのような作品を売るには、また別の種類の才能が必要になる。知的で美的で文化的な場に難解な作品を据え、それが賞賛と

大金に値する偉大な芸術であることを、懐疑的な人々に納得させなければならないのだ。文学作品にも、同じことが言える。斬新な文学作品には、なんらかの売り込みが必要になる。たとえば、信頼できる評論家の口添え、書店のお墨付き、ベストセラーリストへの登場、口コミによる話題性、読書会の開催などだ。科学者にとっても、それは同じことだ。もしあなたがこれまでにない動物用飼料を発明したら、企業はよってたかって資金を出したがるだろう。誰にも理解できない化学薬品を開発しても、効用が証明できなければ自分を信じてくれと売り込むしかない。僕らの社会は革新者や冒険家、「他人と違う」考えの人を賞賛すると表向きは言う。だがその実、長い間彼らに見返りを与えずに、アイデアや作品を売ることを強いている。

美術館を飾り、僕らの生活を豊かにしてくれる芸術作品を世に送り出すには、デュヴィーンやキャステリやガゴシアンの売り込みのテクニックが必要だった。彼らはそのために金を使い、方法を考え、心を砕いた。お抱えアーティストのために市場をつくりそれを維持する画商の努力がなければ、作品を展示してくれる美術館はないだろう。書店のチェーンを回り、店から店へ種類と量を提供する版元の営業マンがいなければ、書籍はいまも金持ちの趣味にとどまり、作家はいつまでもパトロンの庇護の下にあったはずだ。自分の作品が誰のものより素晴らしいと宣伝し、敵をやり込めるハリウッドの偉大なプロデューサーがいなければ、アカデミー賞の受賞者はいなくなってしまう。

経営学の大家ピーター・ドラッカーはこう言った。

「マーケティングの目的は、売り込みの必要をなくすことだ。顧客をよく知り深く理解することで、商品やサービスが顧客に最適なものになり、自然に売れるようになることが、マーケティングの目的なのである」

経営者の見果てぬ夢は、いつの日か営業マンをすべて排除して科学的なマーケティングの道具に置き換えることだ。それに適した業種もあるかもしれない。おなじみの商品に多少の変更を加えて何度も繰り返し売る場合には、マーケティングに頼ることも可能だろう。だが、経済価値のあいまいな未知の新商品の場合には、売り込みが必要だ。どんなデータベースも、デュヴィーンに情報を与えてくれた使用人たちのネットワークにはかなわない。

どんなアンケート調査も、ジャスパー・ジョーンズの星条旗の画を初めて見たキャステリの衝撃を再現することはできないはずだ。どんなマーケティングの専門家も、ガゴシアンのように大富豪に電話をかけて、いまこの作品を買わなければ今後いっさい取引しないとは言えないだろう。

芸術や音楽など、あからさまな商業性が歓迎されない文化作品にとって、セールスはただの添えものではない。それは、人間に創作の手段と理由を与えてくれるものであり、作品の価値を他者と共有することで、満足を与えてくれるものである。文化団体は、セールスを敬遠する人たちの集まりになりやすい。偉大な画商たちのようにセールスの社会的意義を理解して、その可能性を楽しむことが、営業の腕を上げるために欠かせない第一歩になる。

第7章

仕事と自我を切り離す

売るためにはまず尽くす

一〇〇人のセールスマンに仕事の秘訣を聞けば、九五人くらいは「聞くこと」と答えるだろう。ときには実際に耳に手をあてながら。聞くことはセールスの基本中の基本である。自分が何を売るかではなく、顧客が何をほしがっているかが重要なのだ。売り文句を並べたあとは、黙っていること。成約させようと思ってしゃべりすぎてはいけない。お客様の関心をしっかりと心得ていれば、売れないものはないのだ。

どんな格言も、話すより聞くべしという基本的な助言の変形でしかない。だが、この基本的なことが何より難しい。見込み客を見つけ、誘い込み、成約するよりも、聞くほうが難しいのだ。そもそも意識の大半が客からできるだけ金をむしり取ることに向けられているのに、それで、お客様の利益をいちばんに考えていると言えるのか。

いや、私はお客様の利益にかなう完璧な商品を持ちあわせている、価格もお客様の望みにぴったり一致していると言えればいいが、そんなことはめったにない。自分たちの商品はお客様の生活をよりよくするものであって、営業マン自身を豊かにする手段ではないと胸に手を当てて言えるセールスマンはまずいないだろう。

必要以上の消費や売り込みを批判するつもりはない。五万ドルの車も要らないし、フリースの毛布だって本当は必要ないけれど、たまたまほしいと思う人がいて買う余裕があるというのなら買えばいい。経済成長と人類の進歩は、生活に必要のない商業活動の拡大から生まれるのだから。だが、字の読めない人たちに返せないような額の住宅ローンを組ませるのはどうなのだろう？　何もわからずに買うほうが悪いという意見もあるだろうが、返済能力のない相手にローンを押しつけて手数料を稼ごうとするブローカーにも責任があるはずだ。政治家は守れないとわかっている公約を掲げ、市民への奉仕者を装う。何度か選挙を経るうちに、有権者は彼らの偽善を政治的な売り込みの一部だと諦めて受け入れるようになる。そもそも売り込みと奉仕は相反する行動で、一方は支配的でもう一方は従属的なものだ。それでも売り込むためにはまず尽くさなくてはならない。

オーグスト・チュラックは大人になってからの大半をこの問題に費やしてきた。僕にチュラックのことを教えてくれたのは、ニューヨークの金融業界で働く五〇代の男性だ。僕は彼にいつもの質問をした。知り合いのなかで最高のセールスマンは誰ですか？　こう聞くと、誰もがみんな即答してくれる。いとこ、親、昔の学友、車や家や年金商品を自分に売ったセールスマン。しかもたいてい、そのセールスマンなら「なんだって売れる」と褒めるのだ。みんなが思い浮かべるセールスマン像は、陽気で社交的なまさに営業タイプの人物だ。下心がわかっていてもその魅力にさからえない人間。客の財布に手を伸ばし、親友の妻を寝取ろうとしながら、一方で客を笑わせることができる男。裏庭のバーベキューで会話の中心となり、会社でのストレスを忘れさせ、人生を明るく見せてくれるような、そんな人物。オージー・チュラックも、かつてはそんな男だったという。だが、彼はまったく別の人間に変身した。

僕ははじめにチュラックと電話で話したが、一時間半の長話になった。僕たちは数週間後にマンハッタンで落ち合った。チュラックは道に迷った年配の旅行者のように見えた。古びた野球帽とよれよれのレインコートを着て、歩道でタバコを吸っていた。まるで『セールスマンの死』から主人公のローマンが抜けだして、二一世紀に現れたかのようだった。営業と経営倫理をスタートアップ企業に助言するために、ノースカロライナの自宅からニューヨークに出張中だという。チュラックは強烈な男だと聞かされていた。彼は背が高く、ラグビー選手のようにがっちりしていたが、白髪をオールバックにした顔立ちからは生活感があふれていた。タバコのせいで前歯は黄色くなっていた。チュラックは、落ち着きなくしゃべり続けた。はじめは威圧感を感じたが、そのうち抑揚のある彼の独り言のような口調に自然と引き込まれていった。

チュラックは、ピッツバーグで八人兄弟の一人として育った。祖父は鉄鋼労働者で、父親はペンシルバニア鉄道で働き、のちに労働争議の交渉者となった。コネチカット州東北部の名門私立高校ホッチキスの奨学生となり、そこで知性が開花したチュラックは、ピッツバーグ大学に進学した。大学に入学すると、学校教育の外に何かを求めるようになった。ある晩、ピッツバーグの神智学教会で、リチャード・ローズの講演を聞いた。ローズはピッツバーグから六〇マイルほど西に住む禅の実践家で、「ウエストバージニアの山鬼」と呼ばれていた。「素晴らしい将来が目の前にあったのに、ローズの話が頭から離れなかった」とチュラックは言う。ローズは中国の禅の心を説き、精神性とは内面の平穏を発見することではなく、どんなに残酷であろうとも真実に近づくことだと説いた。

新学期が来ても、チュラックは大学に戻らなかった。それから五年間、彼はローズの下で修行し、彼の農場で働きながら、聞いてくれる人には誰にでも教えを説いた。食べていくために、カーペットの貼り方を覚えた。「ローズは、当時流行りの共同体生活なんてくだらないと思っていた。彼は時間を守ること、決して諦めないことを教え、根性を植えつけてくれた。カーペット貼りの仕事では四度もクビになって、やっとまともに出来るようになった」。

チュラックはその後クリーブランドに引っ越し、ローズの哲学を教える団体を立ち上げた。「大成功するか、大失敗して家に帰るかのどちらかだと思っていた。ローズをよろこばせたかったんだ。ローズみたいになりたかった。クリーブランドに着くと、カトリック教会を訪ねて神父に住む場所はないかと聞いた。神父はリトルイタリーに行けと教えてくれた。そこで最初のカーペット貼りの仕事をもらったが、クビになった。人生最低の時期だった。俺は部屋に戻り、電話と職業別電話帳を手にとって、クリーブランドから一六〇キロ圏内のカーペット業者にしらみつぶしに電話した。二〇〇軒すべてから断られたよ。全部に電話するのに一週間かかった。翌週に、また初めから一軒ずつ電話し始めた。アルファベットのKまできてキルゴールカーペットに電話したら、主人のキルゴールさんが電話に出た。ものすごく声の大きなおやじだった。俺は、オージー・チュラックという者ですが、仕事はありませんかと聞いた。すると、『先週仕事はないと言ったはずだが』と返された。俺は、『ええ、でも一週間あればいろいろ変わりますから』と答えた。そしたら、『ほぉ、お前さんに会ってみたいね』と言われたんだ」。

チュラックは仕事をもらい、必要なすべてを学んだ。数カ月後チュラックが別の仕事を見つけると、キルゴール氏に引き留められた。「辞める前に、いつでも戻ってきていいぞと言われたよ」。

チュラックはこのとき、ローズの世界観を完璧に会得したと思った。自分をあえて惨めな状況に置き、それに打ち克ったのだ。チュラックは一流の学校に行き、素晴らしい将来が約束されていたのに、する必要のない試練をわざわざ自分に課すことを選んだ。それは、いまの若者が履歴書に異色の経歴を記すために、キリマンジャロに登ったり、非営利組織で何週間か働くような軽いお遊びではなかった。ましてや、モルモン教の布教活動のような、宗教的な通過儀礼でもない。それは、完全な自由意思による、禁じられた拒絶の海原への航海だった。

なぜあえてそんなことをしたのかと僕は聞いてみた。その答えを聞いて、彼のセールスマンとしての成功の理由がわかったような気がした。「スターウォーズのルーク・スカイウォーカーだって、ジェダイの騎士になる必要はないだろ。でも、俺たちは一六ドルも払ってハラハラしながら彼がそうするのを見るじゃないか」。人間は誰でも英雄伝説に憧れると彼は言う。そして、自分にとっていちばんつらいことを経験してはじめて、人間性の変革が訪れるのだと。

彼の好きな映画の一本は、『プラダを着た悪魔』だ。アン・ハサウェイ扮する主人公が「自分を追い詰めていく。みんなの勧めに耳を貸さず、その仕事にこだわり、悪魔（上司）が彼女を辞めさせようとすると『絶対に、絶対に辞めません』と言う。彼女は諦めの誘惑に打ち克って、白鳥になる。誰もが自分の人生もそうあってほしいと思いながら、多くの人はただ眺めるだけで満足してしまうんだ」。

精神性を高める第一歩は、毎晩家の周りを歩いてみることだとローズは言った。一周、そして二周、三周。毎晩同じ時間にそうする。「みんな、それを何かの喩えだと思うようだが、そうじゃない。誰もそれをやらないんだ。『明日は会議に遅れないようにしよう。そして次の日も』と言うだけだ」。ローズに出会って以来、チュラックはどこに住んでも部屋の冷蔵庫に必ず中国の禅僧の格言を貼っている。「必死に学び、一日たりとも努力を欠かすな。さもなければ、ただの凡庸な人間にしかなれない」。よりよい人間、よりよいセールスマンになる過程は、わかりにくいものではない。そこに魔法はない。毎日、毎日、努力を怠らず実践することが、非凡と平凡を分かつのだ。

それには仏教の教えの基本である、たゆまぬ集中と規律が必要になる。気持ちを散らさず、後悔や不安に苛まれないためには、「いまこのとき」に集中しなければならない。チュラックは、個人の変革とセールスの成功は、行動を変えれば達成できるものではないという。それは、前向きな姿勢が変革につながるというNCRのジョン・ヘンリー・パターソンや僕らの考えと違う。むしろ、成功は、いまこの瞬間を受け入れ、それを生きることにかかっているとチュラックは信じている。禁酒会で交される静謐の祈りのように、僕らは「変えられないものを受け入れる静謐さと、変えられるものを変える勇気と、その二つを見分ける知恵」を持つべきなのだ。毎晩一度、二度、三度と家の周りを回ることで、人はいまこのときを生き、それを受け入れることを学ぶ。受容は満足につながり、セールスマンの足を引っ張り人生を破滅させかねないストレスを減らす。

ローズの下で五年間修行したチュラックは大学に戻り、卒業した。父に言われて法科大学院に応募し、合格した。だが結局入学しなかった。「それは、俺に道を踏み外させようとする悪魔の誘惑だった」と彼は言う。彼はそのかわり、セールスマンになった。「セールスは、人間の本質を学べる世界一偉大な研究室だとわかった。彼はそのかわり、セールスマンになった。」

セールスは人間の中身を外に出す。その人の本質が見えるんだ。金がかかっていると、人間は正直になれる。金は雄弁だっていうだろ」。

チュラックは、セールスを彼自身を含めた人間すべてを理解するのに理想的な職業だと思った。営業では、嘘をついたり騙したりごまかしたりもできるが、そのうちいずれは真実とその結果に向きあわなければならない。偽りの慰めを我慢できないチュラックにとって、セールスはぴったりの仕事だった。「ローズは、働かないとただの怠け者で終わると言って、俺の尻に火をつけた。俺は平凡ないい人で終わるのはいやだった」。もちろん、それはあの『セールスマンの死』のウィリー・ローマンがもっとも恐れたことだった。「俺は一山いくらの人間じゃない。俺はウィリー・ローマンだ！」。非凡さへのチュラックの欲求は、セールスにその出口を見出したのだ。

最初のセールスの仕事は、ボストンの３Ｍでコピー機を売ることだった。四カ月目にチュラックは北西部のトップセールスマンになり、その月の最後の日にお祝いに出かけた。翌日出社すると、売上表の自分の名前の横に「デカい０《ゼロ》の字」が書き込まれていた。トップセールスマンの地位を維持するには、毎月ゼロから始めなければならなかったのだ。チュラックは売り込みの一件一件を、解くべきパズルに見立てた。

「これとこれとこれとこれをすれば、相手が買うだろうと考えた。セールスマンは、子供がドミノの牌を並べるように周到に準備して、それを倒したときには『俺がやった』と言える。商売はすべてそうだが、セールスにおいてはそれがいちばんはっきりしている。素手の拳闘と同じだ。イエスかノーか、白黒つけるのがセールスマンの仕事だ。金を稼いでいるときは、ものすごい快感が走る。セールスが与えてくれるその力が俺は好きだった」

３Ｍのセールスマンの一人が、彼に成功の秘訣を聞いた。「たくさん電話すれば、それだけ会ってもらえるし、売上もあがると教えた。セールスの研修で教えられたことだ。だがヤツらは信じていなかった。別のセールスマンが、『青い目が秘訣だろ』と言ったから、俺は振り向いて『そんなわけないだろ。必死で仕事してるからだよ。それが秘訣だ』と答えたよ。秘訣はいつも同じことだ。必死に働け」。昔の上司は、こんな風に評価してくれた。「オージー・チュラックは、必要なら一週間で中国語を憶えますよ」ってね。父親がダイエットを宣言したとき、チュラックは、自分がそれ以上痩せられるか賭けをしようと誘った。父親はこう言って断った。「どうせおまえは勝つまで絶食するに決まってる」。チュラックは言う。「俺はやると言ったらかならずやってきた。決意が固いんだ」。

自己改革の連鎖を生み出す

一九七八年、チュラックはルイス・モブリーに出会った。モブリーはIBMの元経営幹部で、創業者の後を継ぎIBMを世界的コンピュータ企業へと成長させたトーマス・ワトソン・ジュニアの片腕として働き、IBMエグゼクティブ研修所を創設した人物だった。引退後、モブリーは、企業人生がどうしたらよりよいものになるか、どうしたら社員がのびのびと自分らしくあれるのかを考え続けていた。彼には、独自の結果重視の経営理論があった。社員は官僚制度に対応する能力ではなく、出した結果によって評価されるべしという考えだ。モブリーがメリーランド州のクラークスヴィルの農場に居を構えると、知識人やヒッピーが集まってきた。妻のドロシー言うところの「本ではなく人から学ぶ機会に飢えていたはぐれ者たち」である。週末になると、彼らはモブリーのもとにやってきて、企業人生や資本主義や組織の欠陥について語り、より優れた制度、より人間らしい制度を模索した。チュラックは一九七八年のある晩、モブリーの農場にたどり着き、翌朝まで語りあった。モブリーはチュラックに部屋を与え、低迷していた自分のコンサルティング会社の売上をチュラックが伸ばしてくれるなら、経営と哲学について教えようと申し出た。その後の二年間、チュラックはモブリーの会社の売上を毎年倍増させた。ＩＢＭ時代のモブリーは、営業マンの行動、心構え、売り込み方が事細かにマニュアル化された、アメリカ史上もっとも統制の厳しい営業組織で働いていた。その手法は商業的には成功したが、モブリーは疑問を拭えなかった。チュラックは、一九九三年の営業専門誌の取材のなかで、モブリーの考えをこう説明した。

「ほとんどの人はマニュアルをほしがる。いちばん簡単なマニュアルは売り込みの言葉だ。教会に求めるのも、同じものだ。人は人生の拠り所となる言葉を牧師に求める。どんな場所でも役に立ち、願いをかなえてくれる言葉、要するに天国に行けることを約束してくれるような言葉を求めるものだ。モブリーはよくこう言っていた。人間は一八歳まで、他人と同じになるために学ぶ。だが、それ以降は、他人と違う人間、自分らしい人間になることを学ばなければいけないと。そしてほんとうに自分らしくあるためには、衝撃的な体験が必要だ。上に立つ人間や優秀なセールスマンは、違いをありがたく受け入れる能力がある。ことわざでも、予断は禁物というだろう。この客は買いそうだとか、あの客は買わないとか決めつけるべきじゃない。いつも心を開いておくことが大切なんだ」

一九八〇年、チュラックはモブリーの農場から出て、音楽専門チャンネルのＭＴＶと幼児向け番組専門チャンネルのニコロデオンをケーブル局に売り込む仕事を始めた。当時のケーブル業界は、浮き沈みの激しい混沌とした場所だった。とりわけMTVは、若くて大胆な会社だった。チュラックはボス的な存在となり、膝の上に秘書を抱え、パリッとしたスーツを着て、夜な夜な街に繰り出していたという。「あれは、一〇年間内面を探求し続けた後、俺が野生に戻った時期だった。俺は二八歳で、経費は使い放題だったから、女とナイトクラブに明け暮れた。数年間は、やりたい放題だったよ。人生でいちばん楽しい時期だったな。だが深いところで、俺は次第に死んでいったんだ」。

チュラックは、セールスマンとして業績を上げ、すぐに営業管理職に抜擢された。「どうしたら部下のやる気をいちばん高められるか、ほとんどの人はわかっていない。俺は情熱を生み出せる。いますぐここでそれができる。このテーブルの上に乗り出して、あんたの喉に手を回せばいいんだ。そうしたら、あんたも情熱的になるだろうよ」。チュラックは、自分の手法を海兵隊にたとえた。

「兵士が勲章のためになにをするか、フットボール選手が殊勲賞を得るためにどこまで頑張るかを見るといい。海兵隊員は、仲間のために、自分のためには決してしないことをする。それが、選ばれし者の集まる海兵隊のチーム精神だ。セールスでは、個人を管理してもだめだ。チーム全体を、そのエネルギーを盛り上げないといけない。まずは自分が手本を見せ、ほかの人にもそうしたいと思わせる環境をつくることだ。この仕事に終わりはない。変革、変革、変革だ。自分がいつも前面に立ちながら、部下の気持ちを燃やし続けるんだ。俺が営業部隊を率いていたころは、いつもみんなでワイワイやっていた。活気がほしかったんだ。右を向いても左を向いても売り込んでいるような環境に部下たちを置いた。自分たちが身のほど知らずなくらいデカい仕事をしていると思えることが大切なんだ。それが自己変革につながる」。

チュラックがよく使った手口の一つは、「トップガン」というゲームだった。チュラックが営業部隊の部屋に行き、カウボーイハットを放り投げる。それを拾った人間が、その週のトップガンだ。トップガンになると部屋にいる全員に売上競争を挑まなければならない。誰かが競争を受けて立ち、もしトップガンが勝ったら、相手はトップガンに一〇〇〇ドル支払う。あるとき、口数が少なく、営業成績も悪かったスコットという部下が、カウボーイハットを摑んで競争に挑み、勝ちを収めた。その後、スコットはチュラックにこう言った。「一度味をしめたら、もう後戻りできませんね」。

また、三カ月間一五〇回電話をかけ続けて、一度も売り込めなかったセールスマンがいた。そのセールスマンの同居人がチュラックのところにやってきて、あまりにも塞ぎ込んでいるので心配だと教えてくれた。だが一年後、その男の机の上には、月間最優秀賞の賞状が積み上げられていた。「彼は才能の無さを、ものすごい働きぶりで補った」とチュラックは言う。彼は、拒絶から立ち直る力の大切さを証明した。「失敗にはとてつもなく大きな力がある。もし俺に営業の不調が続いたら、深呼吸して、こう自分に言い聞かせる。『これは確率の問題だ。失敗続きはいいことだ。もう二〇〇回も断られたんだから、好調の波がくるのも近いはずだ。いま俺は悪運を使い果たしているところなんだ』ってね」。七回断られたあとで、そう言うのは簡単だ。だが、一七七回断られて、そう思える人はなかなかいない。

無理な注文に応じる経験がセールスマンを成長させるとチュラックは言う。一九九〇年代にマイクロソフトの管理職からこんな話を聞いたそうだ。金曜の五時に机についていると、電話が鳴る。それはビル・ゲイツからで、月曜の朝に君の製品を東京で紹介したいという。それまでに準備しなければいけない。七二時間寝ずに働き、不可能を可能にする。そんな無理な注文に三回うまく対応すれば、マイクロソフトでの出世は確実になる。それは、自分になにができるかを見直させる、自己変革の手段なのだ。営業部隊の厳しさもまた、人間に通常の期待以上の力を発揮させ、自分に出来るとは夢にも思わなかったことを成し遂げる機会を与える手段だとチュラックは言う。

燃え尽きた営業マンが修道士たちから学んだこと

チュラックはその後MTVとニコロデオンを辞め、数多くのケーブルチャンネルを抱えるA&Eテレビジョンに移った。その後ケーブルテレビ大手のアデルフィア・コミュニケーションズに勤め、ノースカロライナでデータベースのソフトウェアを販売する会社を始めた。データベースソフトの販売はケーブルテレビへの営業よりもはるかに難しかったが、チュラックは耐え抜き、売上は拡大した。一九九八年、チュラックはスカイダイビング中に足首を骨折した。その回復に至るまでの数週間に、重いうつに陥った。

「典型的な中年の危機の始まりだった」。チュラックは言う。「目的もなく同じ場所を走っている間に、年を取って燃料が切れそうになっていることに気付いたんだ。やっとはしごの上まで登ったと思ったら、はしごが間違った建物に掛かっていたような気分だった。セールスマンにはよくある感覚だ。『ベンツも買った。女にもモテる。だからどうだっていうんだ？　これからどうするんだ？』って。成功すれば心の穴は埋められると思っていた。でも、そこで何もやっても報われないと気付いて、みんな麻薬やアルコールや抗うつ剤に走るんだよ」。

最悪なのは、気分を上げてくれそうなものが何も頭に思い浮かばなかったことだ。使い切れないほどお金はあったのに、それを使ってやりたいと思うことがなかった。

追い詰められたチュラックは、サウスカロライナにある男子修道院に引きこもり、数週間そこに滞在した。二〇年間セールスマンとして瞬間的な見返りを追い求めてきたチュラックに、なにが欠けていたのかを気付かせてくれたのは、修道士たちだった。修道士は神と地域社会に絶対的な無私の心で奉仕していた。彼らは夜明けのはるか前から日没後まで農場で働いた。そしてつねに祈りを唱えていた。彼らの内面とその行いにはまったく矛盾がなかった。彼らは人生の目的を決め、それにしたがって行動していた。

ローズやモブレーとあれだけ時間を共有し、これほど仕事の経験を積んでいたのに、奉仕としてのセールスについて本当は深く理解していなかったことを、修道院での生活が教えてくれた。修道士たちは、最高の奉仕を捧げることで自分の務めを果たしながら、それを認めてもらおうとは少しも思っていなかった。これまで共に働いてきたセールスマンたちと違い、彼らは手数料が安すぎると不満を言うこともなく、ハワイ旅行を勝ち取るために互いの足を引っ張り合うこともなかった。奉仕が見返りだった。それは生計の手段ではなく、生きることそのものだったのだ。チュラックはこのことをどうしても世に知らしめたいと思った。「この話をすると、みんなこう言う。『そりゃ結構。だがその奉仕と無私の心ってやつが現実の商売にどう関係あるんだ？　俺とどう関係あるんだ？』ってね」。

顧客の目的をかなえるためにその手足となるのが最高のセールスマンだということは、頭ではわかる。お客様に奉仕すれば、金銭的な見返りは自然とついてくるというわけだ。しかし、そのとおりに行動するには、人並み外れた無私の境地が必要になる。「この習慣を身に付けるには何年もかかる」とチュラックは言う。「だから上司は繰り返しこう教えなくちゃならない。『黙って聞け。黙って聞け』と」。

修道院でのひらめきは、チュラックをローズが唱えた禅へと引き戻した。悟りを開くには、木を切り、水を運ばなくてはならない。家の周りを一周、二周、三周と歩かなくてはならない。お客様の言葉に耳を傾け、それを続けなければならない。何が自分のためになるだろうと考えてはいけない。いまこの瞬間を生きるのだ。感覚を研ぎ澄ませるのだ。もしこれができたら、あとのすべては自ずとうまく行く。請求書が溜まっても、ノルマがあっても、上司が怒鳴っていても、とにかくこれを続けることだ。それが、「セールスの禅」なのである。

一生忘れられないポール・スチュアートの店員

結婚式前の数カ月間に、僕は人生で二度とないほど買い物をした。指輪、スーツ、新婚旅行、そして結婚式にやってくる大勢の家族や友人をもてなすためのあれこれ。なかでも、いちばん思い出に残った買い物が二つある。一つ目は、婚約指輪だ。僕は、結婚前の独身男子にありがちな恐れと焦りの入り混じった状態で、指輪選びをしていた。値段が心配だったのと、やっと彼女を説得して結婚までこぎつけたのに、彼女の気に入らない指輪を買ってそれまでの努力を水の泡にしてしまうのではないかと怖くて仕方がなかったのだ。

最初に訪れたのは、五番街の超高級デパート、バーグドーフ・グッドマンの一階にある宝石店のヴァン クリーフ&アーペルだ。入った瞬間に後悔した。ガラスの陳列ケースに入った輝く宝石に値札はなく、店の人たちは、いまにも僕を取って食いそうな目つきをしていた。僕はネギをしょったカモの気分だった。相手にとっては、これまで何千回も見てきた種類の男に違いない。指輪を探している間抜けな独身男。

カウンターの後ろにいた女性と目が合い、お手伝いしましょうかと聞かれた。婚約指輪を探しているんです、と僕は言った。できればビルマルビーを。僕の母と祖母の婚約指輪もルビーだったので、同じものがほしかったのだ。予算を口にすると、女性が引くのがわかった。それは僕がこの日のために貯めてきたお金で、僕にとっては大金だった。だが、そのセールスの女性は、いかにもがっかりした様子を見せた。彼女はため息をついて、陳列ケースの鍵を外し、僕の予算の範囲内の指輪をリングピローの上に載せてみせた。それは、楊枝の先ほどの極小のダイヤモンドの周りを色つきの石で囲んだ、細い金の指輪だった。まるで、一〇〇円ショップで売っているおもちゃのアクセサリーみたいで、とても婚約指輪とは言えない代物だった。

「え、これですか？」と僕は訊ねた。その女性は肩をすくめた。それでおしまい。僕の財力は、彼女の世界ではこれくらいの価値しかなかった。おもちゃの指輪程度というわけだ。別の指輪を見せてくれるわけでもなく、分割払いの提案もない。ほかの店を教えてくれるわけでもない。僕は自分の経済的価値を自覚した。それは彼女が鼻にもかけないほど低かった。

次に行ったのは宝石の卸売屋がひしめく四七丁目のダイヤモンド街だ。そこでは、選びきれないほど選択肢があるのが問題だった。店という店にピンからキリまであらゆる値段のありとあらゆる宝石があり、僕は何を信じていいのかわからなくなった。付き添いがいなければ、苦労して貯めた大金でブリキに載せたガラス玉を買ってしまい、返品しようと思ったら店もろとも消え失せていた——みたいなことになりそうだった。

最終的に、僕はオークションで宝石を買うことにした。友達の婚約者がオークションハウスの宝石部門に勤めていた。彼女はビルマルビーが次回のオークションにかけられるのを知って、僕に絶対に本物だからとオークションに参加するよう勧めてくれた。僕が指値を入れて待っていると、思い描いたとおりのビルマルビーの指輪が手に入った。ビニール袋に密封された指輪を手渡してもらうと、僕はそれを上着のポケットに入れ、プレゼント用の箱を探しに出かけた。マディソン街を北に向かって歩き、敷居の高い高級宝石店の前をつぎつぎと通り過ぎ、六七丁目の角にあるアンティーク宝石店のフレッド・レイトンにたどり着いた。ドアの呼び鈴を押すと、扉が開いた。厚化粧の大柄な女性が、まるで双子の片割れかと見紛うほどそっくりな、頭のてっぺんに赤毛を盛りあげた客を相手にしていた。彼女の指にも耳にも首周りにも、宝石が連なっていた。

「何かご用でしょうか」とその女性が訊ねた。僕はビニール袋に入った指輪を掲げてみせた。「さっきオークションでこの指輪を買ったんですが、箱がいるんです」。すると、「ありません」と、バッサリ。店のなかは箱だらけだったのに。一つくらい売ってくれてもよさそうなものだ。そこで僕はこう言った。「もちろん、お支払いします」。無料《タダ》の箱はない、という意味かと思ったのだ。すると「うちでは、そういうことはいたしませんので」と彼女は言い、ほかの客のほうに向き直った。結構じゃないか。通りに出て歩きながらそう思った。クソくらえ。フレッド・レイトンなんてクソくらえだ。もし僕が歴史上の誰より大金持ちになっても、絶対に、ぜったいにお前の店で買うもんか。それに、宝石好きの友達全員に、ぜったいここで買い物するなって言ってやる。いつか金持ちになったら、あの宝石屋が広告を出している雑誌に、あいつらの安っぽい宝石を家畜がつけている写真を掲載してみせるぞ。それくらい、腹が立っていた。僕は、感極まって店に入ったんだ。人生のピークで、これから彼女にプロポーズするところだぞ。その僕を、浮浪者みたいに扱ったな。おたくの店員が僕にそんな仕打ちをした。あの女が店の名前に泥を塗ったんだ。永遠に。

それにくらべて、マンハッタンのミッドタウンにあるポール・スチュアートでの体験は対照的だった。僕は結婚式に着る服を探しに店に入った。簡素な、品のいいダークスーツ。ポール・スチュアートならそういうものがあると聞いていた。グランドセントラル駅の喧騒から一歩外に出て、店の大きなガラスの扉をくぐると、まるで一九六〇年代のマンハッタンにタイムスリップしたようだった。茶色の絨毯から年季の入った木の壁まで、すべてが琥珀色の照明に照らされていた。店のスタッフは、プレスの効いたスーツを着こなし、ぴかぴかの靴を履き、鮮やかな差し色のポケットチーフと靴下がちらりとのぞいていた。いまにも誰かがテニスの話をしながらマティーニ片手に現れそうな気がした。ポール・スチュアートの店に入るだけで、気分がよくなった。スーツの担当者をお願いしますと言うと、二階に通され、べっ甲の眼鏡をかけた五〇代の男性が壁の端から端まであるスーツ棚に僕を連れて行ってくれた。

「どんなスーツをお探しですか？」

「結婚式に着るものを」

「それはおめでとうございます」。男性が僕を上から下まで眺めた。

「ありがとうございます」

「ダークグレーか紺がよろしいかと。二つボタンになさいますか、それとも三つボタンがお好みで?」

「じゃあ、三つボタンで」

「もちろんです。イギリス紳士でいらっしゃいますからね」。男性はスーツのかかったハンガーをぱらぱらと動かし、サイズを確認するように僕のほうに目を戻した。

「これが、私どもの定番のライトウールのスーツです」。そう言いながら、いくつか選び出してくれた。

「カシミアになりますとお高いものもございますが、お客様にはこちらがちょうどよろしいかと」

ほんの一瞬で、彼は僕を正確に見抜いていた。僕はほとんどスーツを着ない。洋服にもあまり興味がない。ただ、場にふさわしくて仕立てのよいスーツならそれでよかった。この日のために一応の努力をしたことを見せたかっただけだ。上着が二つボタンだろうが三つボタンだろうが、切り込みがシングルだろうがダブルだろうが、袖口のボタンが三つでも四つでも、まったくどうでもよかった。場違いじゃなければ、それでよかったのだ。彼はそれを察して、手を貸してくれた。それまで結婚式の準備中に出会った人たちは、みんな例外なく一生に一度のことだから出し惜しみする場合じゃないと、もっと高いものを買わせようとしたが、彼は違っていた。結婚式を利用して僕から金をむしり取ろうとしなかったのは彼だけだった。

スーツを選ぶと、その男性は僕を試着室に連れて行き、イタリア人の仕立て職人がズボンの長さを測って折り返しをつけたほうがいいと言ってくれた。僕はまたその言葉に従った。彼を信用していた。それ以来、洗礼式のワイシャツや、結婚式のネクタイ、何かきちんとした場に着ていく洋服が必要になると、僕はいつもポール・スチュアートに行くことにしている。何度行っても、ポール・スチュアートのセールスマンたちは僕の信頼に応えてくれる。

「お客様、何かお探しですか?」は禁句

店でなにかを買うだけでも、そこには複雑な要素が含まれているし、顧客の忠誠心が生まれることもあれば、憎しみにつながることもある。ニューヨークでJCペニー、ラルフローレン、カルティエといった多くの企業のセールス・スタッフの研修を担当している営業トレーナーのマーティン・シェンカーに、僕は先ほどの話をしてみた。シェンカーは、赤毛をオールバックにした華奢な男性で、俳優のダニー・ケイに似ている。彼はセールスとサービスの機微についての専門家だ。

「最高のセールスマンは、人が好きなんです」。シェンカーは言った。だが実際には、ヴァンクリーフ&アーペルやフレッド・レイトンで僕が出会った女性のような人がほとんどだ。財布の薄い人間には興味がないのだ。彼らは、相手に尽くそうという気持ちから自然とセールスを行うのではない。財布の厚みを見極めてから、相手を好きか嫌いかを決めるのだ。「本当に優秀なセールスマンは、どんな顧客をも愛するところから始めます。お客様をいつも正しく判断するのは不可能です。きれいに着飾って買い物をする人がいちばんの上客とは限りません。とくに、昨今のお金持ちは目立つことを好みませんから」。

ブロードウェイの名女優、メアリー・マーティンは、舞台が始まる前に毎回舞台袖から観客席をのぞき見し、目に入る観客全員に「愛してる、愛してる」と呟いていた。幕が上がるころには、彼女は本当に観客を好きになり、最高の演技を見せたいと心から思うようになっていたという。

セールスマンにも同じことができたらどうだろう？　顧客全員に、心のなかで「愛してる」と繰り返し伝え、愛情を降り注いだら？　そうなれば、上司がすべての取引を監視する必要はない。それができれば、ホテル王のスティーブ・ウィンが言うように、最高のサービスを組織に拡散できる。そして、セールスの禅の境地に到達できるだろう。

残念ながら、金のために仕事をするセールスマンは、自分の従属的な役割に怒りを感じているとシェンカーは言う。お客様と話をしてどの値段のどの商品がその人に必要なのかを見つけるよりも、彼らは奥の部屋に隠れるか、金儲けのために顧客を操作することを選ぶ。そんなセールスマンは、卓越したサービスを提供して長期的な人間関係を築くことに、個人的な充足を感じない。結局その人間関係の恩恵を受けるのは、自分ではなく会社なのだから。

シェンカーは、大手百貨店のメイシーズで商売を学び、そこでバイス・プレジデントに昇進したあと、百貨店向けの卸売会社で働いた。販売員のスキル向上を助けるための会社を始めるような経歴ではなかったが、それでもセールスのなんたるかをわかっている人がほとんどいないと感じていたのだ。営業研修トレーナーは、数十年前と同じ、古い自己啓発の儀礼と成約のテクニックを説いていた。一方で、MBAや財務の資格を持つ高学歴のビジネスマンたちは、対話や営業の基本といった「ソフトな」課題となると、手も足も出なかった。営業の初期の段階で「はい」か「いいえ」の二者択一的な質問をしてはいけないといった基本を、多くの店員は教えられていなかった。セールスマンは会話や質問や情報収集の段階を省いて、一足飛びに成約に急ごうとした。そうした怠惰さは習慣の問題だ。「セールスが惰性になっている」とシェンカーは言った。もっと上手になれるのに、「自分の好きなことや得意なことだけ」しかしないのだ。

シェンカーは、全員をやり手の営業マンにはできなくても、営業マンへの顧客の期待と現実の間の溝を縮めることはできると考えている。デパートの店員には、顧客に笑いかけ、ノーと言われない質問をするよう心がけさせる。お客様に「何かお探しですか?」は禁句だ。その場でイエスかノーがはっきりしてしまうからだ。最悪なのは、「別に」と言われることだ。抑制について語るため、シェンカーは手のひらを掲げて僕に手のひらをそこに合わせるように言った。僕たちはマンハッタンのホテルのロビーにいて、その周りでは中年の銀行マンたちが仕事の面接をしていた。僕は仕方なく彼に従った。「あなたはいま、何をしていますか?」。シェンカーが聞いた。僕は何もしていないつもりだった。すると彼が代わりに答えた。「私の手のひらを押しているでしょう」と彼が言った。確かにそうだった。「それが普通です。みんなそうします。ですが、百貨店の店員は、自分を抑えて引かなければなりません。もしあなたが店に入ったとたん、店員がいらっしゃいませと言って近づいてきたら、ちょっと警戒してしまうでしょう。自分を抑えて一歩引き、顧客の行動をじっと観察してから動くというのは、自然にできることじゃないんです」。

心理操作のテクニック面なら、簡単に学べるとシェンカーは強調する。成約の技術は一五分で教えられると。難しいのは顧客との人間関係を築くことだ。僕が結婚式のスーツを買ったとき、接客の男性は僕のほしいものを確認すると、試着したスーツのどこがそれぞれ気に入ったかを僕に訊ねた。気に入ったところを全部あげたら、もうほかに言うことがなくなった。気に入らないところをあげる必要もなかった。僕はほしかったものを見つけていた。彼は、僕にそれを自覚させてくれたのだ。その経験ができたのは、彼がはじめに信頼関係を築いてくれたからで、策を弄して手っ取り早く買わせようとしたからではなかった。

シェンカーが顧客企業に聞くのは、セールスマンをどうしたいかではなく、会社をどうしたいかだ。経営幹部が営業マンに何を求めているかを知る必要があるからだ。販売量を増やしてほしいのか？　高級ブランドを育ててほしいのか？　顧客との長期的な関係を築いてほしいのか？　それとも、低コストの画一的な取引を処理してほしいのか？　営業部隊の存在意義は何か？　「経営の目的に合うように営業行動を変えるのが私の仕事です」とシェンカーは言う。

低賃金の店員を数千人単位で抱える大手百貨店チェーンには、四店舗で二〇人の高給接客要員を雇っている宝石店とはまったく違う難しさがある。しかし、どちらの場合も、接客スタッフは「現場の広告塔」だとシェンカーは考える。年収三万ドルのやる気のない店員が顧客をぞんざいに扱い、それがオンラインや口コミで拡散されれば、数百万ドルをかけた広告キャンペーンがあっという間に水の泡になる。だからシェンカーは、顧客の期待とサービスの水準を合わせようと努力するのだ。

量販店のウォルマートにやってくる人は、素晴らしいサービスよりも低価格を期待している。だから店員が微笑むだけで期待を上回ることができる。小売店のＪＣペニーやギャップに行けば、ほどほどのサービスと、きれいに陳列された商品と、清潔な試着室を期待する。だがカルティエやルイ・ヴィトンやリッツ・カールトン・ホテルの顧客は、どこまでもわがままを聞いてほしがっている。

顧客サービスの代名詞とも言える「驚きと感動」は、実際の体験が期待を上まわるときに生まれるもので、その期待は場所によって異なる。市場と商品と顧客が、セールスマンに必要な能力を決めるのだ。人懐こくて揉み手と噂話がうまいセールスマンなら、ニーマン・マーカスでは成功しても、厳粛な卸問屋では出世できないだろう。環境が違えば必要とされる人材も違い、研修でできることにも限界がある。

ある投資会社の重役は、企業買収の際、いちばん扱いに困るのは営業部隊だと言っていた。買収した企業の財務を立て直すことについては自信がある。製造とサプライチェーンを変えるのは大変だがなんとかなる。だがセールスとなると、まったくお手上げだという。経営者の意図に添う行動をとる営業管理職にめったにお目にかかれず、彼らは昔の職場でしてきたことを、同じような仲間と繰り返しているだけだというのだ。「営業管理職は、たいてい自分と同じタイプを雇う」と彼は言う。「ある商品を売れるからといって、別の商品も売れるとは限らない。だが、それに気付いたときには、もう何カ月もたっていて、それからまた解雇と採用にさらに時間がかかる」。彼は事業のほとんどの分野をこなす自信があるが、セールスとセールスマンの文化を理解するのはいまだに難しいと認めていた。

シェンカーは夫婦カウンセリングの教訓をセールスにも取り入れている。心理学者の故カール・ロジャーズが唱えた、言い争いの際の「積極的傾聴」を、彼は勧める。夫婦げんかで耳に入るのは、激しい言葉だけで、その裏にある意味は伝わらない。彼は、ある毛皮商で研修した女性の例をあげた。その女性は、夫が強い言葉で彼女をなじったと言った。彼女は以前、夫の言い分に一つひとつ反論していた。だが、今回は夫に全部を吐き出させ、彼が話し終わったところで彼を見つめてこう言った。「じゃあ、別れたいっていうことなのね」。彼は腰を落ちつけて、そんなつもりじゃなかったと言い、冷静な口調で最初から話しを始めたという。顧客が本当に求めているものを読み取り理解するための訓練が、私生活でも役に立ったのだった。

僕は、最高のセールスマンは顧客のことを深く気にかけていると思いたかった。客から金を搾り取ろうとしなくても、自我を捨てればセールスマンとして成功できるのだと信じたかった。チュラック、シェンカー、メモ、僕に結婚式のスーツを見立ててくれたポール・スチュアートの店員、そして「ゆったりした上着」をまとうタンジールの土産物屋のマジードも、みんな僕のこの理想が間違っていないことを裏付けてくれた。

実際、営業のテクニックや技の多くは、セールスマンの意識を知らず知らずのうちに自分から引き離すものだ。保険外交員の岡さんや通販パーソナリティーのサリーは台本を暗記し、IBMの営業部隊は同じスーツをまとって軍隊のような規律に従い、スティーブ・ウィンのホテルの従業員は物語を共有し、デール・カーネギー・トレーニングの卒業生は謙虚さを覚えて人々に感謝する。

彼らはみな、こうした技をつかって仕事から自我を切り離している。ハル&ドブスの中古車販売システムや、無理やり病気をつくり出す医薬品業界に代表されるマキャベリ的な手法よりも、より誠実で効率のいいやりかたを目指している。劇作家のデヴィッド・マメットが『グレンギャリー・グレン・ロス』のなかで描いた、マルクスの資本主義の悪夢から現れ出たような強欲で二枚舌のセールスマンとは違うのだ。一流のセールスマンはみな、自我が打ち鳴らす鐘の音を鎮め、失敗も成功も平常心で受け入れながら、セールスに取り組んでいる。

だからといって、彼らは個性をすべて排除して、売り込み用のロボットになろうというわけではない。反対に、この仕事につきものの不信や駆け引きを超えて、その本質を理解しようとしているのである。真実に向き合い、禅の境地を保とうとする心構えこそ、偉大なセールスマンのしるしなのだ。

第8章

複合的な才能

エンジニアを教えるほど、やりがいのあることはない。
最初の出来があまりにも悪いので、舌を嚙まずに話せただけでも、大変な進歩なのである。

デール・カーネギー

MBAの学生が死ぬほど営業を怖がる理由

僕がハーバード・ビジネス・スクールでの二年間で唯一受講したセールスの授業は、ハワード・アンダーソンの「ウェットスーツを売る」事例を扱うものだった。しかも、それは授業とも言えないような、ある午後に数時間だけ行われる選択制の講義で、教室にはまばらにしか学生がいなかった。

アンダーソンは押し出しのいい人物で、背が高く、車のフロントガラスほどの大きさがあろうかという眼鏡をかけ、長年の激しい運動のせいか少し足を引きずり、独特の冗談で生徒を笑わせていた。経営理論や財務諸表に没頭しているMBAの学生の喉元にセールスの現実を突きつけることを使命と感じているらしいこの人物は、僕が出会ったなかでは数少ない、教室を明るくしてくれる先生だった。

ウェットスーツの事例とは、次のようなものだ。あなたはダイバーズ・デライトというウェットスーツの製造会社の社員で、ダイビング用品のチェーン小売店に製品を売り込む仕事をしている。そのウェットスーツは宇宙飛行に使われる素材でできていて、競合製品よりも体温を五度高く保つことができる。だが、値段も高く、通常製品が二五〇ドルのところ、あなたの製品は四〇〇ドルもする。あなたはこれから売り込みに行くところだ。相手のダイビング用品店には数々のベンチャー企業がやってきて、約束を交わしては、守れずに去っていく。だが、その店は、つねに先端を走ることを使命としている。大手量販店もウェットスーツを販売しているため、その店が生き残るためには差別化が必要なのだ。あなたの仕事は、その店に合計一二着のウェットスーツを買ってもらうことだ。しかも、男性用と女性用にそれぞれ三サイズを二着ずつ買ってもらわなければならない。

ウェットスーツを売るためには、顧客がほんとうに恐れているのは何か、ほんとうに必要なものは何かを発見しなければならないことが、二時間の授業のなかで次第に明らかになっていく。顧客が恐れているのは、安売り量販店との価格戦争に巻き込まれることで、それを避けるには、熱心なダイバーを対象にした商売を安定的に維持することが必要になる。ウェットスーツの機能的な優位性については、買い手が評価してくれる。あなたの仕事は、安定的に商品が供給できること、店に十分な利益をもたらすこと、ダイバーたちが競ってこの商品をこの店で買うと相手に信じさせることだ。あなたの商品は、ダイバーの体温を暖かく保ってくれる高価なウェットスーツではない。そのダイビング用品店が業界の先端に立ち続けて利益を増やし、それを維持するための手段が、あなたの商品なのである。

アンダーソンは、ビジネスの一線を退いたあと、ほとんどの時間を教えることに費やしてきた。ある春の晴れた朝、僕はマサチューセッツ工科大学（ＭＩＴ）のスローン経営大学院で教える彼の授業を聞くために、ケンブリッジに戻ってきた。陽の光が差し込む教室に、ジャージ姿の生徒たちが、コーヒーを片手にばらばらと集まってきた。始業の数分後にアンダーソンは扉を閉め、事例問題を説明した。「私はサンドヒル社の会長だ。われわれの商売は、もしうまくいけばなかなかおいしい商売だ」。アンダーソンは中国人の女子学生を指名して、前に出るように告げた。「いずれ、二年後にはやらなくちゃいけないんだから」と彼は言った。つまり、営業管理が仕事の一部になるはずだという意味だった。

この日の事例問題は、セールスには、自社内の経営資源や支持を集めることと同じくらい、顧客からそれらを得ることが大事であると示すものだった。顧客はあなたの会社の商品に七五〇〇万ドル支払うつもりだが、そのためには、社内の異なる支店、財務部門、そして製造部門から譲歩を引き出す必要がある。「営業は個人プレーだと思いがちだが、実際はチームスポーツだ」とアンダーソンは言う。「私が経営者なら、その七五〇〇万ドルを逃したらじだんだ踏んで悔しがるな」。この事例を通して、アンダーソンは企業内のさまざまな報酬制度（給与、時給、手数料など）が、どのように異なる部署の社員の間の対立や協力を引き起こすかを学生に考えさせた。

営業の管理者は、小学校の教師のようなものだとアンダーソンは言った。お行儀よくしなさいと繰り返し言われなければ好き勝手に振る舞うわんぱく小僧たちを管理しなければならない。だが同時に、それはもっともわかりやすい仕事でもある。ノルマを達成するか、しないかしかないからだ。授業を通して、アンダーソンは営業管理職が抱える一連の典型的な問題を提示した。二人のセールスマンが、ある取引の手柄は自分にあると言い争っている。売り込んだのは一方のセールスマンだが、契約が成立したのは別のセールスマンが担当する地域だった。どちらが手数料をもらえるのか？　ある女性営業部員がミーティングの一日前に飛行機で現地入りした。前日の航空運賃のほうがはるかに安かったからで、その女性はホテル代を会社に請求した。彼女は全員が得をすると思った。ホテル代を入れても出張費用は安くつくし、自分もカリフォルニアで一日週末を過ごせる。だが、それは会社の決まりでは認められないことになっている。もしみんながそんなことをしたらどうなるか？

別の事例では、医療用品の会社が営業部隊に新製品を売ってもらえずに困っていた。あなたが管理職なら、どのようにセールスマンに新製品を売らせるか？　授業はかなり早足に進んでいく。まるで、必要なことをすべて伝えるには時間が足りないかのようだった。「これが、どれほど現実的な問題か君たちにはわからないだろう」。アンダーソンは学生に言っていた。

アンダーソンと僕がＭＩＴの経済学部の教授室（ノーベル賞受賞者がごろごろいる）に続く扉の前を通って彼の部屋へ歩いていると、彼がこう言った。「毎回授業のはじめに『このなかでノルマを背負ったことのある人は？』と聞くが、いたためしがない。セールスは、結果が測れる唯一の分野だ。それがＭＢＡの学生には死ぬほど恐ろしいんだよ」。アンダーソンは営業を学ばずにＭＢＡを取るのは、経理を勉強せずに経営学修士を名乗るようなものだ、とも言った。まったく信用できない、と。

映画『アラビアのロレンス』が教えてくれること

アンダーソンはニュージャージー州のアトランティックシティーで育った。父親は食料品の卸屋で、いつもなにかを値切ったり、取引を行ったりしていた。それは厳しく波のある仕事だった。アンダーソンの両親は大恐慌時代を生き抜き、息子をなにより安定した仕事につかせたがった。母親は彼に教師になってほしかった。教師なら一九三〇年代の不況の時代でも食べていけたからだ。父親は弁護士になるよう勧めた。一八歳のとき、アンダーソンは借金取り立ての仕事についた。それは、おどしたりすかしたりして金を払わせる過酷な仕事で、セールスの側面もあった。取り立て屋は借金の貸し手を説得して回収した金を折半してもらう必要があったからだ。

その仕事を通して、アンダーソンはある重要な教訓を学んだ。セールスは回収が命だ。金を請求して終わりじゃない。「ハーバード・ビジネス・スクールでは、誰もそれを教えてくれなかった」とアンダーソンは言う。モロッコのマジードやトニー・サリバンのように、アンダーソンもまた売り買いが生活に染みついた家庭に育った。サリバンと同じく、借金の回収で生計を立てた。その環境がセールス向きの性格を育てたのだった。

アンダーソンはペンシルバニア大学に進学し、そこからすぐハーバードに進んでMBAを取った。一九六八年にハーバードの卒業を控えて、彼は大企業や銀行といった当時の人気企業の採用担当者と話したが、ピンとこなかった。そこで自分のコンサルティング会社を立ち上げることに決め、卒業から一八カ月もしないうちにヤンキー・グループを設立した。まだ二四歳だった。その社名にしたのは、倹約と勤勉を連想させるこの言葉の響きがボストンで受け入れられやすいだろうと思ったからだった。アンダーソンは技術とコミュニケーションに力を入れた。

借金の取り立てにくらべたら、産業調査を企業経営者に売ることなど、朝飯前だった。「ヤンキー・グループを立ち上げたころは、飛び込みで電話をかけていた。まず交換台に電話して、社長秘書の名前を聞く。ゲートルード。それから数分後にかけ直して、『やあ、ゲートルードかい？　社長のレイはいるかね？』と聞くんだよ」。

ヤンキー・グループは急成長し、セミナーを開き、調査商品も増えていった。営業部隊を築くうえで、アンダーソンは、ある決まった特徴を持つ人材を好んで雇い入れた。「一流大学出身の元運動選手で、家族のなかで初めて大学に進学した人間だ。彼らは競争好きで、日銭につられるタイプだ」。つまり、金銭報酬と手数料ベースの給与体系によく反応するという意味だ。「セールスマンを集めてお互いの能力に順番をつけさせたとき、殴り合いの喧嘩にならなかったら問題だと思ったほうがいい」。

自身もまた体格がよく、人を笑わせるのが好きで、世慣れた負けず嫌いのアンダーソンは、こうした環境を上手に管理できた。自分の部屋を営業部門と調査部門の間に置き、正反対の二つの文化を両立させた。「強い営業は必要だが、強すぎてもいけない。セールスマンを放し飼いにすると、契約のためにどんなことでもやりかねない」。アンダーソンは、リスクを許容する攻撃的な営業の文化を保ちながら、極めて保守的に財務を管理した。この組み合わせは成功し、アンダーソンはヤンキー・グループ内に、その知識と人脈を活用したベンチャーキャピタルを立ち上げた。この会社は三〇億ドルを二〇〇社に投資し、アンダーソンは大金持ちになった。

経営を続けるうちに、アンダーソンはセールスの慣行が様変わりする場面を見ることになった。彼は、頭のいい元運動選手たちに加えて、技術の専門家を雇い入れた。インターネットが到来し、誰でもほしい情報を得られるようになり、ソフトウェアが見込み客を探してくれるようになったため、営業マンの役割は脅しから説得に変わった。現代のセールスマンにいちばん役立つ映画は、極限の状況における押したり引いたりの駆け引きを描いた『アラビアのロレンス』だとアンダーソンは言う。

ピーター・オトゥール扮するロレンスは、第一次世界大戦中エジプト基地に勤務したイギリス将校で、反目しあうアラビア半島の民族を統一してオスマン帝国軍と闘い、ダマスカスを奪回することを自らの使命と考えていた。それはとんでもない夢だった。ロレンスはまず、上官を説得して、「状況把握のため」に三カ月の旅に出してもらう。映画の進行とともに、ロレンスがイギリス将校の特権を捨てて、厳しい砂漠の生活に溶け込み、はじめは疑心暗鬼だったアラブ民族たちとの間に信頼が生まれる様子が描かれる。アラブ人が飲めば、ロレンスも飲む。

たとえ喉につっかえても、アラブ人と同じものを食べる。同じ身なりをして、同じ言葉を話し、さまざまに異なる種族さえ区別できるようになる。とうとう異なるアラブ種族の寄せ集めの軍隊と合流したロレンスは、馬と剣しかない彼らがオスマン帝国軍の銃撃を受けて疲弊しているのを目にした。指揮をとるファイサル王子は、奇跡が必要だとロレンスに打ち明ける。ロレンスは砂漠をさまよいながら考える。

ここが、映画史上もっとも印象的な場面だ。男がただ悩み、答えを求めて歩きまわる場面を見せる映画がどれだけあるだろう？　これを見て、僕はインドの情報サービス企業インフォシスのアメリカ事業を統括するアショク・ベムリが言っていたことを思い出した。彼はセールスマンたちに、一日のうちどのくらいを考えることに費やすかと聞くそうだ。もし「あまり考えない」と答えたら、優秀ではないと思っていい。あのトニー・サリバンも、新しいおもちゃを見せられ、その場で売り言葉を考えてくれと頼まれたときには断った。まず、人は考えなければならない。ファイサルから奇跡が必要だと言われても、ロレンスはその場しのぎの答えを出さなかった。

ロレンスが熟考ののちにアラブ人たちに伝えた答えは、過酷な砂漠を何百キロと横切り、オスマン帝国軍が占拠する港湾都市アカバを内陸から攻め落とす作戦だった。オスマン軍の砲台は海に向けられて据付けられていたため、砂漠からの攻撃は不意打ちになる。アラブの将たちは不可能だと言ったが、ロレンスはそれぞれの男たちの虚栄心と野心にうまく訴えて、彼らを口説き落とす。根負けしたアラブ人の一人は、ロレンスの口説きに感心したように言う。「サソリのような賢い男だ」。砂漠を横断する途中で、ロレンスは仲間からの信頼を揺らぎないものにする。らくだから落ちた男を探しに、灼熱のなか、いまきた道を引き返したのだ。死ににに行くようなものだ、さだめなのだと引き止めるアラブ人たちに、ロレンスはこう言う。「さだめなどない」。偉大なセールスマンがそうであるように、ロレンスもノーの言葉を受け入れなかった。

上を目指すセールスマンなら絶対にこの映画を見るべきだとアンダーソンは言う。なぜなら、この映画は、セールスの過程を絶望や拒絶や欺瞞として描かず、より大きな目的を達成するための芸術であり、技術であり、創意工夫として描いているからだ。「セールスはこの一〇年で大きく変わった。以前は、セールスマンといえば狙撃手のようなもの」で、顧客とライバルの営業マンを撃ち落とすのが仕事だと思われていた。だがいまは「顧客を相手にテニスの試合をしても、いいことはない。勝てば顧客に嫌われる。負ければ軽蔑される。それなら顧客と組んでダブルスの試合をしたほうがいい」とアンダーソンは言う。戦う相手は顧客のライバルだ。別の見方をするならば、アンダーソンの授業は、営業を学ぶ授業というよりも、顧客の考え方に立つ練習である。

これは、ＭＩＴでエンジニアリングを学ぶ学生にとっては朗報だ。学生たちを、彼が昔雇っていたタフな元運動選手のような古いタイプの営業マンに仕立てることだけがアンダーソンの目的だとしたら、それはむなしい使命だろう。営業の天賦の才を持つ若者がたまたまアンダーソンの授業を受けることもあるが、彼らに昔風のセールス技術を教えても意味はない。アンダーソンは、生徒たちは「雑種強勢」によって開花するという。「雑種強勢」とは、異種交配から生まれる優れた形質を指す生物学の用語だ。たとえば、自家受粉を繰り返すと、トウモロコシは次第に弱くなっていく。しかし、別の苗と配合させると、トウモロコシは強くなり、生産量も増えて安定する。

売り込みの手法を身に付けたエンジニアにも同じことが言える。営業のできるエンジニアは、エンジニアとセールスマンの二人組よりも、はるかに生産性の高い人材なのだ。「といっても、エンジニアにブリーフケースを持たせればセールスマンになるわけではない」とアンダーソンは言う。それよりも深い何かが、雑種強勢には必要になる。たとえば、「三〇〇億ドルの男」と呼ばれるセディック・ベリャマニが身に付けた、知性と好奇心と意志の稀有な組み合わせがそれだ。

航空機セールスマンになったMIT出身のエンジニア

セディック・ベリャマニは、どんな場所にも溶け込める人物だ。モロッコ生まれのアメリカ市民でフランス語の堪能なベリャマニは、国境などないかのようにあちこちを飛び回り、どんな文化も着慣れたスーツのように自然に身にまとう。国際的な取引につきものの摩擦など、彼には無縁だ。この二〇年というもの、ベリャマニはボーイング社の民間航空機営業の統括責任者として世界中を飛び回り、アメリカの投資家やアラブの石油王、わがままなアフリカの独裁者やフランスの政府官僚たちに航空機を売ってきた。彼はこれまでに三〇〇億ドル相当のボーイング機を販売し、数千数万のアメリカ人の雇用を守ってきた。

ベリャマニは、背は低いががっちりとした体格で、肩を揺らせて歩く。グレーの髪を短く整え、物腰は柔らかい。成功した建築業者か配管業者にも見えるし、引退した元閣僚にも見える。ボストンのホテルのロビーで落ち合った彼は、物静かで礼儀正しく、地味な服を着て、金のロレックスなど身に着けていなかった。

カサブランカで六人兄弟の一人として育ち、父親は教師であり政治家でもあった。決して裕福ではなかったが、父は六人全員を大学に行かせることにこだわった。「父にとっては名誉の問題でした」とベリャマニは言う。家計は火の車だった。「父は政治家でしたが、正直な人だったので、貧しいまま亡くなりました」。ベリャマニは子供のころ、音響装置や電話といった電気製品に心を奪われ、どうしてもフランス国立高等電気通信大学に入りたいと思った。高校の成績はよかったが、電気通信大学には入れず、そのかわりフランス南部のトゥルーズにある高等航空宇宙学校に入学した。教授の多くは、フランスの航空機企業のエアバスの設立に関わっていた。しかしフランスへの初めての旅で乗ったのは、ボーイングの大型プロペラ旅客機だったそうだ。

大学では航空宇宙工学の基礎をみっちりと叩きこまれ、エアバス初の大型旅客機の一つＡ３００の飛翼の構造に教授と共に取り組む機会まで与えられた。「ですが、私たちは航空機の売り込み方や、ライバルとの競争優位性については教わりませんでした。どの顧客のためにどのような航空機を設計したらいいのか？　その答えは教科書にはありません」。そして、ベリャマニは気付いた。「エアバスは理想を追いかけているだけでした。彼らが製造しているものと顧客がほしがっているものとの間には、なんのつながりもなかったのです。ボーイングのほうが、よほど市場を知っていました」。

その溝を埋めるため、ベリャマニはＭＩＴを受験して合格し、会計に焦点をあてて経営と経済を学びはじめた。それは、フランスの制度では受けられない教育だった。ＭＩＴでは、論理的思考力が試される整数問題と、航空機の稼働率の最大化問題に取り組んだ。「数学と数独は違います。数独は数を使いますが、じつは論理の問題で、数学の問題ではないのです。乗務員、航路、そして航空機をどう組み合わせたら、最大利益が確保できるかは、論理の問題なのです」。

ＭＩＴ卒業後はイースタン航空にプログラマーとして入社し、大学で学んだイールド管理の手法を使って収益最大化に取り組んだのちに、一九七四年ボーイングに転職して財務分析の仕事についた。「航空機購買のキャッシュフロー分析を行っていたことで、お客様である航空会社がどのように考え、市場からどう評価されるのかを理解できるようになりました」。それは次のキャリア、セールスへの準備になった。「誰かをぽんと営業に放り込めば、優秀なセールスマンが出来るわけではありません。分析を経験させ、航空会社の担当者と話しをさせ、数字をあれこれといじらせてみないといけません。そのほうが、コツを摑みやすいのです。どんな売り込みにも、とっかかりが必要です。お客様である航空会社のために、この航空機がどう役に立つかを見つけることがとっかかりになります」。これこそ、雑種強勢の理想的なかたちであり、営業を特殊な機能として狭く専門化することへの反証でもある。

ベリャマニが初めて営業を担当したのはアフリカだった。フランス語を話したからだ。しかし、数年もたつと、このままずっとアフリカと中東担当で終わるのではないかと心配になった。そこで、営業局の再編中に局のトップのところに行き、言語能力があるがゆえに損をしていると訴えた。もし自分が英語しか話せなかったら、北米の最優良顧客を担当しているはずだ。上司はそれもそうだと納得し、彼をアジア太平洋地域の担当にした。希望した北米はかなわなかったが、アジアは急速に拡大中の地域だった。

航空機という商品は複雑でも、ベリャマニは、かならず古典的な三段階方式で営業に取り組んだ。まず、信頼を築く。次に商品のよさを認めさせる。最後に成約する。お気に入りの顧客の一人は、トランスブラジル航空を創業した破天荒な起業家のオマール・フォンタナだ。トランスブラジル航空のなかで、航空機の購買を決めるのはフォンタナだけで、誰も口出しできなかった。「私は幾晩も彼とスコッチを傾けたものです。私も彼もピアノを弾くので、ブラジリアにある彼の邸宅でよくピアノを弾きました。彼はボーイングしか買いません。決めるのは彼一人です。スコッチとピアノの夜のあとに、注文が入ったものでした」。

あるときは、別の顧客といっしょにワシントン州のレーニア山に登ったこともある。「山登りは好きではありませんが、お客様はそうお望みでしたし、そこで強い絆ができました。その後、私はその方といっしょにザルツブルグに行き、フライ・フィッシングやスキーを楽しみました」。

そのキャリアを通して、ベリャマニは顧客の考えと気持ちを読もうと努力してきた。「共通の関心事を見つけることが大切です。以前、ある大手航空会社の社長とお会いできたのですが、何に興味があるのかわからず私は苦労していました。すると、ある会食の席で、別のお客様がスキューバダイビングの話を始めると、その社長が身を乗り出して話し出したのです。これだ、と思いました。やっと謎が解けたのです」。

信頼を築くもう一つの方法は、あえて安易な売り込みをせず、顧客の利益にかなう提案をすることだった。あるインドの新興航空会社のオーナーに、ボーイング機を買わずにリースしたほうがいいと助言したこともある。「その方は信じられないようでした。『君の仕事は航空機の売り込みだろう?　それなのに、私に買うなというのかい?』と言ったのです。そのオーナーはリースを始め、三年後に電話をかけてきて『やっと買う準備ができた』と言ってくださいました。私がボーイングを辞めると、そのオーナーは結局エアバス機を買いましたが」。

顧客企業の深くにまで人脈を築くこともまた、成功の秘訣だ。「ボーイングの人に無視されたと怒った裏方の人が出世して経営者になることだってあるんです」。ドアマンから会長まで、すべての人に尊敬をもって接する必要がある。アンダーソンが社長秘書と仲よくしたように、デュヴィーンが執事や運転手の懐を気遣ったように、ベリャマニもまた、幅広い人脈を築いていた。いつ誰が大切になるかわからないのだ。

さまざまな異なる国で信頼を築くには、高い順応性と感受性が必要だ。「観察して学ぶことを意識しなければなりません。中東では、ビジネスの場でアラビア語を使うことはありません。まずみんな英語で話します。私は最初にいくつかアラビア語の言葉をかけて気持ちを和らげ親しみを持ってもらいます。フランス語で話すこともあります。エールフランスとは非常に親しくしています。相手の言語を話すと、信頼を築く助けになりますよ。フランス語で冗談を言ったりしてね。ちょっとした笑い話や面白いことを言って笑わせるんですよ。会議に出てただ座ってるだけじゃだめです。フランス人との会議にあるボーイングの重役と行ったとき、その重役はテーブルの向かい側にでんと座って、『何か御用はありますか』と切り出したんです。最悪でした。商売の話をする前に、普通の会話ができなければだめでしょう」。

次の段階、つまり商品を認めさせる段階は、探偵のような調査と分析と勘を使って顧客の意思決定のプロセスを理解することが必要になるとベリャマニは言う。たとえば、売り込もうとする相手企業の内部の公式非公式な序列を知るには、駐車場で誰の車がどこに停めてあるかを観察することから始める。待合室やホテルのロビーで航空機のエンジンメーカーや部品メーカーに交じって売り込みの順番を待っているときもまた、観察と調査の機会になる。ベリャマニがボーイングに入社したころは、航空機の違いがいまよりずっとはっきりしていた。飛行距離が明らかに長い機種もあれば、飛行速度に優れた機体もあった。モーリシャス航空にボーイング機を売れたのは、それがロンドンからモーリシャスまでノンストップで飛べる唯一の航空機だったからだ。簡単なものだった。

しかし、時間がたつにつれ、航空機の性能では差別化が難しくなってきた。「そうなると、今度はほんとうに人間関係と信頼の問題になりました」と言う。「とっかかり以上のものが必要になったのです。ライバル社よりもこちらの餌に食いついて、顧客企業のなかで旗振り役になってくれる応援者が必要なのです。その応援者が説明やデータを必要としたときにこちらがそれを提供できれば、それがいちばんの解決策になります。そうすることで、こちらの提案の利点を説明できますし、同時にお客様に理解しやすい形でそれを提案できるのです。飛行距離が五〇〇〇マイルだとすれば、お客様の航路のなかで五〇〇〇マイルの距離のルートを示すのです」。

ここで、セールスマンは二つの顔を持つヤヌスのように、一方でお客様に向き、もう一方では自社に向かなければならない。社内の仲間たちに対しては、オーケストラの指揮者のように、アナリストの高音を響かせ、マーケティングの騒々しい金管音を抑え、エンジニアの打楽器の微妙さを引き出しながら、つねに移り気な聴衆、つまり顧客をこちらに引き込み続けなければならない。「航空会社の組織は複雑で、営業会議にも財務や業務の人間が参加します。航空会社のすべての部署と良好な関係を築いていれば、彼らがセールスマンの立ち位置を教えてくれるのです。そして契約を結ぶには何をしたらいいかを教えてくれます。セールスマンは各部署を回らなければなりません。財務部と話をして、資金繰りが厳しいので支払いを遅らせてほしいと言われればそれに対応します。業務部がパイロットを増やす必要があり、飛行訓練のためにフライトシミュレーターを買ってほしいと言われればそれも手当てします。セールスマンの仕事とはすべてを収めるべきところに収めることなのです」。

ベリャマニが交渉の研修を受けたのは、その長いキャリアのなかで一度だけだ。セールスに関する本はいまだに読んだことはない。それでも、彼はアンダーソンの説く雑種強勢の見事なお手本だ。数学者兼エンジニアで、多文化と多言語を操るベリャマニは、一つひとつの才能を足し合わせたよりも、はるかに強力なセールスマンである。ばらばらの破片をすべて一つにつなぎ合わせて、航空機を売っている。彼は国家の産業戦略や政治的変革につねに目を光らせ、航空業界の規制緩和や環境政策の変更にもアンテナをはっている。ライバルと競り合っているときには、航空会社の重役の目に届くよう、地元紙にボーイングの提灯広告を載せる。「こうしたら勝つとか負けるとかいった、絶対の要因はないんです。反論を一つひとつつぶして、勝つためにできる限りのことをするしかありません。これをすれば成約に結び付くという決め手はないんですよ」。

成約の段階は、それ自体が芸術だ。あるとき、得意先の経営者の自宅で気が付いたら午前一時だったことがある。相手の経営者と重役たちは、必死に値切ろうとしていた。重役みんながあれこれと要求してきて、ベリャマニは疲れ切って頭が回らなかった。「その時間には、私は彼らが何を話しているのかわからなくなっていました。シアトルの本社に電話するにはもう遅すぎて、その要求が一〇〇万ドルの問題なのか五億ドルの問題なのかを確かめることはできませんでした。ですが、そうした要求は本筋ではなくおまけの問題だとも感じていました。すでに自分は売り込みに成功していて、相手はただ最後の瞬間におこぼれを拾い集めようとしているだけだと気付いたのです」。

ベリャマニは経営者に向かって言った。「みなさんのお話しになっていることは、私にはよくわかりません。ですが、航空機一機につき五万ドルを差し上げるということで、すべてを解決できませんでしょうか?」。経営者が黙り込んだので、ベリャマニはその場で当時ボーイングの会長だったアラン・ムラーリーに電話して、契約成立を伝えましょうと言った。その経営者は、ベリャマニがアメリカ最大手企業の会長にそんな真夜中に電話をかけられるとは思ってもみなかった。「そこで、私はアランに電話して、『セディックです』と言いました。すると、アランは電話を切ったんです。私はもう一度電話しました。『ほんとうにセディックですよ。ここに航空会社の社長さまがいらっしゃいます。お客様ご本人から、契約成立をお伝えしたいとのことです』と言って、その経営者の耳に受話器を当てたんです。その経営者は断れませんでした。とにかく、やってみないと始まらないこともあります。こうしたことは、現場でしか身に付きません。教えられるものじゃないんです」。

ベリャマニはセールスマンとしての人生に心から充実感を感じてきた。セールスは彼のさまざまな面を満足させた。エンジニア、数学者、戦略家、そして社交家としての面を。報酬もよかったが、これほど複雑な仕事を学び、向上する機会を得たことも大きかった。複合的な才能が、ベリャマニを開花させた。彼は取引をまとめるのが好きだと言うが、人の気持ちを変えることだけに快感を覚えるのではない。説得術のおかげで成功したわけではないのだ。航空機の設計もできたかもしれないし、路線の設定もできたかもしれない。航空会社の経営者になれたかもしれない。だが、彼は、自分のめずらしい性質にはセールスがいちばん合うと思ったのだ。それは、舞台袖から観客に愛しているとつぶやいた女優のメアリー・マーティンと同じ性質だ。

「私は人が好きです。人をよろこばせるのが好きです。問題を解決するのが好きなのです。そして、なんでもいいほうに受け止めます。私はそれで得をしてきました。基本的に誰でも信じます。計算しませんし、悪い面は見ません。いつも明るい面を見るんです。私を悪く言う人がいても、気にしません。私は人を信頼して前に進みます。たまにそれで失敗することもありますよ。ですが、こうしていないと人生のいい面を見失ってしまうでしょう」。

性善説か、性悪説か

ハワード・アンダーソンとセディック・ベリャマニは、その売り込みの才のおかげで長く素晴らしいキャリアを築いた。生まれつきの才能に幅広い経験が加わって、二人の能力は高まった。アンダーソンは賢く意志が強かっただけではない。借金の取り立て屋として働き、MBAを取った直後に勇敢にも自分の会社を立ち上げるほどの根性があった。三〇年前ならベリャマニのモロッコからの移民という生い立ちが出世の足かせになっていたかもしれないが、彼は一流の教育を受けたことで、国際市場の拡大と共に、ボーイングの類まれな親善大使となることができた。二人とも顧客へ奉仕すること、相手の立場に立つこと、お客様の問題を解決することが大切だと説く。それは、相手を操る攻撃的な売り込みよりもはるかに魅力的で健全に見える。だが、利益追求のためにはかならずしもこのやり方がいいとは限らない。

学術文献を見ると、もっとも効果的な営業手法について二つの対立する考え方がある。顧客主義と成果主義だ。二社の企業を頭に思い浮かべてみよう。一社は、工業機器を世界中の数百社にのぼる顧客企業に販売している。利益率は高く、競合は少ない。営業部隊はしっかり教育され、報酬も高い。彼らは顧客を脅して手持ちの商品を押し付けるような売り方はしない。長期的に対話を続け、顧客のニーズを引き出し、それに見合った製品を開発する。飛び込みで営業する必要はない。セールスマンたちはつねに商品や営業方法について研修を受けている。営業の各過程は測定評価され、成功しても失敗しても、そのつど改善のための検証が行われる。失敗は学習の機会と見なされ、セールスマンは倫理とノルマの板挟みになることはない。

この会社のセールスマンはみな郊外の高級住宅街に住み、会社は配偶者を旅行に招いたり、講演者を招待したりイベントを企画したりして学びと向上の機会をつくっている。また、こうしたイベントに顧客を招き、「ウィン・ウィン」の環境をつくり上げ、それが取引にもいい影響を与えている。セールスマンは基本給で生活でき、毎年基本給の二五パーセントまでは手数料が上乗せされる可能性もある。当然ながら、他社の友人は、いつもこの会社に求人がないかと聞いてくる。年に一度の戦略会議では、営業の統括責任者がかならず意見を求められる。売上目標は達成可能か？　セールスマンが苦労して築いた顧客との人間関係を壊すことにならないか？　新しい利益目標の達成を妨げるインセンティブは存在しないだろうか？　営業部門の承諾なしに、戦略目標が立てられることはない。

もう一社は、まったく違う方針でやっている。この会社は中小企業に安価な経理や給与計算や税務システムのソフトウェアを販売している。価格競争は厳しく、利幅は薄く、とくに販売費を差し引くと儲けはあまり残らない。猛烈なことで有名な創業者がゼロからこの商売を立ち上げた。セールスマンはオンライン掲示板への無料広告を通して採用される。彼らの収入は歩合だけで、夜も週末も働くことを求められ、福利厚生はない。蛍光灯の下のパーティションで仕切られたオフィスに入れられて、電話はつぶさに監督される。一時間に少なくとも八回は電話をかけなければならず、三〇回に一回は成約しなければならない。一回の成約ごとに五〇ドルが支払われる。トップの営業マンは週に八時間働くだけで、税引き前で月に六〇〇〇ドルを稼ぐ。セールスマンは入社時に三時間の研修を受け、決まった台本を一言一句繰り返し、そこからの逸脱は許されない。この台本には、売り込みの言葉と顧客からのあらゆる反論への返事が書かれている。相手をノーと言えない状況に追い込むのがセールスマンの仕事だ。六分話しても効き目がなければ電話を切って次に移らなければならない。管理職は電話を聞いているが、この悲惨なシステムを改善するつもりはない。売り込みに失敗すれば解雇の原因にもなる。彼らの考える「いいセールスマン」とは、貪欲で意志が強く、台本をお経のように繰り返し唱えられる人間だ。採用も解雇も会社にほとんど費用が発生しないため、離職率が高くても、財務は痛まない。仕事はつらく、人間らしさを損なうものだが、社員にはほかにほとんど選択肢はない。他人を脅してものを売りつけるのはいやだと部下たちが訴えても、マネジャーたちには倫理を気にしている余裕などない。

問題は、それぞれの会社が営業文化を取り換えたとしてもなお生き延びられるかということだ。工業製品の会社が長期的な影響も考えずに顧客に「当て逃げ」するような売り方をしたら、顧客は全員すぐに逃げていくはずだ。タコ部屋のようなソフトウェア会社が慰安旅行や顧客イベントに金を使えば、収益モデルは完全に崩壊するだろう。

顧客主義の賛同者は、それが好循環を生むと言う。買い手と売り手はもう闘わなくていい。

お互いが手を取り合える。セールスマンはあまりストレスを感じず、それゆえに売上もあがる。昼夜も胸の痛みに耐えながら顧客を脅かし続ける必要もない。売り込みを強要する文化のかわりに学びの文化が育ち、それが長期的成長と信頼の構築につながる。成果主義を支持する人は、セールスマンは基本的に金で動くため、金銭的にも精神的にもプレッシャーがあるほうが売上が伸びると考える。

経営的な視点から見れば、どちらのやり方も間違っていない。どちらがいいかは事業内容による。タコ部屋はたしかに非人間的かもしれないが、ある種の単発の商品やサービスには、絶大な効果がある。売り込みを確率の問題として、数十回に一度成功すればいいと考えれば、一人の社員や顧客に過剰に投資しなくてもすむ。学習重視の環境が奏功するのは、セールスマンが信頼を獲得し、社の長期的利益のために行動し、逆風に耐え、顧客と本当の人間関係を結ぶ必要がある場合だ。しかし、そうでない場合にこの手法を取り入れれば、言い訳ばかりの怠惰な文化を生み、売上はなかなかあがらず、長期的な利益はいつまでも実現しない。

顧客か営業成績かの議論は、必死に働くべきか賢く働くべきかという議論に通じる。必死に働くべきだと考えるのは、週単位や月単位の営業成績がやる気につながる人たちだ。彼らは売り方を変えない。なるべくたくさん電話をかけ、より多くの契約を取ろうとする。営業成績だけに注目し、学習には興味がない。ピアノ弾きが同じところで間違いながら同じ曲を繰り返し、上達したいと思いながらも立ち止まって指の基本練習をしないまま、さらに大きな音で同じ間違いを繰り返すのと同じことだ。賢く働くべきだと考える人は、売り込みのさまざまな段階で学びの時間をとり、営業方法を調整したり改善したりして、将来より多くの利益が出るように土台をつくろうとする。当然のことながら、必死に働くべきだという人は成果中心の文化を好み、賢く働くべきだと考える人は顧客中心の文化を好む。

しかし、この議論に結論はない。少なくとも明るい結論は導かれない。この考え方によると、事業内容が営業文化を決めるのであって、その逆ではないからだ。すると、セールスマンは、市場の見えざる手の犠牲者ということになる。たまたま利益の潤沢な競争力のある事業に関わっていれば、人間らしい文化を享受できる。もしそうでなければ、フランク・パチェッタのような男の下で働かなければならない。

パチェッタは、一九九四年に出版された『営業部隊』に出てくる伝説の営業マネジャーだ。『営業部隊』は、ゼロックスのクリーブランド支店の営業部隊での一年間の経験を綴ったノンフィクション作品である。著者のデビッド・ドーシーによると、パチェッタは「嘘も方便」という雰囲気をつくりあげ、何をしても許されると思い込ませて部下をうまく操っていたという。本当の自分から遠ざかれば遠ざかるほど、人はますます弱くなる。パチェッタは、伝説のアメリカンフットボール監督、ヴィンス・ロンバルディの名言をよく引用し、営業をスポーツにたとえていた。どちらも、勝敗が明らかで、リスクをとれば見返りがあり、才能と根性の両方があって初めて成功できる、人間臭い活動だ。

パチェッタはときおり激しいかんしゃくを起こし、彼の期待に添えない人間をクビにしていた。寛容さは「ノルマのない人間のためのもの」と言ったこともある。猛烈セールスマンの例にもれず、彼も「エスキモーにだって氷を売れる」と豪語していた。彼は毎月、地区営業担当者を競わせるコンテストを開いた。勝てば青空駐車場ではなく屋内に車を停められる。負けた人間にはひも付きの醜い人形が贈られ、それをオフィスに吊るしておかなければならなかった。ウォール・ストリート・ジャーナルの記事によると、パチェッタは、部下にいつも完璧に髭を剃ることを徹底させ、太っていたら痩せるよう命令し、シャツの襟の上で「スケートができるくらい」バリバリに糊付けするよう指導した。社内のパーティーでは社内恋愛が生まれないようにとスローな曲を禁止し、上司と部下の立場をはっきりさせるためにいつも独りで踊っていた。仕事に応募してきた人間には、自分の机を彼に売り込んでみろと言い、大学の学費を自分で払ったかどうかを訊ねた。パチェッタは、学費を自分で払ったという人間を「根性のあるヤツ」と呼んでかわいがった。顧客を贅沢なゴルフ旅行でもてなし、パーティーや賞状や褒め言葉で部下の努力を評価した。「営業は、孤独な闘いだ。みんな認めてもらいたがっている」。パチェッタの手法で売上は急増し、彼はゼロックスの伝説となった。

パチェッタのような人物の成功は、難しい問題を僕らに突きつける。彼の手法は荒っぽく、ときにはただ不愉快なだけだ。コピー機を売るという、それほど高尚とも言えない目的のために、人の弱さにつけ込んでいたのだから。しかも彼はそれを自慢していた。だがゼロックスから見れば、彼こそ契約を取れる人間だ。もちろんセールスマンの学習と向上が促され、内面から強い目的意識が生まれ、顧客との間に長期的な意義ある関係を築けるような、穏やかな環境が与えられるのが理想だろう。だが、事業が倒れかけているときに頼れるのはフランク・パチェッタなのだ。

少なくとも、これまではそう思われてきた。だが、営業はフットボールのようなものだという考え方、つまりロンバルディが言うような「負けを受け入れたら終わり」という世界観がこの先も主流であり続けるとは限らない。実際、この世界観は過去のものになりつつあるようだ。

協調か、競争か

ハーバード大学で数理生物学を教えるマーティン・ノワック教授は、人間は僕らが考えているよりもずっと協力的だという。チャールズ・ダーウィンは、適者生存の法則を唱えた一方で、生き物の間に存在する複雑な相互依存関係を尊いものとして崇拝していた。ダーウィンは、こんな比喩を使っている。「さまざまな種類の植物が絡み合った繁みで鳥がさえずり、湿った土を昆虫が這いまわる姿を想像してください。それぞれにまったく違う生き物同士が、これほど複雑にお互いを支え合う、精巧に創られた世界の姿を。そしてそれが、私たちの周囲にある自然の法則によって生み出されていることを」。

数学者であり生物学者でもあるノワック教授は、人間行動の背後にある論理を理解し、プラトン以来の問いに答えを見つけようと探求を続けてきた。社会全体と個人の両方の利益を最大化するためには、お互いにどう行動すべきかという問いだ。それは変数が多すぎて答えの出ない問いである。目先の利益のために裏切りを働くような人間には、そのうちばちがあたると思いたい。だがそうとも限らない。自分を捨てて他人に尽くす人が、永遠に報われないこともある。宗教は「因果応報」を説いたり、「自分にするように隣人にも尽くすべし」と教えている。だが、現世での成功にはつねにもっと複雑なやりとりが絡む。盗人や偽善者や裏をかく人間が栄え、正直者や真っ当な人間や勤勉さは日の目を見ない。

しかし、生物学的な行動パターンを分析したノワックは、長い目でみると協調は非情な競争に勝ると主張する。一人の人間の一生の間にそうならなくても、集団の寿命を考えると、協調した者が勝つという。人間の体内で細胞がお互いを生かすために力を合わせる理由や、目先の見返りがなくても友達が助け合う理由もそこにある。僕らを動かすのは、衝突だけではない。助け合いが人間を前進させるのだ。

ノワックは協調の五つの基本形を定義している。一つ目は、直接の見返り。つまりあなたが私の背中を掻いてくれれば、私もあなたの背中を掻いてあげましょうというもの。二つ目は、間接的な見返りで、よい行いは自分の評判を高め、先々得をするというもの。三つ目は周囲の人に親切にすれば自分にも恩恵があるというもの。四つ目は集団選択、もしくは「群淘汰」と呼ばれるもので、個人よりも集団の利益になることを選好する行動。最後が血族選択、つまり血は水よりも濃いというお馴染みの考え方だ。これらの理由から、たいていの場合、人間は競争するより協力したほうが得をするという。といっても残念ながら、助け合いで成り立つ社会の裏をかくのは簡単だ。信頼と協調が強いときほど、不実のつけ入る隙がある。だから、詐欺師は教会の信徒を狙うのだ。ノワックに言わせると、歴史とは、協調によって偉大な帝国と業績が築かれ、その協調につけ入る人々によって滅ぼされる物語だ。しばらく衝突と不信が続くと以前よりいっそう強い助け合いの精神が生まれ、人類は進歩する。

セールスでは、さまざまなかたちで「協調か、競争か」の場面に遭遇する。同じ社内でセールスマン同士が競い合うこともある。セールスマンは顧客に奉仕することもできれば、カモにすることもできる。お客様と一生の信頼を築くこともできるし、同じ顧客と二度と顔を合わすことのない単発の儲かる取引を大量にさばくこともできる。企業は協調と学習の文化を育て、社員に充実感を与えて顧客に尽くすこともできるし、タコ部屋で社員を駆り立てて利益を絞り出すこともできる。だが、ノワックが言うように、協調が最良の手段なら、助け合いが意味を持つ環境、そして親しみや所属感や同族意識が強まるような環境をつくり、協調が成果につながる道を模索すべきだろう。宗教の伝道活動は、酒やセックスといった人生の楽しみを人々に諦めさせることに成功している。それは、お互いを失望させまいとする、信者のコミュニティーをつくり上げているからでもある。

宗教より手軽な協調の手段を提供してくれるのがテクノロジーだ。昔ながらのセールスの問題に新しいテクノロジーを応用し、同時に人間らしさを忘れなければ、これまでとはまったく違うかたちのかけ合わせが生まれる可能性がある。それは、ハードでもソフトでもなく、脅しでも甘やかしでもない、透明性の高い情報と強い協調にもとづく新しい営業の文化だ。

営業をテクノロジーで支援する会社の泥臭い作法

セールスフォース・ドットコムの本社は、サンフランシスコ湾を横切るフェリーが見渡せる、アメリカでもっとも美しい都会的なスポットの一つ、エンバルカデロ地区の広大な倉庫のなかにある。社員は若く、社内は活気に満ちている。アメリカ経済の現状を懸念している御仁も、ここに来てみれば、アメリカの活力と将来への信頼を取り戻すはずだ。創業者社長、マーク・ベニオフの部屋の外にある鉢植えの観葉植物からはすくすくと葉が延びて、ソファやコーヒーテーブルを取り囲んでいる。繁みのなかにひっそりと立つのは、スターウォーズのキャラクターで、長い耳を持つ緑の老賢人、ヨーダの等身大のフィギュアだ。「マークはそこでヨーダに相談にのってもらうんだ」。ベニオフの部下が通りがかりに教えてくれた。

ベニオフは身長二メートル近い大男で、肩幅は広く、茶色の髪はふさふさとしている。ズボンにポロシャツのカジュアルな服装で、僕が訪問したときには首の回りにマッチ箱ほどの白い電子機器をつけていた。ダイエットのために、日中の活動量を監視しているそうだ。彼の部屋はぬいぐるみやスターウォーズのグッズでいっぱいだった。その大半は、おもちゃメーカーのハスブロの経営者でセールスフォース・ドットコムの社外取締役でもあるアラン・ハッセンフェルドからの贈り物だ。ベニオフは、テクノロジー業界の荒波を、静かな氷山のように乗り越えている。彼に似てどっしりとしたゴールデンリトリバーのコーアを連れてくることも多い。コーアはハワイ語で「心の戦士」という意味だそうだ。シリコンバレーでは、コーアはこの会社の「最高愛情責任者」として知られている。ベニオフは大のハワイ好きだ。自分の会社にも、ハワイ流の感謝の精神「マハロ」を吹き込んでいる。社内の会議室には、ハワイの島や火山の名前をつけたほどだ。

ベニオフは、いかにもわかりやすい西海岸的な資本主義者である。数百億ドルの資産を持ちながら、ダライ・ラマの反物質主義の哲学に傾倒しつつ、タフな飛び込み営業の部隊を管理し、『共感の資本主義』なんて本まで出している。目立ちたがりで人を驚かせることが好きな、ゲリラ的営業マンだ。だが実際に会ってみると、鷹揚に構えたテクノロジー業界のジミー・バフェット［大物ミュージシャンで、実業家、慈善事業家］といった感じだった。

優秀なセールスマンとはどのような人でしょう、という僕の質問に、ベニオフは会長室の壁に寄りかかってこう答えた。「この会社もわれわれもつねに変化し続けている。私たちは時間をかけてつくられる経験の産物なんだよ」。部屋の片方の壁一面は本棚になっていて、セールス関係の書籍が並んでいた。何冊かは目を通したが、ほとんど役に立たなかったという。「営業にもいろいろな種類があって、一般化はできない。車のセールスマンは、セールスフォース・ドットコムの副社長とは違う。学んで身に付く技術もあれば、生まれつきのものもある。遺伝子や身体の構造に長年の成功と失敗体験が加わって、その人ができる。そういう意味では、確かにセールスマンはつくられるものだ。営業スキルも学ぶことができる」。売り方も買い方も一つではなく、優秀なセールスマンにも一つの決まった型はない。さまざまな型を受け入れて成功に導くべきだという信念を体現するのが、ベニオフ流である。

一九九九年春にベニオフが創業したセールスフォース・ドットコムは、いまや成長期を足早やに駆け抜けながら、クラウド型の営業支援サービスから一〇億ドルを超える収入をあげている。営業マンのスケジューリング、顧客管理、営業資料や契約や目標の管理を簡単に行うためのオンラインツールが、同社の商品だ。また、管理職は部下の進捗状況や、誰といつ話したかをこのツールで把握することができる。セールスマンにとっては痛しかゆしの商品だ。

ニューヨーカー誌のコラムニスト、ケン・オーレッタは、シリコンバレーのテクノロジー企業の考え方と伝統的な営業手法との間の大きな溝を捉えて記事にした。CBSテレビ、パラマウント映画、MTVそのほかの数多くのケーブルチャンネル、ラジオ、出版事業を傘下に収めるバイアコムの最高執行責任者（COO）で、確信犯的な古いタイプの経営者とも言えるメル・カーマジンが、二〇〇三年にグーグルの経営陣に会いに行ったときのことだ。バイアコムは当時、大勢の営業部員に頼ってさまざまな媒体の広告を売っていた。一方、グーグルに広告を出稿するには、誰とも話す必要はなかった。登録し、予算と目標を設定し、毎月料金を支払うだけだ。また、出稿者には、広告効果の測定に必要な分析ツールも与えられる。グーグルのCEOはカーマジンにこう説明した。「われわれのビジネスは、測定可能です。広告にXドル払えばYドルの売上になることが、業界ごと、顧客ごとにわかります」。カーマジンはとんでもないと思った。「広告主はスーパーボウルのCMを買い、スポットに二五〇万ドル支払う。だが、効果などまったくわからない。ただ金を払って、うまく行くことに賭けるだけだ」。広告営業の自動化などもってのほかだ。営業が営業ではなくなってしまう。「クライアントと飲みに行き、効果のわからない広告を出稿させるのが、営業というものだ。効果を知られちゃいけないんだ。効果を知って謎のベールがなくなったら、高い料金を請求できないだろう」。当時、バイアコムには年間二五〇億ドルの広告収入があった。種明かしなどしたら「魔法が解けるじゃないか」とカーマジンは冗談めかしてグーグルに言った。

セールスフォース・ドットコムにも同じことが言える。ある意味で、営業は経営のなかでもっとも測定しやすい職種だ。売れたか売れなかったかのどちらかしかない。測定が難しいのは、営業にかかわるさまざまな活動、たとえば、会議、顧客との普通の会話、関係構築、成約状況や小切手への署名といったことだ。管理職にとって、それは悪夢と言ってもいい。すべてを測るには、あり得ないほどの信頼関係が必要になる。だが毎日部下が何をしているかを管理職が把握できれば、営業マンを指導し、営業方法を変え、ノルマが達成できそうかどうかを四半期末前にある程度予想できる。だが、優秀なセールスマンの多くは、自分を偉大な運動選手のように見なし、どこでも成功できると考える。だから、秘訣や人脈を上司や会社にも明かさない。過程より結果を見ろというのである。これは古くからよくある問題だ。社員は個人でありたがり、企業はそうでないことを求める。

ベニオフがセールスフォース・ドットコムを立ち上げたとき、彼はまだ大企業向けソフトウェアを販売するオラクルの幹部社員だった。ベニオフはサンフランシスコのモンゴメリー通りにある自宅の隣の建物にワンルームの部屋を借り、プログラマーを三人雇って企業向け業務ソフトウェアをサービスとして提供する方法を開発し始めた。

当時、企業向け業務ソフトウェアはＣＤ－ＲＯＭを買うか、数百万ドルものインストール料を月割りで支払うかだった。オラクルのトップセールスマンの一人だったベニオフは、インターネットを通して配信、更新、アップグレード、維持管理ができる、定額利用料の商品を思いついた。電気や公益物のように毎月利用料を徴収するかたちで、企業向けソフトウェアを販売できないかと考えたのだ。

ベニオフは、プログラマーたちに折り畳み椅子を与え、小さなカードテーブルの上にコンピュータを置き、壁にはアップルの最新の広告ポスターを二枚貼っていた。「シンク・ディファレント」の言葉が入った、ダライ・ラマとアルバート・アインシュタインのポスターだ。創業チームは「ハワイアン精神」を共有するために全員アロハシャツを着ていた。

ベニオフには強力な支援者がいた。なかでも、オラクルの創業者ラリー・エリソンはベニオフにとって特別な指導者であり投資家でもあった。自身も伝説のセールスマンだったエリソンは、ベニオフへの協力を惜しまなかった。のちにベニオフはこう言っている。「ラリーは、信念が成功を生むと教えてくれた。オラクルが不調の底にあったとき、社員も顧客もアナリストも、彼にもっとも近しい人たちでさえも、この会社の再建は難しいだろうと思っていた。だが、あの難しい状況にあっても、ラリーの信念は一度も揺るがなかった」。

エリソンのセールスマンとしての前向きさが夢を生かし続けたのだった。ベニオフは、そこで「ラリー・エリソンの法則」を学んだ。つねに理念を持ち続けること。情熱的であること。自信がなくてもあるように振る舞うこと。自分にいいようにものごとを捉えること。他人の意見に左右されないこと。未来のことでも、いま目の前にあるものとして見ること。そして、自分の力を信じること。

セールスフォース・ドットコムは、またたく間に拡大した。数週間もしないうちに、ベニオフの自宅も事務所の一部になった。その数週間後には、きちんとしたオフィスに移った。「典型的なカリフォルニアのスタートアップの光景だった。事務所に犬がいて、アロハシャツ姿の大勢の元気な若者が、プレッツェルとジャンクフードとビーフジャーキーでお腹を満たしながら、夜も昼も働いていた」。

かつて大企業に数百万ドルもするソフトウェアシステムを売り込んでいたときと同じように、ベニオフは見事な離れ業をやってのけた。一九九九年に、当時企業向けソフト最大手の一社だったシーベルがサンフランシスコでユーザー向けの展示会を開いたとき、ベニオフは俳優を雇い、「ソフトウェア反対」と書いたボードを持たせて抗議デモをさせた。そして、記者を装った別の俳優に、このデモを取材しているふりをさせた。するとシーベルの重役が警察を呼び、偽の抗議者たちの前に警察官がずらりと並んだ。そのうち野次馬が集まってきて、地元のテレビ局までやってきた。シーベルの展示会にやってきた人はみんな、その晩セールスフォース・ドットコムのパーティーに招かれた。この騒動がきっかけで、数百社のクライアントがセールスフォースのサービスに登録した。

正式な創業パーティーの際には、サンフランシスコの映画館を貸切りにして、三フロアをそれぞれ地獄、煉獄、天国に模して飾り付けた。地獄とは、既存のエンタープライズ・ソフトウェア、つまり数百万ドルもするのに、完成時にはもう時代遅れになっていることも多い商品の象徴だった。そこでは営業マンを装った俳優たちが檻に入れられて叫んでいた。「助けてくれ、ここから出してくれ。この一〇〇万ドルのライセンス契約に署名してくれ。ノルマ達成がかかってるんだ」。天国はセールスフォースを示すもので、ハープの音が響き、光が差し込んでいた。ニューウェーブバンドのB-52sが二五万ドルのギャラで演奏した。ベニオフは聴衆にこう言った。「私たちは三年以内に一億ドル企業になります。そして最後の『ドットコム』企業になるでしょう」。

それから数週間後にインターネットバブルが弾け、新興市場のナスダックは暴落した。それでも、セールスフォース・ドットコムは成長を続けた。ベニオフは、やってくる記者たちみんなに、「ソフトウェアの終焉は近い」と同じセリフを繰り返し、セールスフォース・ドットコムはこれまでにない新たな業界の開拓者だと言い続けた。まもなくそれは常識となった。

だが、ベニオフは、派手な宣伝を仕掛けるだけでなく、商品に合った厳格な営業の仕組みを構築していた。他社の企業向けソフトウェアは、売り込み期間が長く、インストールに人手がかかり、契約も高価だったが、セールスフォースの商品はクレジットカードでオンライン購入でき、数分で立ち上げが可能だった。無料トライアルを提供し、「種を播いて育てる」のが、ベニオフのやり方だった。単純だが効果的な戦術だった。ウェブサイトは潜在顧客の情報を集めるよう設計された。メディアに取り上げられることで新規顧客をサイトへと誘導し、それが無料トライアルへ、そして売上へとつながった。既存顧客にはセミナーやアップグレードやサポートを提供してつなぎとめた。

インターネットバブルの間、ベニオフは夜な夜なサンフランシスコでパーティーをはしごして名刺を集めたものだった。そして翌朝、集めた名刺を営業チームに渡していた。「みんな嫌がっていたよ」。ベニオフは言う。「私が廊下を歩いてくるのを見ると、なんとか隠れようとしていたが、仕切りのない大部屋だったから隠れようがなかった。営業チームには、知り合い全員に定期的に電話して、友達の友達を紹介してもらうよう言っていた」。それは昔ながらの生命保険の外交と同じ手法だが、効果はあった。

ベニオフは、電話セールスや飛び込み営業も使っていた。ほとんどのテクノロジー企業は、こうした古臭いやり方を見下して、対面の必要のないオンライン営業か、クライアント企業に何週間も常駐するような、丁寧な営業方法を好んだ。ベニオフは、威勢のいい新卒者を雇って数週間も研修すれば、比較的短期間にケーブル会社程度の電話営業はできるようになると知っていた。彼は営業の仕組みをできるだけ簡素化し、セールスマンの裁量の部分を削ぎ落とした。たとえば、商品を低価格に保ち、値下げを許さなかったため、セールスマンは単価を下げて数量を上げることはできなかった。利用ライセンスを一件売っても一〇〇〇件売っても、単価は変わらなかった。交渉の余地はなかった。セールスマンの数を増やすごとに、会社はますます成長していった。

ネットバブルの崩壊は、セールスフォース・ドットコムを二つの意味で決定的に変えた。まず、月額の課金を、雑誌の購読料と同じように年額の課金としたことだ。これで、数カ月待たずに前倒しで会社に現金が入り、費用を補えるようになった。また、このことで中小企業の顧客が多数流出したために、大企業に注力せざるを得なくなった。大人になるときがやってきたのだ。そこで、ベニオフは成熟した大人の営業マンを探しに出かけた。そしてジム・スティールに出会った。

セールスフォース・ドットコムを訪問してから数時間、ヨーダ像やあちこちに置いてあるチョコレートでいっぱいのボウルや、最高愛情責任者のベニオフの犬と過ごしたあとで、最高顧客責任者のジム・スティールに会うのは、いい酔い覚ましになった。スティールは折り目のついたジーンズと襟のついたシャツにジャケットを着ていた。その握手は力強く、声は低くてよく通り、髪は濃く黒々として天気予報士のようにきれいに整えられていた。彼はテクノロジー企業でよく見かける「ヒッピー系資本主義者」の空気をまとってはいなかった。スティーブ・ジョブズのような勿体ぶった菜食主義ではなく、金より崇高な何かを追求しているようなフリもしなかった。スティールは大学でエンジニアリングを学んだあと、IBMで一年半の営業研修プログラムに参加した。そこは軍隊の新兵訓練所のようだったという。

「生き残ってセールスマンになれるのは、三人に一人と言われました。ですが、こういう場所でこそ商売が学べるんですよ。自分を売り込むことができれば、商品も売り込めます。あの研修でIBMのセールスマンとしての誇りを叩き込まれました。訪問する企業の経営者のようにきちんと身づくろいをするよう教えられました。成功する意志と相手に耳を傾ける用意さえあれば、あとのことは自然に学べると言われました」。スティールはその後二三年間IBMで働いた。彼こそが「営業のできるエンジニア」の典型だ。

魔法をかけるのはいまでも人間の仕事

ＩＢＭで西海岸に転勤になったスティールは、ネットバブルの最中にソフトウェア企業のアリバに転職した。アリバがバブルの高みから急下降しているときに、ベニオフから電話があった。数週間にわたって、オフィスや夕食、そしてスポーツ観戦に招かれ、面接が行われた。ベニオフはスティールを精神科医に会わせることまでした。「マークは私にオフィスに来て現場を見てほしいと言いました。『失うものはないだろう？　セールスフォースでなにか新しいことをやってみて、だめだったらまたすぐ元に戻せばいいんだから』と言っていました。これまでと違うものを求めていたんです。初めのうちは、私は受け身であまり変化を好みませんでした。ですが、マークが言うように、うまく行っている現状にあえて波風を立てることも必要だと思うようになりました」。

「マークとの面接が進むうち、彼は私にセールスフォースのシステムを見せてくれるようになりました。私が最後に自分で商品のデモンストレーションをしたのは、一九七九年でした。ウォール街の企業に行ってＩＢＭの小切手処理選別機の実演を行ったのですが、あまりに下手だったので、もう二度とやらないと決心したんです」。セールスフォースに入社してから、それが変わった。「私たち自身がセールスマンで、売り込む相手もセールスマンです。だから、自分たちが使っている商品を売り込んでいるわけです。私は見込み客に『私どもの仕事の中身をお見せしましょう』と言いながら、自分自身がセールスマン兼管理職としてどのようにこのソフトウェアを使っているかを見せます。五分もしないうちに、相手は食いついてきます。営業管理職がほしいものはみな同じです。契約状況と、営業部隊の活動を正確に把握することです。情熱を持ち、自分がしていることを相手のしていることに置き換えられれば、かならず契約に結び付きます」。

スティールは、セールスに魔法はないと言い切った。二つのことさえできればいいという。勤勉であることと、よく聞くことだ。テクノロジーを事業基盤とする企業でも、営業の基本はモロッコの市場と変わらない。「セールスマンをやる気にさせるのは、スリル、興奮、がけっぷちで生きる感覚、そして大きな契約を取る自分を想像することです。それは英雄のメンタリティーなのです」とスティールは言った。その英雄的メンタリティーを部下のなかに生かし続けることが、上司であるスティールの仕事だ。

「自分の能力に自信がありすぎると、いまの職場がいやになり、辞めたくなるのです。世界一のセールスマンは、みんなボールを追いかける五歳児と同じです。同じところに向かって走っていくんです。つねに注目企業で働いていたいのです。ですから、この会社をそんな注目企業に保ち続けるのが、私たち経営陣の仕事です」

優秀なセールスマンには、いつもほかの仕事、ほかの会社、ほかのチャンスがある。彼らはつねにひっぱりだこなのだ。だから、スティールにとっては、自分たちが注目企業であり続け、セールスマンを引き留め続けることが、仕事の核になる。部下に対してもそうだし、自分に対してもそうだ。五三歳のスティールもまた、毎日出勤し続けるためには、いつも刺激を受けている必要があるという。セールスフォースで働くのは義務ではなく、自分の選択なのだと感じ続ける必要があるのだ。毎日をただ流して一週間を過ごすことはできない。

スティールは、ＩＢＭで南カリフォルニア地域の統括責任者になった時期がいちばんつらかったという。数カ月間で二〇〇〇人を解雇しなければならなかったのだ。その地域を立て直すには、意志の力に頼るほかなかった。「私には経験も、商品も、市場の占有力も、セールスフォースのような好意的な報道もありませんでした」。そんな環境での営業は気が滅入った。だからこそ、みんなが熱意にあふれ、人との絆が次々と築かれ、「楽しくお金を稼ぐ環境」を目標にできる場所で働けることに彼は感謝している。

僕はスティールに、営業に私的な感情が入ることがあるかと聞いてみた。私的な感情が入ると、これほど大きな金額のかかった営業に冷静に対処できないのではないかと思ったのだ。彼は営業を勝ち負けのゲームとして客観的に見ているはずだと僕は勝手に想像していた。情熱のなかの冷静さこそ、成功への唯一の道だと思っていたのだ。

意外な答えが返ってきた。「すべて私的に受け止めますよ。五〇〇〇万ドルの取引をまとめるために、一週間韓国に滞在したことがありました。ですが、クライアントは別の業者を選んだんです。そこで彼を説得するためにそこに留まりました。われわれが最良のソリューションを提供できることを証明させてくれと頼み込んだんです。私自身も純粋にそう信じていましたし、最後にはその契約を取り戻しました。問題は私ではなくほかのことだと言われても納得できません。勝つために何が必要かをお客様にすべて挙げていただいて、その通りにしても勝てないときには、もちろん恨みます。必要な手をすべて打ち、重要な条件をすべて満たしたらうまく行くはずでしょう。敗北を認めるよう自分を説得できなければ、絶対に勝つと自分に言い聞かせるしかないわけです。負けを認めたくないんですよ。ゴリアデと闘うダビデにならなければ、大海を漂流する小舟のような存在にしかなれません」。

ベニオフが「われわれは帽子とステッキを持ってお客を誘い込む（香具師まがいの）P・T・バーナムとは違う」といくら言っても、P・T・バーナム的な要素はいまも無視できない。個人の裁量をできるだけ取り除いたシステムを幾重にも備えているセールスフォースでさえそうだというのは、驚きだ。セールスフォースでは、営業マンにそれぞれ営業開発のスタッフがついて見込み客を与えるため、営業マンは見込み客の掘り起しに時間を使わず、売り込みと成約に集中できる。ここでは営業活動のすべてが測定される。毎週決まった回数の電話をかけ、決まった数のミーティングを持ち、与えられた見込み客に対して決まった金額の契約を毎月取り続けなければならない。営業マンは、目に見える基準によって評価される。ノルマの達成額と予定額の違い。効率性。契約件数。生産性。成約までにかかる時間。見込み客の管理。その数、反応速度、そして会話時間。営業マンは、問い合わせから二四時間以内に確実に返事をするよう監視されている。営業マンはつねに見張られていることを自覚させられる。トイレに入っているときも、コーヒーを飲みながら休憩しているときも、そのことは頭から離れない。

もしジョージ・オーウェルがセールスフォースを訪れたなら、一挙手一投足を見張られ裁かれる世界を描いた『一九八四』の予見は正しかったと思うに違いない。しかし、数理生物学者のマーティン・ノワックなら、これをごまかしと不信を取り除き、協調を促すシステムと見るはずだ。セールスフォースは、営業組織につきものの駆け引きを減らすためにテクノロジーを使っている。テクノロジーによって、顧客に関する膨大なデータが、業種や地域や購買習慣ごとに生み出される。もし、地域が弱いからだと営業マンが文句を言えば、上司はデータで武装して反論できる。セールスフォースでは独自のソフトウェアを使って、世界各地の営業マンから販売戦略、顧客の証言、競争事例を集め、セールスマンを支援している。

セールスマンは自身の成功事例を掲示板に載せてほかのセールスマンと共有する。それは、ホテル王のスティーブ・ウィンが行った「ストーリーテリング」や、仕事帰りにバーで仲間にする自慢話を電子版にしたようなものだ。セールスフォースには、「ノルマ達成会」があり、ノルマを達成した営業マンはその場で表彰され、経営陣に電子メールが送られる。正確な報酬額は公表されないが、大きな話はなぜかかならず社内に伝わり、ほかのセールスマンを刺激する。ここでは人間が人間らしくあれる環境のなかで、全員がツールを与えられ、言い訳や疑いをできるだけ排除して、客観的で議論の余地のない数字によって、全員が自分の価値を証明しなければならない。テクノロジーは透明性を与え、それは信頼を生む。だが、魔法をかけるのはいまでも人間の仕事だ。

セールスフォースは、「マハロ」、つまり感謝の精神で、社員のやる気を高める新たな方法をつねに模索している。社内には、トップセールスマンの等身大のポスターがあちこちに貼られている。誰でもノルマを達成すると、三日間のマウイ旅行にペアで招待される。毎年全営業マンの六五パーセントがこのご褒美を獲得する。そのなかでも、少数のトップ営業マンには「ティファニーで朝食を」ツアーが用意されている。ハワイの滞在中に、運転手つきのリムジンで開店前のティファニーを訪れ、そこでシャンパンを持ったオードリー・ヘップバーンのそっくりさんに迎えられ、買い物を手助けしてもらえるのだ。

テクノロジーには、まだそこまでのことはできない。

終章

ものを売る力と生きる力

われわれは売る。そうでなければ存在価値がない。

デイヴィッド・オグルヴィ『ある広告人の告白』

人生で望むことを達成する手段として

二〇一〇年の夏、七歳と五歳になる僕の二人の息子たちは、アメリカならではの通過儀礼を体験した。レモネード・スタンドを開いたのだ。息子たちは準備のためにガレージにこもり、金づちを打ち付けて看板と低いテーブルをつくった。色とりどりに塗った看板は、文字も正しく綴られていて上出来だったが、テーブルはぐらついて危なかったので、ぎりぎりになってトランプ用のテーブルに替えた。二人はレモネードとライムエードを別々の水差しに入れ、オレオクッキーをボウルに山盛りにして、わが家の車寄せのいちばん端に陣取り、商売を始めた。

初めの四〇分は客足がなかった。家の前を車で通った人たちは手を振ってくれたが、止まってはくれなかった。だが、しだいに一人また一人と近所の人たちが立ち寄りはじめ、五〇セントのレモネードに一ドル札を渡し「おつりは大丈夫だよ」と言ってくれた。三時間で四三ドルが集まった。僕としては原価とか利益率といっためんどうなことに口を挟んでもよかったが、見逃してやることにした。集めたお金はすべて息子たちの貯金箱に入り、二人がほしがっていたゴーカートへの遠い目標金額に少しだけ近づいた。

マーティン・シェンカーと話しているとき、彼が営業研修トレーナーらしからぬ質問をした。子供になにをいちばん望みますか、と聞いたのだ。いろいろ、と僕は答えた。健康、幸福、長寿き、知性、友情。すると彼は、こう言い換えた。もしあなたが明日死ぬとしたら、子供たちにどんなスキルをいちばん身に付けていてほしいですか？

彼が聞きたかったのは、「絶対打ち返せないフォアハンドのトップスピン」とか「割安株を見つけるコツ」などではない。僕が口ごもっていると、彼が自分で答えた。「自分に必要なものを自分で手に入れる能力」だと。つまるところ、すべての子育ての努力はそこに行きつく。子供たちには、ただ自活できるだけでなく、充実した人生を送るために必要なものを手に入れられるようになってほしい。親がなにより恐いのは、自分たちがいずれ死ぬときに、子供たちが生まれたときと同じように無力なままでいることだ。

シェンカーに言わせると、「売ること」は自分に必要なものを手に入れるために欠かせない行為である。僕たちは、ただ「売る」ために売るのではなく、人生で望むことを達成する手段として売る。ある人にとっては、それは金や贅沢品、またそれがもたらす地位かもしれない。また別の人にとって、「売ること」は特殊な才能を切り売りする行為を意味する。画家は作品を売ることで、破産したりひもじい思いをしたりせず、創作活動を続けることができる。いやいやながら引っ越し屋や安いレストランのコックや会計係として生活の糧を得る必要はなく、真の情熱を夜や週末だけの隠れた楽しみにしなくてもすむ。

子供がレモネードを売る姿を見て親が感じるよろこびは、セールスマンが契約を取るのを見るＣＥＯのよろこびとは違う。僕は子供たちが清涼飲料を売ることにものすごい期待をかけているわけではない。それよりも親として子供たちが、世界がどう動くかを発見し、自分で考え行動することがほしいものを手に入れる唯一の手段だと学ぶことに、よろこびを感じる。何かを売ることは、読み書きを学ぶのと同じ成長の一過程なのだ。

児童教育の一環としての販売活動

一九世紀の終わりにイギリスからアメリカに波及した美術工芸運動《アーツアンドクラフツ》は、販売活動を児童教育の大切な一環だと説いていた。それは、子供たちに、他者の労働のうえにあぐらをかかずに生きることを教えるべきだという理由からだった。子供たちを、土地持ちの上流階級の一員にするような教育をすべきではない。それよりも、子供たちは自分の手で土地を耕し、食べ物を育て、家や着るものや人生に必要なものをつくることを学ぶべきだと考えたのだ。

「本の助けが必要になるまで子供を働かせるべし。仕事の必要性を忘れるまで勉強させてはならない」。美術工芸雑誌クラフツマン誌の初期の号はそう説いていた。従って、理想の学校は、労働の行える庭園か小農園に、木工や金属加工、縫製、印刷、製本、料理などのための建物が併設された環境だった。また、正面玄関には売店を備え、子供たちに、客への近づき方、興味の引き方、自分たちの作品の品質の説明や、なぜその価格がついているのかを説明することを学ばせるべきだとされた。子供たちが必要なものをつくれないなら、少なくとも注文書を書いたり、契約書の下書きをするなりして、子供たち自身が学校活動を助けるべきだと運動の推進者は信じていた。この哲学によると、販売活動は、『セールスマンの死』に描かれたウィリー・ローマンの資本主義への服従とは正反対のものだった。それは、工業化された取引から逃れる道だった。自分のしたいことをやりながら、現代の資本主義社会で生きるための手段だったのである。

ハーバード大学の心理学者ロバート・コールズは、『子どもたちの感じるモラル』のなかで、道徳観は若いころの経験によって養われると書いている。コールズ教授は、一九六〇年代にアメリカ南部の人種差別闘争に巻き込まれてほとんど学校に通っていない子供たちのなかに、並外れて高い道徳観が発達していることを発見した。経験によって彼らのなかに共感が育ち、一筋縄ではいかない人生への理解が生まれていた。こうした子供たちは、逆境を経験していない子供たちよりも、道徳の機微についてはるかに深く理解するようになっていた。

つらい経験をしなければ道徳観が育たないというわけではないが、偽りの明るい言葉では伝えられないような深い経験が子供を成長させるということだ。多くの矛盾や偽善や道義的な難しさを伴うセールスは、人生経験のいい出発点になるはずだ。

セールスは、道徳観の対立を伴う。その対立のなかで、人は自分を見直し、恐れを克服していく。コールズ教授が繰り返し発見したのは、幼いころに人生における自分の理想と家族や学校や仲間が押し付ける「現実的な」目標との葛藤を考え始めた人間が行動的な理想主義者に成長するということだった。人生に幻滅するのは、決まってこうした葛藤に悩んだことのない人間だった。自分は何者かについて、また自分の理想の姿ともっとも現実的な欲求との間にどう折り合いをつけるかについて考えさせるのに、セールスほど素晴らしい実践的教育を僕は知らない。

売りたい。でも、嫌われたくない

この本を書く前、僕の心のなかでは、この本の冒頭に挙げたセールスへの二つの捉え方が対立していた。一つはセールスを人間の進歩の手段だとする前向きな捉え方。もう一つは、『セールスマンの死』に描かれた否定的な捉え方だ。

僕らはみんな、生きるためには何かを売らなければならないと自覚しながらも、ほとんどの人が心のなかに自ら壁をつくっているとシェンカーは言う。自分は恥ずかしがりやだからとか、いま相手は邪魔されたくないはずだと自分に言い聞かせる。自分は人がよすぎて嘘をついたり誰かを操ったりできないのだと思い込もうとする。上司や市場を責め、最新の販売システムは複雑すぎて使えないと文句を言う。五〇〇ドルもするサングラス、あらゆる金融アドバイザリーサービス、滅多に使わないステーキナイフ。人々がこういった商品でも買うことは歴史が証明済みなのに、商品がよくないから買わないのだとぼやく。とはいえ何かを売らなければ自分がほしいものを手に入れることはできない。家族を食べさせていかなければならない、経済的な安定もほしい。情熱を追求し、充実した人生を送りたいが、途中で破産したくない。その思いが差し迫ったものであれば、心のなかにあるセールスへのためらいは消えていく。

クリスマスの直前に、僕はシェンカーに再会した。デパートを回ってセールスマンを観察しようというシェンカーの誘いに乗ったのだ。僕たちはマンハッタンの五九丁目と三番街の角にあるブルーミングデールズの前で待ち合わせた。そこは、僕の友達の父親が、「地獄の入口」と呼んだ場所だった。天気がよくても悪くても、いつもそのあたりは暗く薄汚れて見えた。クイーンズボロブリッジに向かう車で道路はいつも渋滞している。道の真ん中に立った警官が怒鳴りちらし、地下鉄から湯気がもうもうと上がり、紙袋を両手に持った買い物客たちはでこぼこの舗道でいまにも転びそうだ。店内もたいして外と変わらない。むっとするほど暖房がかかり、化粧品売り場から漂ってくるくらくらしそうな甘ったるい香水の匂いで空気はよどみ、店員は打ちひしがれて見える。

「普通の買い物客のふりをしよう」とシェンカーが言った。「どんなサービスをしてもらえるか、試すんだ」。僕たちは、紳士服売り場のダンヒルのコーナーから始めた。シェンカーはシャツとネクタイの棚に行き、何かを探しているようなふりをして思わせぶりに商品をぱらぱらめくっていた。「何か決まったものを探しているふりをするよ」とシェンカーがささやいた。レジのところにいた女性の店員は、僕らに気付かず、どこかへ行ってしまった。男性店員がレジに入った。数分後、彼が僕らに近づき、四、五歩離れた場所からこちらに乗り出して、「一応お教えしときますが、その棚のシャツは全部四割引きです」と言うとまた立ち去ってしまった。「あの店員は僕たちがセールを狙ってると思ったんだね」。そこを離れながらシェンカーが言った。「僕たちのことを探ろうともしなかった。決められたフレーズを言うように教えられていたんだ」。

僕らは男性用香水の売り場に入った。ラルフローレンのカウンターの後ろに立っていた中年の男性店員が、返金するしないで老婦人と揉めていた。その店員は明らかに苛立っていて、老婦人はがさごそとレシートの束を探っていた。やっと老婦人が立ち去ると、その店員は老婦人が視界から消えるのを見送りながら、僕にお手伝いしましょうかと聞いた。ぼろぼろの商品棚に、「ビッグ・ポニー」コレクションという名前の四種類のオードトワレが並んでいた。それぞれ「新鮮でスポーティーな香り」「スパイシーで魅惑的な香り」「元気の出る香り」「大胆な香り」と説明書きがあった。僕は「新鮮でスポーティーな」やつを手の裏に試してみたいと頼んだ。セールスマンは応じてくれたが、心ここにあらずといった感じだった。「何が入ってるんですか?」と僕は聞いてみた。「こちらはライムとグレープフルーツで、こっちはダークチョコレートです。元気の出る香りにはマンダリンが入っていて、定番のほうには新鮮なミントが入っています」。その男性は契約書を読み上げるようにすらすらと唱えた。「おいくらですか?」。「大きいほうは六五ドルです。シャワージェルを一本無料でお付けします」。「考えてみます」と僕が言うと、店員はさっと後ろを向き、棚の整理を始めた。

「あの店員は商品知識は豊富だが、またしても君のことを何も知ろうとしなかったね。香りを試したいと言ったとき、会話を始めるきっかけができたのに、そうしなかった」。僕らが今度は女性化粧品について話していると、通りがかりの女性店員が話しかけてきた。「女性用の香水を試してみられませんか？」。僕が肩をすくめても、その女性は諦めなかった。「こちらにどうぞ」。彼女はグッチの「ギルティ」を売っているカウンターに僕らを連れて行った。「これがうちのいちばん売れ筋なんです」と言いながら、香水をテスター用の紙片に吹きかけた。「花の香りよ。素敵でしょう。いますごく売れてるんです」。彼女は僕に香りを嗅いでみてとそれを手渡した。「大きいほうを買うと、クリームと宝石箱がついてきます」。「人気があるんですか？」と僕が聞くと、「いちばんの売れ筋です」と繰り返した。彼女は、みんなが買っているものを僕もほしがるに違いないと思い込んでいた。

僕らは三〇分ほどブルーミングデールズをうろうろしていたが、僕がなぜこの店にいるのかを聞いてくれた人はまだ一人もいなかった。セール情報、香水の成分、そして売れ筋を聞かされただけだ。僕はここまで、セールスマンにとって聞くことがいかに大切かをさんざん教えられていたが、僕にほんの少しでも興味を持ってくれたり、この凍えそうななかをなぜ僕がこの店までやってきたのかを聞いてくれた人はいなかった。シェンカーは、高額商品のある上の階ならサービスのレベルも上がるはずだと請け合った。「会社は収益モデルに合うセールスの水準でよしとする。いいセールスマンを抱える余裕がなければ、雇える人材で我慢するんだ」。

　婦人服のフロアに来たので、僕は自分が不自然でなく話ができそうな商品を探した。そして、イギリスのオールセインツスピタルフィールズというブランドの灰色のウールのショールを見つけた。そのコーナーにいた店員は忙しそうに洋服をたたみ、アクセサリーの陳列を並べ替えていた。僕はわざとらしくショールを見つめ、指の間に挟みながら、いかにも助けてほしそうに店員のほうに目をむけた。その女性店員は、僕を無視して洋服をたたみ続けていた。とうとう僕は彼女に聞いてみた。「これはどんな種類のウールですか?」。「はぁ?」。彼女がやっと顔を上げた。「どんな種類のウールですか？　種類は?」。「あぁ」と彼女がこちらにやってきて、がさごそとラベルを探った。「ウール混です。モヘアとアルパカ入りですね」。「ドライクリーニングですか?」。「はい、いえ、ちょっと待って」。ふたたびラベルを読み始めた。「あ〜そうそう、ドライクリーニングです」。そう言うと、またアクセサリーの陳列に戻っていった。

　やる気のない店員を除けば、そのブランドのコーナーは素晴らしかった。洋服は素敵に見えたし、ブランド名も照明に映えていた。床は暗めのフローリングで、サービスカウンターが備えられていた。大衆デパートのなかにぽつんと出現したお洒落で都会的な服飾店といった感じだった。それなのにこのサービスの悪さはどうしてなんだ？　僕が絶対買わなさそうに見えたのか？　第一印象で客を判断しちゃいけないと誰も教わっていないのだろうか？　スウェットシャツにだぼだぼのパンツを穿いたあか抜けない客が、買う気満々の億万長者だってこともあるんだぞ。上品に着飾ったカップルが首まで借金漬けということだって……。

　僕らはさらに上の階にのぼっていった。アルマーニのコーナーはすべてが美しく配置され、クリーム色で統一されたすっきりとした空間に、一枚何千ドルもする洋服が芸術作品のように掛かっていた。その向かいはＬＫベネットという、聞いたことのないブランドのコーナーだった。僕は婦人用トレンチコートらしきものを見つけて近寄った。妻がトレンチコートを探していたからだ。だが、よく見るとウールの冬物コートだった。「トレンチコートはありますか？」。僕は女性店員に聞いてみた。「すみません、うちでは扱ってないんです。バーバリーならあるかもしれません。このフロアです。あと、上の階にもコートの専門コーナーがあります」。その女性は感じがよく、熱心に対応してくれていたので、僕は会話を続けた。「ＬＫベネットってどんなブランドですか？」。英国発で、若い世代の働く女性向けにビジネスとカジュアルウエアを販売していますと教えてくれた。全米に路面店を展開する戦略だが、ブルーミングデールズには例外的にコーナーを設けているという。僕は彼女に礼を言い、シェンカーによかったよと報告した。

「でも、彼女は君に何も売ってないね。別の商品を見せることもしていない。奥様へのクリスマスプレゼントに別のものを勧めてもよかったはずだ。ベルトとかジャケットとか」。それはちょっと強引かもと僕は言った。「すでに君とつながりを築いていたなら、何かを買ってもらおうとするのが彼女の仕事なんだ」。もちろん、シェンカーは一〇〇パーセント正しい。店員の仕事は僕の親友になることじゃない。売り込みのきっかけができるくらいに僕に気に入ってもらえばいいのだ。もし彼女が何かを売り込んでいたら、僕は聞く耳を持ったはずだ。彼女はすでに僕の信頼と関心を勝ち取っていたのだから。だが彼女はそうしなかった。僕という客をむざむざ逃してしまったわけだ。

シェンカーの話は、セールスマンが抱えている売りたい、でも嫌われたくないという心理的葛藤に戻った。顧客の心理的欲求を探り出し、それを満たすのが優秀なセールスマンだとシェンカーは言った。だから僕が「強引」だと考えたことは、僕の欲求を引き出すための努力と解釈すべきなのだ。したがって、売り込まないのは、礼儀正しい行為ではなく、僕の欲求を満たすことに失敗したと考えるべきなのだ。嫌われまいとして僕を逃したあの女性は、僕の心のなかの「かゆいところ」に手を伸ばさなかったことを後悔すべきなのである。もし話を続けていたら、僕がセールスについての本を書いていることがわかったかもしれないし、セールスの過程をきちんと理解するには何か実際に買ってみたほうがいいのでは、と僕の背中を押すことができたかもしれない。

もちろんいまの話は、買い物が心理的欲求を満足させる手段であることを前提にしている。幸せになる手段として何かを買わせようとするのは基本的に間違っているというなら、どんなかたちのセールスにも納得できないだろう。しかし、もう少し普通に考えて、売り買いを人間のあたりまえの姿だと思えば、ブルーミングデールズで販売し、買い物客と話し、自分の商品がお客様に必要なものだと説得を試みることを恐れる必要はなくなる。断られたとしても、お客様に手を貸そうと努力したのだから。上手に売り込むには商品に情熱を持つべしと古臭い命令を繰り返すより、こう考えたほうがはるかにセールスへの心理的葛藤に対処しやすいはずだ。

セールスマン全員が商品に情熱を持てるなどというのはただのおとぎ話だ。ほとんどの人は生計を立てられそうだと思うものを売る。ミサイル兵器だろうが、靴下だろうが。そのことに情熱を感じる人はほんの一部だ。ものの売り買いで変わるのは商品の所有権だけではない。大切なのは買い手の気分が変わることだ。もしあなたが売る理由を探しているなら、目的は商品を押し付けることでなく買い手の心の欲求を満たすことだと考えるほうが、仕事は面白くなるだろう。

本書の第7章に登場したオージー・チュラックは、イスラエルのプールで出会ったドイツ人女性の話をしてくれた。自分がセールスマンだと言うと、彼女は「いつも誰かにものを押し付けているといやになりません？」と聞いた。チュラックはむっとした気持ちを抑え、プールのなかでパシャパシャやりながら、彼女をソクラテス的な問答に引き込んだ。

建物にエレベーターをつける経済的な価値はなんだと思う？　階段を上らなくていいことでしょ？　もちろん。だけど、こう考えてごらん、とチュラックは言った。エレベーターをつけたらその建物の各階の値段がどう変わるだろう？　エレベーターがない場合は一階の値段がもっとも高いはずだ。いちばん部屋に行きやすいからね。最上階がいちばん安いだろう。エレベーターがついたらどうなる？　最上階をペントハウスと呼び、地上階の何倍もの賃料を取れる。そうなると君が売り込んでいる商品はなんだろう？　エレベーターか？　違う。眺めだ。すべての高層ビルに含まれる資産価値、つまり眺めが、エレベーターによって表に出る。エレベーターを通して、ペントハウスからの眺めの価値を引き出せるんだ。建物の所有者は、入居者が階段の上り下りで疲れようが気にしない。不動産の価値が大事なのだ。セールスマンがやってくるまで、誰も眺めで金をとろうとは考えなかった。セールスマンがそれをすべて考え出した。エレベーターの製造企業でも、すでに賃料を集めているビルの所有者でもない。セールスマンが何もないところに価値を発見し、創出したのだ。前向きなセールスマンは、どんなものからでもいちばんいい面を引き出せる。

「生きる姿勢」は自分が決める

ゲリー・オライリーもまた、そんな前向きなセールスマンの一人だ。僕の住むコネチカットの地元で、彼は「コーチ」としてみんなに知られている。もう八〇代半ばの彼は、いまも背が高く、きびきびとして、ピンクの頰に目を輝かせ、みんなに言葉をかけ、冗談を言っている。彼にばったり会って、バービー人形のようなピンクのセーターがお似合いですねと褒めれば、「正真正銘、ホンモノのカシミアさ」と笑顔で返してくれるだろう。九〇代の女性に会うと、

「こんにちは、お嬢さん」と声をかける。彼が口を開けば、いつも気の利いた言葉が飛び出してくる。彼といっしょにいると、世界は明るく、より整然として見える。

　オライリーが何より情熱を注ぐのは、カトリック教会と全米屈指の名門ノートルダム大学のフットボールチームだ。フットボールシーズン中の試合日の朝には、マリア像のある聖堂を訪れて、ろうそくを灯し、祈りを唱え、家に帰ってノートルダムのロゴの入ったブランケットやそのほかの大学グッズをテレビの前に広げて観戦の準備をする。彼を知る人たちは、その三、四時間のあいだは電話をしたり、立ち寄ったりしないよう心得ている。試合のない日には、地元の高校の運動部を見学し、陸上競技の最近の注目選手たちのタイムを測ったり、水泳選手やフットボール選手や野球選手を応援する彼の姿を見ることもある。ここ一番の試合には、本物のコーチがオライリーを呼んで、ロッカールームで選手に激励の言葉をかけてもらう。「どんなスポーツでも駆けつけるよ」。若い選手に彼が贈る励ましは、使い古されてはいるが真実を突く格言の繰り返しだと彼は言う。たとえば、「運命は自ら変えられる」「成功は『できる』と言うことから。『できない』と言っていたら成功はない」といったものだ。

　オライリーはのど薬のセールスマンとして仕事を始め、世界一の消費財メーカー、プロクター・アンド・ギャンブルの上級管理職として引退した。だが、オライリーにどんな仕事をしてきたのかと聞けば、かならず「セールスマン」と答えるだろう。ブルックリンに住んでいた若きオライリー青年は、のど薬のヴィックスのセールス研修の広告をタイム誌で見つけた。彼は応募して採用され、すぐにペンシルバニア西部とウエストバージニアの薬局とドラッグストアへの戸別訪問販売に送り出された。「孤独で悲惨な生活だった」と彼は言う。

「夜七時に一人車を走らせていると、通り過ぎる農家のなかで家族が食卓を囲んでいるのが見えるんだ。だが、そのころの私には家族もなく、ホテルに戻ると整髪剤のオールドスパイスを売っていたフランク・ジトのような花形セールスマンと鉢合ったものだ。私は彼らと友達になろうとしたよ。ウエストバージニアに行く週には、彼らの注文書もいっしょに持っていこうかと申し出たものだ」。

彼が学んだ最初のもっとも大切な教訓は、「ものより人が大事」ということだった。見込み客の商売について、その見込み客と同じくらい詳しくなり、それから個人的なつながりをつくる方法を探していた。「いつも地元紙を買って、『この地区の野球大会で優勝したのは、息子さんの学校かい?』と聞けるように準備していたよ」。

彼は仕事を始めたころの訪問販売の日々を、驚くほど鮮明に憶えている。月給は二七五ドルで、車と経費を与えられていたこと。ある日、ペンシルバニア州にあるバトラーという町の小さな店に、満面の笑顔を浮かべて入っていくと、店主が「何を持ってきたのか知らんが、買うよ」と言ってくれたこと。それから研修生たちの名前もみんな覚えている。彼らの多くは高学歴で、営業の仕事に馴染めず、来る日も来る日も「車から出て、ホテルに行って、また車に戻って、店を訪問するだけの生活」だと嘆いていた。「私は現場に連れて行くことになるヤツらを見て、こいつらには自分の母親を父親に売り込むこともできないとすぐに察したよ」。オライリーは、仕事があまりにもできすぎて、「赤子の手をひねる」ようだったという。「定番商品を全部与えるんだ。ワゴンが空だと売りようがない。商品を積み上げれば、飛ぶように売れる」。それから、本社へ凱旋する。「『すごいぞ、やったね』『今年の最優秀選手が来たぞ』と言われるのが生きがいになっていた」。

セールスマンとしてのキャリアの頂点はと聞くと、彼は迷わず「インディアナ州のフォートウェインにあるKマートを訪問したときだ」と答えた。「初めて行く店だったが、そこに着くとノートルダム大学のステッカーを貼った車が停めてあった。私は店に入って『ノートルダムのファンは誰だい?』と声をかけた。すると、カウンターの後ろにいた男性が『私だ』と答えた。それがキューバ移民の店主で、この男はずっとノートルダム大学に行くのが夢だったというんだ。二人で話したあと、空港のホテルに帰ってその店での取引を合計してみた。九五万ドルになっていた。そこで店主に電話をしてこう言った。『一〇〇万ドルの注文書を書いたことがないんですよ』。そしたら向こうも『私もだ』と言うので二人で注文を上乗せしてちょうど一〇〇万ドルにした。一刻も早く事務所に電話して、『注文だ！　書くものはあるか?』と言いたくてうずうずしたよ。こんな日は満ち足りた気分でホテルに戻り、夕食を食べながら二、三杯ひっかけてプロフットボールの試合を見たものだ。至福の瞬間だった」。

ノートルダム大学のフットボールチームの名コーチ、ルー・ホルツの言った言葉は、セールスにもそれ以外の人生についても真実だとオライリーは固く信じている。「能力はあなたができることである。やる気はあなたが何をするかを決める。姿勢はどれだけ上手にそれができるかを決める」。スポーツと同じく、セールスでも能力とやる気は天賦のものだ。ものごとに対する姿勢が違いを生む。妻を突然の動脈瘤破裂で失い、四人の子供と残されたあと、長年オライリーを助けたのも彼の生きる「姿勢」だった。ちょっと古くさい冗談を次々に飛ばして、不機嫌な孫から一〇〇歳の隣人までみんなを魅了する、彼の太陽のような明るさは、深い悩みに耐え続けた年月の賜物だった。オライリーのセールスマンとしての軽妙さは、打たれ強さの証なのである。

高尚な経営学の思想や教育の「神の領域」では、「姿勢」についてほとんど触れることはない。それは自己啓発セミナーなどの「下々の領域」で扱うものとされている。しかし、僕がセールスを考えるとき、頭から離れないのは、若き日のオライリーがウエストバージニアの田舎道で農家を見ながら一人車を走らせ、一日の終わりに酒をひっかけて、オールドスパイスを売るやり手のセールスマンと土産話を交わす姿だ。それはありがちなジネスの成功譚より真実に近いように思える。ビジネス雑誌の表紙をかざる経営者の写真や、もっともらしい経営者の講演よりも、ビジネスのありのままを伝えている。「コーチ」の物語は行商人の生き方についてだけでなく、人生そのものについての物語なのだ。

人づきあいが苦手な人も、得意な人も

セールスの世界に冒険に出たことで、僕は多種多様な人たちと出会うことができた。彼らは僕に、売り込みに秀でたタイプが存在するというより、ある種の性質が成功を決めることを確信させてくれた。

タンジールでは、マジード以外に、気だるげなイギリス人骨董商のクリストファー・ギブズにも出会った。ギブズは事業をたたんだあと、ジブラルタル海峡を見下ろす豪邸で引退生活を送っていた。ギブズは長年ロンドンの有力な骨董商で、ミック・ジャガーや石油王一族のジョン・ポール・ゲッティ卿といった収集家に、特徴のある高級なボヘミアン風の品物を売っていた。彼は学生のころから芸術やオブジェに熱中し、父親に「他人の持ちものについてあれこれ聞くんじゃない」と叱られていたという。彼の骨董商としてのキャリアはかなり風変わりなものだった。二〇歳で初めて店を開き、「素敵だが、少しばかりごちゃ混ぜの」品物を並べた。食卓の横に剥製を置き、ガーター勲章の破片も売っていた。資金繰りに行き詰まると、イギリスのスーパーマーケットチェーンのセインズベリーの一族で財務担当役員だった、サイモン・セインズベリーと手を組んだ。セインズベリーはギブズに「商品寿命」といった考え方を教え、長い間売れない品物は処分するよう助言し、顧客のリストを広げるよう勧めた。

たんに金持ちと知り合いになることと、自分から何かを買ってくれる金持ちと知り合いにな

るのはまったく別のことだった。ギブズの自宅で紅茶とローズマリービスケットを食べながら聞いた話によると、「敬愛するスーパー王（セインズベリー）に、アメリカに行きなさいと言われた。所有品のリストをつくり、地方の美術館に行き、年寄りの理事たちに会うように言われて、そのとおりにしたんだ」。デュヴィーンと同じく、ギブズもたぐいまれな審美眼で買い手を魅了し、自分の熱意以外にはなんの根拠もない値段をつけていた。「私は、自分が心底入れ込んでいるものならかならず売ってみせる。値段はぜったいに曲げない。逆に引き上げるくらいだ」。

だが、そうした成功にもかかわらず、ギブズはある時点でこれ以上ものを売るという仕事に耐えられなくなった。そして持っていた骨董のほとんどすべてを売り払った。商品に飽きたのではなかった。「人づきあいに疲れたんだ」と彼は言った。

キャロリン・クレムのような営業ウーマンにとっては、人が元気の源になる。クレムは、植民地時代の町並みと裕福なニューヨーカーが所有する家庭農園の続くコネチカット州北西部の夢のような一角、リッチフィールド郡でいちばんの不動産業者だ。彼女の顧客リストには、投資家のジョージ・ソロスやヘンリー・クラヴィス、ゴールドマン・サックスの数多くのパートナー、ヘンリー・キッシンジャー元国務長官などが並んでいる。百貨店でバイヤーを務めたあと、一九七九年に事業を始めて以来、彼女はこの小さな市場で、総額二〇億ドル近い不動産を販売してきた。

毎年レイバーデーの祝日には、彼女の自宅、コネチカット州ワシントンの緑の多い町外れにある白い漆喰塗りのジョージ王朝様式のレンガ造りの邸宅で夏の終わりのバーベキューパーティーが開かれる。庭園にテントが張られ、プールへと続く木々には日本風の提灯が吊るされる。ケータリング業者がものすごい量のフライドチキンとコールスローを準備するが、クレムはそれを家庭料理の「気楽な会」だと言い張る。それから二〇〇名近い招待客が到着する――現在と過去と未来の顧客たち、銀行家、作家、映画スター、事業家。六〇代後半で最近未亡人になったばかりのクレムは、鮮やかなピンクのジャケットを着てベンソン&ヘッジスのタバコをふかし、自分よりもずっと背の高い客人たちの背に腕をまわしてとめどなく話し続けながら歩き回る。

格子柄のソファが置かれ、書類が山と積まれ、テディーという名の焦げ茶のラブラドール犬のいる彼女のオフィスを僕が訪ねると、彼女は息をつく暇もないほど話し続けた。キャロリン・クレムの話は回りくどくてだらだら続き、「すごく親しい」という前置きで有名人の名前があちこちに登場する。「それで、この間ニューヨークに住んでらっしゃるイギリス人の男性からサマーハウスを借りたいって電話をいただいたの。『ヘロォウー。賃貸を探しているのですが』って」。彼女は耳に電話をあてるふりをして、イギリス風の発音を真似てみせた。二人は話し込んだという。まあ、キャロリン・クレムに電話をすれば、誰でもそうなるのだが。

じあえるのよ」。

「ほとんどの人は電話の受け答えがまったくわかってないの」と彼女は言った。「私はすぐに通

その男性は大手小売りチェーンのクリエイティブ部門の長だということがわかった。世間は狭いと彼に印象づけるには、それさえわかれば十分だ。「あら、リチャード・ランバートソンとジョン・トゥルークスはご存じ?」。クレムはリッチフィールド郡に別荘を共有している二人のハンドバッグデザイナーの名前を挙げた。「カルホーン・サムラール（ラルフローレンの重役）は?」。その男性は知らないと言ったが、もちろん彼らの名前は知っていた。「でしたら」彼女は言った。「こちらに家をお借りになったら、私がかならずその方たちみんなをご紹介しますわ」。この会話が交わされたすぐ後の金曜日に、ワシントンから二つ三つ先の町のカクテルパーティーに行ったクレムは、ブルックス・ブラザーズに勤めていた昔の友達に会った。そして、彼の部下の一人がそのイギリス人男性のパートナーであることを突き止めた。こうして人脈がつながり、次の月曜にそのイギリス人男性はリッチフィールド郡のサマーハウスを借りる契約を結び、クレムは六月はじめに彼のために夕食会を開く計画を立てた。「契約が終わったあとも、ずっと不動産屋を憶えている人なんてほとんどいませんよ。私のことは忘れないでいてほしいものですけどね」。クレムは、顧客に影響を与えることで元気が出るタイプなのだ。

インドのITアウトソーシング企業インフォシスでアメリカ事業を統括するアショク・ベム

リもまた、突出したセールスマンだ。ベムリはインドでの投資銀行家としての居心地のいい成功したキャリアを捨てて、一九九九年にアメリカにやってきた。欧米の市場で成功できるのか、自分を試してみたいというセールスマンらしい衝動があったからだった。ニューヨークに着いて数カ月後に、彼はほかの二〇人のインド人の若者たちといっしょにバスでメイン州のポートランドに行き、ハナフォードブラザーズという地元のスーパーマーケットチェーンに売り込みを行った。ベムリはペラペラのコートを着て凍えるような寒さのなかに降り立ったことをよく憶えている。彼はそれまで一度も雪を見たことがなかった。ポートランドの住人は戸口に集まって、この辺ではあまり見かけないいでたちの一団が道行くのを見ていた。インフォシスの売りは、安くて優れたテクノロジーと経営システムを提供することだった。だが初めのうちは、インドそのものを売り込まなくてはならなかった。顧客たちはかならずインド人は英語を話せるのかと聞いた。「まずはインドは教育を受けた人々が住み、働いている国だということを売り込まなければなりませんでした。道端のヘビ使いや象だけがインドではないと知ってもらう必要があったのです」。

インフォシスのアメリカ事業が成長し、より多くのセールスマンの採用と研修が必要となるにつれ、ベムリは人材の質と彼らの受けてきた教育に愕然とした。「ダーティハリーのようなタイプか、浜辺でキャアキャアやっているビキニ姿の女の子のようなタイプしかいませんでした」。ベムリが求めたのは、知的で好奇心があり、機転の利く人材であって、ゴリラの親分のようないかにも営業マンタイプの人間ではなかった。顧客への奉仕を究極の目標と考えるような、自我を抑えることのできる人材を求めていたのだ。採用の際には、できるだけさまざまな場面で候補者を見ようとした。会社で会うこともあれば、レストランで昼食を共にすることもあった。候補者の配偶者といっしょに会い、彼らの好きな場所に連れて行ってほしいと頼むことさえあった。他者の気持ちを和らげることができ、はっきりと説得力のある話し方ができて、予想外の出来事にも対処できるセールスマンを、ベムリは探していた。

面接の過程で、ベムリは候補者に個人的に興味のある話題を一つ挙げて短いプレゼンテーションをするよう求めた。一〇人中六人の候補者は金融またはテクノロジー関連商品の話をした。結局彼らは採用されなかった。ベムリはもっと本音の情熱を話す候補者を好んだ。スポーツでも、好きな映画でも、訪れた場所でもよかった。「彼らにとってものすごく興味のある話題、熱心な話の種になるような話題でなければなりません。私はビジネスの講義を聞きたいわけではないんです。一つのことを深く掘り下げて、多角的な視点で見つめ、そのことについて人が聞いて面白いと思うような話ができるかどうかを見ているのです」。

ころころと態度の変わる人間や、身振り手振りの芸当が染みついた人はほしくなかった。「知識と教養が十分にあり、無理なく自分自身でいられる人を求めているのです」。彼は本物であることを求めた。「ひどい訛りのセールスマンや、ちゃんとしたスーツを着ない人や、言葉を間違う営業マンもいますが、彼らは物語りの達人です。彼らは自分の物語をお客様の問題に関連づけ、さまざまな職種や地域の経験を組み合わせることができるのです。彼らは経営者にワインの蘊蓄を語ることはできませんが、テクノロジーについてなら詳しく話すことができます」。

それは、個性を捨て、型にはまった見苦しくない服装で身を固め、顧客とつながりを持つために情報の断片を求めてこそこそと動き回ることとはまったく違う。反対に、ベムリとインフォシスが勧めるのは、自分らしくあること、そして見かけがどうであっても自分の知性と才覚と心の広さを世界が認めてくれると信じることだ。それは、はるかに魅力的なセールスの捉え方である。なぜなら、それはさまざまな種類のセールスマンが成功できることを意味するからだ。髭を完璧に剃らなくても、紺のスーツを着なくても、誰彼かまわず愛想をふりまかなくてもいい。「営業軍団」に溶け込む必要もないし、仕事の現実からあえて目を逸らす必要もない。心の広さ、好奇心、受容力、あたたかみ、そして決断力といった、誰もが好ましいと思う性質を身に付けている限り、ありのままの自分でいることができるのだ。これらすべてはかなりの程度まで学習できる。このようにセールスに取り組むことができれば、営業という仕事につきものの心の葛藤によりよく対処できるはずだ。

ネルソン・マンデラの営業戦略

一九五九年にチベットを逃れたダライ・ラマが初めて西洋と関わりを持ったとき、彼は浮世離れした不可解な人物に見えた。長ったらしく哲学的な言葉で、仏教の学問と思想をことさら難解にまわりくどく語る若き僧だと思われたのである。ほとんどの西洋人は彼を理解せず、ましてや共感もしなかった。チベットの窮状に世界の関心を向けたければ、仲間の僧に話すように話していては埒があかないと悟ると、彼はそれまでと違う話し方と自分の見せ方を学んだ。ある伝記作家が言ったように、ダライ・ラマは「基本的な立場を変えず、その考えを届ける新たな方法をつねに模索し、世界に理解される言語で」自身を教育した。ときには、魅力的な笑顔の僧侶として、マンハッタンの真ん中にある娯楽の殿堂ラジオシティー・ミュージックホールで幸福の哲学を語ることもある。しかし、それが友達をつくることにはなってもチベットの大義への本当の助けにならないとわかると、チベットを見捨て中国の蛮行を許した世界への怒りを露わにする。それは、特定の目的を達成するために聴衆に合わせて伝える言葉を変え、さまざまな顧客を素早くふるいにかけて、どの売り込みがいちばん有効かを探し出す、ある種の適応型営業とも言える。

ネルソン・マンデラも同じような方法をとっていた。南アフリカの白人を味方につけ、平和的な政権交代を行ったマンデラの実話を描いた『インビクタス――負けざる者たち』のなかで、著者のジョン・カーリンはこう書いた。「ホメロスのオデュッセウスのように、マンデラは苦難を経るたびに前進した。苦難を一つひとつ乗り越えられたのは、敵より強かったからではなく、より賢く、より人を惹きつける魅力があったからだ。彼は一九六二年に逮捕投獄されたあと、こうした資質を築きあげた。かつてアフリカ民族会議（ANC）の軍事組織の創立司令官として試みた暴力的な手段では問題は解決できないと気付いたからである。刑務所のなかでマンデラは、アパルトヘイトを終わらせるには、白人たちの手でそれを終わらせ、マンデラの仲間に入り、その指揮に従うよう説得するしかないと悟った」。

長きにわたった投獄の初めのころに、マンデラは南アフリカを統治していた白人アフリカーナーの考え方を理解することを自分の仕事と決めた。彼らの歴史と詩を勉強し、その言語を学んだ。乱暴で疑り深い看守たちに敬意を持って接し、いつかそれが報われることを望んだ。仲間の囚人に、看守は職場の制度によって残酷な人間にさせられた、本当は傷つきやすい人間なのだと説いた。こうして長い年月と多くの苦難の末に、ついには南アフリカの白人指導者も、マンデラを利用してアパルトヘイトを廃止するのが最良の方法と考えるようになった。マンデラは、セールスの研究者たちが「生まれつきの営業マン」と呼ぶ、共感力がありながら強引すぎず、強い自我を持ちながらも脅迫的でない稀有な人物だった。

彼のセールスマンとしての天賦の才をとくに浮き彫りにする二つの出来事がある。一九八五年、当時の法務大臣コービー・クッツェーはアパルトヘイト政府から派遣され、収監中のマンデラと面会することになった。当時マンデラは入院中で、手術後で弱り、病院用の囚人服を着ていた。クッツェーは、マンデラを政府の資料でしか知らず、そこに書かれた、どんな手段を使っても南アフリカを支配しようと決意しているという男に会うことを恐れていた。マンデラは反対に、これは彼が長年準備してきた瞬間であり、祖国の未来について政府と議論を始めるチャンスであることを知っていた。マンデラはクッツェーを暖かく迎え入れ、二人は刑務所勤務の共通の知り合いについて話をした。クッツェーはマンデラの健康を気遣い、最近マンデラの妻ウィニーにばったり出会ったと話した。クッツェーは、マンデラがアフリカーンス語やアフリカーナーの歴史についてよく知っていることに感心した。とくに中身のある会談ではなかったが、その温和な雰囲気に大きな意味があった。それは、より真剣な対話がこれから始まる可能性を意味していた。

その後まもなく、マンデラは、自分の魅力を利用して、刑務所の責任者に便宜を図ってもらうことにした。責任者のメジャー・ファン・シタートは、大柄のぶっきらぼうな男で、政治犯に割く時間はほとんどなかった。また、英語をあまり話せなかったので、政治犯との意思の疎通にも苦労していた。そこで、マンデラは次に彼が来たときにアフリカーンス語で話しかけ、すぐにラグビーの話を始めた。ラグビーは、南アフリカの白人に愛され、黒人には忌み嫌われたスポーツだった。マンデラは、懸命に努力してラグビーという競技と選手について学んでいた。調子のいい選手や悪い選手について語り、最近の試合について観察したところを述べた。ファン・シタートは驚き、魅了された。マンデラが毎晩夕食を温めるためのホットプレートを独房で使わせてもらえないかと聞いたときも、シタートはただちにいちばん近くにいた看守に、

「マンデラにホットプレートをもってこい」と命令したほどだった。

こうした逸話が示すように、セールスそれ自体は倫理的に中立な行為である。問題は動機だ。マンデラは人の心を操る達人だが、彼の理念は正しい。ダライ・ラマは聴衆によってコミュニケーションの形式を使い分けたが、中国政府でもないかぎり、彼をひねくれたカメレオンとは呼ばず、困難だが価値ある使命のために最善を尽くす高潔な人間だと言うはずだ。

元AOL副会長のテッド・レオンシスは、僕がこの本で一つだけやるべきことがあるとしたら、それは営業という仕事にいくばくかの輝きを取り戻すことだと言った。営業を蔑むような人間は、誰もビジネスを行うべきではないと言った彼の言葉は正しい。ハワード・アンダーソンは、シスコシステムズのCEOで自身が最強のセールスマンだったジョン・チェンバーズのこの逸話をよく引き合いに出す。チェンバーズは、CEOになって間もないころ、取締役会に三〇分も遅刻してきた。取締役だったベンチャー投資家のドン・バレンタインが小言を言い始めた。するとチェンバーズが説明した。「電話でお客様の苦情を聞いていたんです」。バレンタインは引き下がった。「それじゃあ仕方ないな。苦情のある客は、いかなるときもベンチャー投資家たちの取締役会より大事だ」。

子供のような達成感を求めて

人生のなかのもっとも興味深いことはみなそうだが、セールスにも光と影がある。オージー・チュラックは僕にこう言った。「最高のセールスマンはいつも不安を抱えている。彼らは心から成功を手に入れたがる。それが自分を違う人間にしてくれると思うからだ。そして、成功を手に入れると、自分が何も変わってないことに気付く。セールスマンを突き動かすのは、名を上げたいという欲求だ。成功すればみんなの自分を見る目が変わり、みんなの見る目を変えることができれば、自分が変わると思っている。そして、成功すると自分がまったく変わってないと気付くのさ」。

成功と失敗の両方に、拒絶はつきものだ。そこにはさまざまな言い方で「あなたは必要ない。あなたの商品もいらない。私の人生にかかわるな」と言う人々の長い列が存在する。少なくともセールスは真実との終わりなき対峙であり、自分自身と他者についての真実との対峙である。それは生々しく、居心地が悪く、ほかではめったにないほど自分をさらけ出す仕事だ。この厳しい真実こそビジネススクールがビジネスというものを実際より残酷でないように描きたがり、営業を教えることを忌み嫌っている理由かもしれない。

しかしそこまで忌み嫌う必要はない。そうやってセールスを見下すことで、ビジネススクールは自らの愚かさとエリート意識を露呈している。営業がなければビジネスは成り立たない。営業はビジネスのなかでもっとも平等なものだ。その道は誰にでも開かれ、個人に力を与え、完全に計測が可能である。正しく行われた場合には、セールスは企業文化の抑圧から人々を解き放ち、個性と運命を個人の手に取り戻す手立てとなる。営業という仕事は、正式な教育を受けていなくても忍耐力の豊富な人間が成功するための手段である。質の高い教育にセールスへの欲求と才能が加われば、その掛け合わせの果実は世界を変えることができる。ビジネススクールと企業はもっとセールスを教えるべきだし、むしろセールスを経営教育の出発点にすべきだ。すべてはセールスから始まる。どうお金を稼ぐか。どう人と接するか。どう成長したいのか。ビジネスマンが直面するあらゆる倫理問題は、営業マンが初めての売り込みで対峙する問いに行きつく。それは、お金のために自分はどこまでやるつもりがあるかという問いだ。

映画『ゴッドファーザー』のなかで、ゴッドファーザーが撃たれたとき、長男のソニーは、襲撃を仕組んだソロッツォの首を差し出さなければ、ほかのファミリーに全面抗争を仕掛けると誓った。ロバート・デュヴァル扮する冷静なアイルランド人相談役のトム・ヘイゲンは、ソニーを落ち着かせようと、ファミリーのビジネスと私情を切り離すよう助言する。「あいつらは親父を撃ったんだぞ。それがビジネスだって？　ばかやろう！」とソニーはわめく。「君の親父を撃つこともビジネスだ。私情じゃないんだよ、ソニー！」とヘイゲンは言う。するとソニーが言う。「わかった。それならビジネスを犠牲にするまでだ」。僕はソニーに賛成だ。ビジネスをたんなるスプレッドシートやトレーディング画面のなかのものと捉えれば、それが仕事であって私的なものではないと簡単に言える。だが、誰かを相手に売り込むとき、すでにビジネスは私的なものになっているのだ。

僕が初めてクリストファー・コールリッジに出会ったのはイギリスの高校時代で、つきあいは長い。息子の名付け親にしたくらい、僕は彼に信頼と愛情と尊敬を寄せている。彼は熱心で素晴らしいセールスマンだ。

大学時代にクリストファーと僕はいっしょに雑誌の仕事をした。僕は経営を担当し、彼が編集を担当した。クリストファーは経営者としても十分に有能だったので、実際僕はほとんど必要なかった。だが、偉いふりをしてみたかった僕の勝手な夢に、彼はよろこんでつきあってくれた。僕が広告主の獲得を面倒だがやるしかない雑用だと思っていたのに対して、彼は地元のレストランや店主をおだてて金を引き出し、支払いの遅れた相手に立ち向かうことを心から楽しんでいるように見えた。あるとき、広告を出稿したフォードから二カ月たっても支払いが届かなかった。僕が何度かいやいやながら電話をかけたものの返事はなかった。そこである朝、クリストファーが掛け合うことにした。一五分ほど食い下がったあと、クリストファーはフォードの全ヨーロッパのマーケティング統括責任者と話をしていた。相手はたかだか一五〇〇ポンドの支払いのためになぜ自分が巻き込まれたのかわからず当惑していた。だが、数日すると小切手が届いた。クリストファーは、社交の場では吃ることがあった。だが、セールスになると吃音は消え、起業家らしく堂々と振る舞った。

大学卒業が近くなると、友人のほとんどは弁護士か銀行家を考えていたが、クリストファーは食品会社の経営を夢見ていた。サンドイッチ店に入ると、彼はかならずカウンターの後ろにいる店員に話しかけていた。お勧めは？　いちばんの売れ筋はどれ？　このチーズの産地は？　そのタラモサラダはどう？　そんな鮮やかなピンクじゃなくて、ベージュのほうが自然じゃない？　礼儀でそうしていたわけではない。ほんとうに興味があったのだ。

大学卒業後、クリストファーは広告業界に入った。彼の主要顧客の一社はシュガー・パフスというイギリスのシリアルブランドで、大きな「ハニー・モンスター」のマスコットでよく知られていた。彼は数年間、このマスコットを持ち歩き、その毛だらけの着ぐるみに入る役者たちをイベントや撮影に連れて行き、マスコットのすべてのパーツが目的地に届くよう手配していた。その仕事を彼はほとんど不満も言わず見事にこなしていた。

その後、彼はフランスにあるインシアード（ＩＮＳＥＡＤ）のビジネススクールに入学した。卒業が近づき、ＭＢＡ取得者を多数採用している大手企業からは採用を見送られたクリストファーは、起業するならいましかないと思った。彼とインシアードの友人は、アメリカでヒットしていたような、ビタミン強化飲料「Ｖウォーター」の開発を思いついた。彼らは商品とフレーバーとパッケージを考案した。すると一〇人のインシアード卒業生がそれぞれ一万ポンドずつ、事業の設立と立ち上げのために投資してくれた。その後の四年間、クリストファーはＶウォーターの顧客基盤をゼロから築きあげていった。

クリストファーは、くる日もくる日もロンドン中の小売店主を訪問した。会社で初めて買った備品である白い中古の小型トラックにＶウォーターを積み、街中を運転した。彼にはどうしても販路が必要だったが、店主たちはそこにつけ込んで売り込みのたびに値切ってきた。毎日拒絶に耐え続け、商品を店に入れてもらうことに成功しても、たいていはひどい条件を強いられた。一日の仕事を終えて銀行や弁護士事務所や政界にいる友人と会うと、なぜそんな仕事をしているのかと聞かれた。それが本物の仕事だからと彼は答えた。どれほど苛立たしかろうが、数ペニーの薄い利益を争う議論のなかに、本質的な何かがあった。「彼らは、セールスマンをビジネスにおける使い捨ての歩兵のように見下していたんだ。でも、本当にいなくても困らないのは、高給取りの管理職さ。セールスマンは顧客との関係をうまく保っているかぎり、何者にも代えがたい価値がある」。

クリストファーはまた、セールスにはリアルタイムの満足感があることを知った。その場でイエスかノーかがわかるからだ。イエスと言われるたびに、彼は「子供のような達成感」を感じた。「自分と話したがっていない人間に電話して、じわじわと相手の気持ちを変えていくのが、すごい快感なんだ。成功したときには信じられない満足感がある」。そう彼は言った。五年間でVウォーターは着実に成長し、クリストファーがちょうど資金調達のために投資家を回る必要に迫られていたとき、電話が鳴った。ペプシが彼の会社を買いたいという。それは、彼の努力に対する途方もないご褒美で、彼も共同経営者も投資家たちも、二つ返事でその提案を受け入れた。Vウォーターは、クリストファーが統括するペプシの一事業部となり、彼はもう月々の給与の支払いや、そのほかの自営業につきものの面倒なことを心配する必要はなくなった。

ある暖かい春の朝、僕らはロンドンのリバプール駅の向かいにあるインド風コーヒーの店で落ち合った。クリストファーは、毎月何日かはセールスマンといっしょに店を訪問して回るよう努めていた。世界最大級の企業のマネージング・ディレクターになっても、彼はいまだに現場での売り込みの切った張ったを楽しんでいた。僕らが後ろからついて行ったのは、サムという一八歳のセールスマンで、高校を卒業した彼は大学の学費を稼ぐためにこの仕事についていた。サムはVウォーターのロゴのついた黒いシャツを着て、全身を黒で固めていた。セールスチームがこの服装を選んだのは、バーテンダーみたいに見えるからだという。クリストファーは短い目標リストを書き出していた。セールスマンは自分の顧客リストを使って既存の顧客を訪問すると同時に、その担当地域のなかでまだVウォーターを売っていない店を訪れ、新規開拓もすることになっていた。

「さあ、楽しもう。出発だ」。手をたたきながらクリスファーが言った。サムは、二人の若いポーランド人女性が経営するサラダ・ファクトリーという小さなサンドイッチバーから始めた。その日の課題は、「保存トレイ」と呼ばれるVウォーター専用のプラスチックトレイのセットを店の冷蔵陳列ケースのなかに設置してもらうよう二人に頼むことだった。トレイにはVウォーターのロゴが表示され、いちばん前のボトルを取ると次のボトルが前にくるよう傾斜がついていて、Vウォーターがより目立つような仕掛けになっていた。「保存トレイが売上増につながることは証明されている」。クリストファーはサムに言った。「置かないと、売上を逃していると思わせるんだ」。サムは店に入り、自己紹介した。彼の後ろに客が並んでいたが、その気まずい状況にも臆せず、彼はトレイを取り出して見せていた。サムは店長の許可をもらい、トレイを設置して、店から出てきた。成功だ。

実際、ほとんどの店のオーナーは店で売る商品について話したくてたまらないんだとクリストファーは教えてくれた。それが彼らの商売で、生活の糧なんだと。部外者にはつまらなく思えることを、店主はいつなんどきでも気にしている。それはどの商品がいちばん利益を生むかということだ。「たくさんのセールスマンが店に入っては泣き落とそうとするが、たいていはおととい来いと言われて終わりだ」とクリストファーは言う。成功するのは、店に入って店主と同じ目線で話のできるセールスマンだ。

セールスマンを面接するとき、クリストファーが決まってやることがある。彼が店主の役になり、五分間質問や反論をしてセールスマンを追い詰めるのだ。「場所がない。高すぎる。ただの水みたいじゃないか」。そうやって彼らが自分の頭で考えられるか、黙り込んでしまわないか、そしてなによりずっと笑顔でいられるかを試す。科学的な手法とは程遠いやり方だ。「信頼できるかどうかもすごく大切だ」とクリストファーは言った。「素晴らしいセールスマンがいた。彼は三二歳でこれまでいろんなバーの仕事を転々としていた」。それは一つの仕事がめったに長く続かないという注意信号だった。「彼は、知り合いのバーにVウォーターを売り始めたが、すぐにまったく信頼できなくなった」。ある日、彼が出勤するはずの日に電話をかけてきて、自分は誘拐されていたが、明日の朝には出勤すると言った。その後また電話をかけてきて、翌朝までクビがつながっているかどうか聞いてきた。「彼はしまいには誘拐話が嘘だと認め、私は彼をクビにするほかなかった」。

次に僕らは鮨とサンドイッチを出す日本人のバーに行った。店員はあまり英語が上手でなかったが、サムはなんとかマネジャーを奥の部屋から引っ張り出すことに成功した。だが、話は進まなかった。マネジャーの女性の上には、別の店に上司がいた。サムはその上司と電話で話せないかと聞いたが、以前Vウォーターを試したときはあまり売れなかったと言われた。サムはもう一度試してもらうよう説得しようとしたが、断られた。立ち去り際に、クリストファーはサムを褒めた。「嫌われない程度に、できる限り押してみればいい」と彼は言った。サムは時間をかけて関係を築こうとし、マネジャーの話を聞き、意思決定者をつかまえようとした。「よかったよ」とクリストファーは言った。「でも、もっと熱意を出してもいい。君は夢を売ってるんだ。そのためには問題を取り除き、先のことを話すといい。Vウォーターをプッシュする大がかりな販促が控えていると伝えればよかったんだ。組織的で、強力な販促活動で、一本買うとおまけが一本ついてくる。われわれからこの先たくさんの支援があるとね」。

次の店を探して歩きながら、僕はサムに友達は彼の夏の仕事をどう思っているかと聞いた。「きつい仕事だと思われてます。簡単な仕事じゃないから誰も話題にしません。みんな怖がってセールスをやりたがらないです。でも、僕は現場のほうが快適です。オフィスには本物の活気はないですから。僕は歩き回って、街の活気を感じながら外にいるのが好きなんです」。初めは飛び込みで店に入ってオーナーや店長と話すのが恐ろしかったという。「でもいまは僕が強引に割り込まずに我慢強く待っているかぎり、相手は気にしません。ただ、間違った情報を与えないことが大切です。相手はこちらからの提案を期待していて、一〇人に九人はよろこんで聞いてくれます。僕たちの仕事が結局お店のためにもなっていると思えば面白くなります。僕の話を聞きたくない正当な理由が相手にあるのなら、仕方ないと思うようになりました。それは僕のせいじゃないですから」。

次の数店舗では、サムはオーナーや店長と長く話し込んでいた。相手の気持ちを変えることはできなかったが、彼はその人たちとの関係を築いていた。「いい話ができたね、サム」とクリストファーが言った。新しいパスタのテイクアウト店で、サムが店に入る前にクリストファーが指導した。「なかに入ったら、店長に、ここがこのチェーンで最初にVウォーターを置く店舗になると言うといい。記念すべきことだ、と。Vウォーターは人気商品で、今後ますます人気が出ると話してごらん」。サムは頷き、試合に臨むボクシング選手のように目を伏せて店に入って行った。勇敢に努力したようだったが、またしても成果はなかった。

魔法をかけるのはいまでも人間の仕事だ、とクリストファーは言った。市内のオフィスから人々が出てくる昼食時までには、レストランはサムが売り込みを続けるには混み合いすぎる。

僕たちの最後の訪問先は、大型のセルフサービスのレストランだった。「Vウォーターはこういう店のためにつくられたような商品だ」。サムがカウンターに向かって行くのを見ながらクリストファーが言った。「都会の人の群れ、忙しい人たち。こんな店が宝なんだ」。サムは数分で戻ってきた。店長はVウォーターは気に入ったがいまは置く場所がないから、おそらくそのうちに、と言ったらしい。

「わかった、サム。でもそこではっきり言わないとだめだ」。クリストファーが突然目的を定めたように語り出した。「相手が商品は気に入ったと言って間をあけたら、すかさずこう言うんだ。『気に入ってくださってうれしいです。いま、僕が御社の流通業者に連絡しましょう。本日一二本無料で差し上げますので、こちらでお売りいただいて利益にしてください。何ケース注文しましょうか？　一フレーバーに一箱ずつにしましょうか？』そうやって数の話に持っていくんだ。その場で先方と取引のある卸売業者に君が電話して注文を入れると伝えなさい。自分の電話でかけて店長に回すんだ。もし彼らに任せたらどうなるかわからない。忙しくなったり、ほかのことが起きたりする。サム、もしここに商品を入れてもらえたら、すごい成果になる。彼に少なくとも一箱は注文させるんだ。彼に、『お時間を無駄にさせたくありません。私は取引のために来たんです』と言うといい。この夏、これがうまくいったら、履歴書にも書けるし、君自身にもいい人脈ができる。さあ、行って来い」。

僕らが外で待っている間、クリストファーは、テクノロジーや会社の規模は激変したけれど、商売は結局ここに戻ってくると言った。新しい店を見つけ、追いかける。店を回って、電話やメールでなく、実際に人に会って話をする。すぐにサムが首を振りながら出てきた。「よし」。クリストファーはここぞとばかりに入れ込んで言った。「いいか、感情に訴えるんだ。彼に特別の販促をするために、僕はクビをかけているんですと言ってみろ」。クリストファーは電話を取り出すと、そのレストランの流通業者に電話をかけ、今回限りの販促を許可した。そしてサムに向き直った。「店長にわれわれのすごい販促活動を全部教えて、彼の気持ちを盛り上げろ。流通業者は無料サンプルをいますぐにでも配達できる。彼に注文を出させるんだ。成約できたら私にメールを送ってくれ」。

二〇分後、クリストファーと僕は昼食のために腰をおろした。彼の携帯が振動した。彼はメールを読んだ。サムからだった。三ケース販売したのだ。クリストファーの顔はよろこびでパッと明るくなり、それから彼はメニューに向かい、二人でこの本について話し合った。セールスという仕事がいかに道徳的な矛盾に満ちていて、精神的にタフな仕事であるかを僕が語るのを聞いて、クリストファーはこう言った。「君は営業という仕事の背後に何か深い真実のようなものがあると考えていて、それを発見したら、みんなが『ああ、そうか』と納得すると思い込んでるんだろう。だけどたいていの人間は真実なんて知りたくないんだよ。お互いを励まし合って、万事順調だということにしておきたいんだ。何にでも裏があってみんなが騙されていると触れ回るよりは、そのほうがいい生き方じゃないか」。

そんなお気楽な考え方は投資家には危険かもしれない。だがセールスマンにとっては、セールスをいつか暴露される巨大な欺瞞だと思うより、世界はよりよい生活を送りたい顧客に満ちていると見るほうがはるかに納得しやすい。終章に出てくる元セールスマンの「コーチ」が試合に臨む地元の高校生たちに激励の言葉をかけながら、それをやんわりと自嘲していたことを思い出した。彼の言葉は安易で手垢のついたものかもしれないが、僕らはみんなそれを信じたがっているのではないだろうか。セールスの真髄は、『セールスマンの死』のなかにあるのではなく、大多数のセールスマンが実践しているいい習慣と気持ちのいい振る舞いの日々の積み重ねのなかにある。それは彼らが僕らに分けてくれる明るい人生の見方のなかにある。

何かを上手に売るということ

偉大なセールスマンにはさまざまなかたちがあることをこの本で示すことができたなら本望だ。これが正解だと言える一定のかたちはない。セールスマンに共通の特徴は、打たれ強さと楽観主義だ。だがそれを別にすれば、お金がやる気につながるセールスマンもいれば、自分たちに閉ざされた世界の壁を破るための効率的な方法としてセールスを仕事にする人いる。

マジードは売買の駆け引きを楽しみ、商品に誇りを持ちタンジール旧市街の帝王として君臨している。メモは、片時も休まず行動することにこだわり、立ち止まったら自分の築いた世界が崩壊し始めるのではないかと怖れ、日々容赦なく自分を駆り立てている。彼にとってセールスは得点を記録する手段である。「コーチ」は、本社に電話して「注文だ！　書くものはあるか?」と叫ぶめったにない瞬間のために、ウエストバージニアの長い旅路と寂しい夜に耐えた。そして、コネチカットの地元高校の大試合の前に、生徒たちに「成功は『できる』と言うことからだ」と檄を飛ばすとき彼はいまもそれが役に立つものだと信じている。キャロリン・クレムにとって、不動産販売は、飽くなき社交欲と職業的な野心の延長である。ジェフリー・ギトマーの説く営業のワザを誰もが実践できるわけではない。彼の目的はむしろ、つねに自らを鼓舞し続けなければならない営業マンたちの支えとなるような前向きな雰囲気をつくることだ。

僕が出会ったセールスマンはみな、話が面白く、とても感じのよい人たちだった。退屈な人は一人もいなかった。立派な体格の人もいればそうでない人もいたし、説得力のある人もいれば、洞察の鋭い人もいた。それぞれが各種各様の共感力と自我を持っていた。

しかし、彼ら全員が自分のなかにのっぴきならない欲求を抱えていて、それが彼らのセールスの能力を引き出していた。その欲求は人それぞれだ。だが、似たような欲求は僕らみんなのなかにあるはずだ。僕の息子は何かを売ってみたかったのではなく、ゴーカートを買うお金を稼ぐためにレモネードを売っていた。ためらいを捨てて何かを上手に売ることは、僕らを動かすものの本質に対峙することである。そして、それに正直に生きることなのだ。

謝辞

この本に登場してくれた多くの方に、また、僕に時間、思考、人脈、友情、そして支払小切手などを通じて助けてくれたもっと多くの方たちに、心から感謝します。タンジールへの旅行を手配してくれたジョシュとエレーナ・プレンティス。マラケシュでお世話になったエド・ライル。東京で温かくもてなしてくれた岩瀬大輔。通訳者として忍耐強く僕につきあってくれた関谷英里子氏。ライフネット生命の出口治明会長と川越あゆみ氏。東京在住のハーバード・ビジネス・スクール卒業生の面々、竹川隆司氏、公森賢一郎氏、山下剛氏、そして渡辺雄介氏。ビル・バーク、ラリー・グッドマン、そしてジョー・ウヴァ。スリクマー・ラオ。トムとポール・ハーダート。シンシア・シェイ。トリッシュ・オライリーと彼女の父上ゲリー、その奥様のシートン。紙ナプキンの上に営業の芸術を描いてくれたヒュー・ローソン。大胆にも民間業界での挑戦に挑む稀有な学者、ジョエル・ポドルニー。カウフマン財団の素晴らしい仲間たち、カール・シュラム、ボブ・ライタン、デーン・ストラングラー、レサ・ミッチェル、そしていまはザーリー（便利屋サービス）にいるボー・フィッシュバックの友情と励ましに。何度もミッドタウンで楽しいランチを共にしてくれたジェイムズ・ライル。ウォール街の第一線からの視点を与えてくれたジョン・チャーチルとアンドリュー・スタッタフォード。偉大な友でありセールスの芸術の熱心な追求者、クリストファー・コールリッジ。僕の信頼する新聞編集者たち、サラ・サンズ、アレック・ラッセル、ラヴィ・マットゥ、そしてエリック・アイヒマン。僕がロンドンにいるときにいつも親切にしてくれるジェマイマ・マクドネル、トム・ロード、ジャッキーとダン・ヒギンズ、シャーロットとガイ・パイズナー、そしてヴィクトリアとルーク・ブリッジマン。ペンギン・プレスのみなさん。本書の権利を買い入れ、思慮と注意を持って編集してくれたエイモン・ドラン、最初と最後にすべてをまとめてくれた、エミリー・グラフとスコット・モイヤーズ。レオ・キャステリのように文化を興す、賢い楽観主義者のスヴェトラナ・カッツと頭脳明晰なティナ・ベネット。目配りの利く僕の伯母、ヴィクトリアとアン。執筆は貴い仕事だといつも思っていた祖父のマイケル。素晴らしい義理の親類、コルネリアとシンディ。揺るぎない愛と模範を与えてくれる両親のマーシャとサイモン。セールス修業中のなんとも楽しい息子たち、オージーとヒューゴ。そして、妻マーグレット。君のすべてが最高だ。

解説

営業マンが書いた営業についての本はたくさんある。業界トップクラスの凄腕セールスマンが、自分の経験に基づいて書いた本はとくに多い。読むと面白いし、実際に役に立つ部分もあるのだろうが、こうした個人の「習慣」や「ルール」といったものにどれだけ汎用性があるのだろう。一方で、経営学的には営業管理というジャンルがある。訪問回数などの数字を評価分析して売上をあげるための仕組みを構築するのが目的だ。しかし営業という仕事は属人的な要素によって成果が決まるところが大きく、そのぶん複雑で矛盾に満ちている。そもそも定量的手法に馴染まない職種なのだ。だからだろう、業界や国境を越えて営業という仕事について掘り下げて書かれた本というものにはお目にかかったことがない。本書はそういう意味ではきわめて珍しい本である。ハウツーでもなく、専門書でもない。しいて言えば「対話」の本だ。モロッコの土産屋、日本のセイホ営業、ニューヨークの画商など、「人に直接ものを売る」ことだけを共通点にした多くの人物との対話が縦横無尽に繰り広げられ、そのなかから営業という仕事の深さと広がり、その本質を描いている。

営業とは、つまるところ何なのか。狭義では特定の商品を金銭の対価をもらって買ってもらうことだが、ノンプロフィットの団体が寄付を集めることも営業である。ものは買ってもらわなくてもお金をだしてもらうとか、お金はだしてもらわなくても手伝いをしてもらうためにする行動も営業だ。本書ではネルソン・マンデラからダライ・ラマ、果てはイエス・キリストまで「営業マン」として登場させている。つまり営業とは、「自分の思いを相手に伝えて相手の心を動かして行動を起こしてもらうこと」なのだ。この本はアメリカとイギリスではタイトルが違っていて、イギリス版は*The Art of the Sale*、アメリカ版は*Life's a Pitch*となっている。日本語にすると前者は『営業の技法』、後者は『人生は売り込みだ』というニュアンスだ。本書の主張はアメリカ版のタイトルのほうによりストレートに現れているように思う。

本書の著者、フィリップ・デルヴス・ブロートンは、僕がハーバード・ビジネス・スクール（HBS）時代に出会った友人である。もともと新聞記者で、HBS在学中はフィナンシャルタイムズ紙にHBSでの学生生活について書いた記事を寄稿していた。それをたまたま目にした僕は、彼のちょっと斜に構えたものの見方が面白いと思い、面識はなかったけれども感想をメールで伝えた。その後、選択科目のインターナショナルファイナンスの授業でいっしょになり、家族ぐるみのつきあいが始まった。フィリップはどちらかというと沈思黙考型の人物なのだが、ものを書くときにはとたんに饒舌になる。オックスフォード大学でギリシャ文学を専攻したフィリップは、三〇歳そこそこでイギリスの有力紙デイリーテレグラフのパリ支局長を務めた筋金入りのインテリだ。僕のいちばん身近にいる博覧強記の知識人といえばライフネット生命会長の出口治明だが、ふだんは物静かなフィリップが、古典と歴史が大好きな出口とは話が尽きない様子だった。

フィリップにはほかのMBA生にはない落ち着きがあり、周囲の喧騒を静かに観察しているようなところがあった。卒業後には留学記『ハーバード ビジネススクール――不幸な人間の製造工場』を出版するのだが、そこには躍動感あふれる入学初日から、その後二年にわたる濃厚な日々が鮮明に描かれている。その筆力は、本書でも存分に生かされていて、国や時代をやすやすと飛び越えて、伝説の営業マンたちの醸し出す独特の雰囲気を存分に伝えている。心底面白がって書いている様子が伝わってくる一方で、その視点にはどこかシニカルなところがあるのもフィリップ流だ。一度、なぜ君はそんなに斜に構えてものごとを見るのかと聞いてみたことがある。彼は、理由は三つあると言った。「まず、僕は英国人だ。ジャーナリストでもある。そのうえ親父は聖職者なんだ」。最初の二つはわかるが、なぜ聖職者の息子だとシニカルになるのかと聞くと、「信者の前では朗々と神の教えを説きながら、家に帰ると愚痴を言いながら寝転がってサッカーを見ているんだよ。子供ながらに人間の二面性を見たね」という答えだった。

彼がHBSに入学したのは、そのシニカルな視点を矯正する意味もあったのだと思う。前著には「私は体験記を書くためにハーバードビジネススクールに行ったわけではない。（中略）書くことから足を洗い、自分を取り巻く世界を記事のネタとして見ることをやめるためにそこに通ったのだ」と書いている。実際に、マッキンゼーやグーグルを受けるなど、普通のＭＢＡ的な視点で就活をしていたころもあった。しかし卒業するまでにはやはりビジネススクール教育への疑問というものがどんどん膨らんでいったのだと思う。それを一言で表すと「ここではビジネスでいちばん大事なことを教えていない」ということだったのではないだろうか。

僕はそこにすごく共感する。営業にかぎらず、ビジネスというものは学校で教えられるものではない。タイガー・ウッズに教室で何時間ゴルフのレクチャーをしてもらってもゴルフができるようにはならないのと同じだ。コースに出て、クラブを振って、球を打って、何度も失敗して、その繰り返しのなかでわかってくるものだ。僕はＨＢＳでたくさんの刺激をうけて多くを学んだが、ＭＢＡをとったからビジネスができるようになるとは思っていない。だいたい、世の中で活躍している多くのビジネスマンはビジネススクールになど行っていないのだ。

本書のエピローグには、ＭＢＡをとったあとに「Ｖウォーター」というビタミン強化飲料のベンチャー（のちにペプシが買収）を立ち上げた著者の友人、クリストファー・コールリッジが新入りに飛び込み営業をさせる場面がある。新入りが店に入る前と出てきた後にアドバイスしながらＯＪＴで鍛えていく。「嫌われない程度に、できる限り押してみればいいんだ」「もっと熱意を出してもいい。君は夢を売ってるんだ」「なかに入ったら、店長に、ここがこのチェーンで最初にVウォーターを置く店舗になると言うといい」「わかった、サム。でもそこではっきり言わないとだめだ」「相手が商品は気に入ったと言ったあとに間をあけたら、君はこう言うんだ」「いいか、感情に訴えるんだ」「店長にわれわれのすごい販促活動を全部教えて、彼の気持ちを盛り上げろ」……。

このやりとりを見るだけでも、セールスがビジネススクールで教えられない理由がわかるだろう。指示の与え方だけでなく、けしかけ方、励まし方、褒め方もスポーツのトレーナーのように具体的だ。そもそもビジネス自体が現場に身を置かなければ学ぶことができないものだが、営業はその最たるものだ。ビジネススクール型の教育がいちばん向いていない。ならばビジネススクールで教えるべきは、「ビジネスでもっとも大切な営業という仕事については教えることができない」という事実であり、そういう仕事をしている人間は会社の宝であり、そのように扱わなくてはならないということではないだろうか。

僕はHBS卒業後、ライフネット生命保険というオンライン生保会社を現会長の出口とともに立ち上げ、経営に携わってきた。ライフネット生命は、本書に登場する第一生命の柴田さんや、プルデンシャルの岡さんのような営業職員がいないことがひとつの売りだった。人件費分のコストが削減できて、それだけ保険を安く売ることができるからだ。その部分で消費者に選んでもらえるという自信はあった。しかし、必ずしも消費者がネット生保に飛びついたかというとそうではなかった。このこと一つとっても、本当にものを売ることは難しいと思う。法人相手の世界ではまだ理屈が通じる。大幅にコストダウンできる商品やサービスを選ばないということはまず考えにくい。しかし個人は理屈では動かない。消費者の心はロジカルではなく、うつろいやすいのだ。

たとえば昼食に中華か和食かという選択肢があったとする。何を基準に選ぶだろうか？　人が並んでいるほうが美味しいだろうからそちらに入るとか、待つのがいやだから別の店を選ぶとか、もっと言えばそのときの気分といった偶然に左右される。美容院に年一一回行くか一二回行くか、意識して考えている人などいないだろう。ところが売る側からすれば、いくつかある選択肢のなかから選ばれること、一度でも多く来てもらうことは死活問題である。

では、理屈が通らない、偶然と無意識に支配される消費者心理を相手にして打つ手はないのかといえばそうではない。消費者には共通する要素がある。つながりたいという欲求だ。もっと言えば、自分の話を聞いてもらいたいとか、自分の問題を理解してもらいたいという欲求である。だからこそ気心が知れていて、自分のニーズをいちいちこまかく説明しなくてもわかってくれて、最後に背中を押してくれる人から買いたいと思うのだ。本書でもあらゆる商材を売る場面で、消費者のつながりたい欲求が出てくる。

僕らのやっているネット生保は、セグメンテーションとして、対面のきめこまやかな営業よりも、時間をかけずに自分で決めて選べることを重視する人たちから評価されているのだと思う。そうはいっても何かを買っていただくには、やはりお客様とのふれあい、かかわりあいというのは欠かせないものである。出口や僕が講演やお客様との集いに出かけていくのも、より多くの人に僕たちの会社、商品に対して共感してもらうためだ。

マスマーケティングの時代は企業が多額のお金をＣＭに投下して、イメージでものを売ることができた。売る側に圧倒的に有利な情報格差が存在したからだ。しかしその格差は、資本主義が成熟し、テクノロジーが進化する過程で縮小してきている。消費者とつながるためには、どんな人が、なぜ、どういう思いでこの商品をつくったのかというストーリーが大事になってくる。生鮮野菜に生産者情報がついてくるように、保険商品開発者の思いを伝える場があってもいい。

本書を読むと、相手が個人であれ会社であれ、ビジネスの根底にあるのは、「他者を理解し、自分を理解してもらう」という相互理解であるということがよくわかる。しかし、たいていの場合は相手を理解する前に売ろうとし、かなり経験のある営業マンでも、自分を理解してもらうということまでは思い至らない。だからこそいつの時代においても営業という仕事の最初にして最大の壁は「断られること」なのだ。

僕はどんな仕事も五割以上が人間関係だと思っている。純粋にある業務だけを達成すればよい環境などあり得ず、社内の苦手な人間や、難しいお客様を相手にしながら状況を切り抜けていく力が要求される。そのためにお金が払われるといってもいいくらいだ。相互理解には時間がかかる。断られたからといって毎回落ち込んでいては前に進めない。優秀な営業マンは共通して「断られることがデフォルト」というマインドセットを持っていて、そこから立ち直る自分なりの方法を持っている。

営業という仕事は、資格もいらず誰でもできるという理由で不当に低く見られている面がある。しかし、本来は優れた人がいちばん稼ぐことができる職業だ。欲望のせめぎあいのなか、勝った者が報われるというプリミティブな競争社会でもある。頭でっかちのエリートはそういう世界を本能的に恐れている。本書の第8章にＨＢＳであまり人気のない営業の授業を担当しているハワード・アンダーソンの話が出てくる。彼はこう言った。「セールスは、結果が測れる唯一の分野だ。それがＭＢＡの学生には死ぬほど恐ろしいんだよ」。誰にもチャンスがある世界というのは、とんでもなく厳しい世界でもある。まさに、営業は生きることそのもの、人生の縮図なのだ。

ライフネット生命保険株式会社代表取締役社長兼ＣＯＯ　岩瀬大輔

McMurray, Robert N. "The Mystique of Super-Salesmanship." *Harvard Business Review* 39, no.2 (1961): 113-122.

Moynihan, Ray, Iona Heath, and David Henry. "Selling Sickness: The Pharmaceutical Industry and Disease Mongering." *British Medical Journal* 324, no.13 (April 2002): 886-891.

Peterson, Christopher, Amy Semmel, Carl von Baeyer, Lyn Y. Abramson, Gerald I. Metalsky, and Martin E. P. Seligman. "The Attributional Style Questionnaire." *Cognitive Therapy and Research* 6, no.3 (1982): 287-300.

Rizzo, John R., Robert J. House, and Sidney I. Lirtzman. "Role Conflict and Ambiguity in Complex Organizations." *Administrative Science Quarterly* 15 (1970): 150-163.

Saxe, Robert, and Barton A. Weitz. "The SOCO Scale: A Measure of the Customer Orientation of Salespeople." *Journal of Marketing Research* 19 (August 1982): 343-351.

Schulman, Peter. "Applying Learned Optimism to Increase Sales Productivity." *Journal of Personal Selling and Sales Management* 19, no.1 (Winter 1999): 31-37.

Seligman, Martin E., and Peter Schulman. "Explanatory Style as a Predictor of Productivity and Quitting among Life Insurance Sales Agents." *Journal of Personality and Social Psychology* 50, no.4 (1986): 832-838.

Shapiro, Benson P., and Ronald S. Posner. "Making the Major Sale." *Harvard Business Review* 54, no.2 (1976): 68-78.

Sujan, Harish. "Smarter versus Harder: An Exploratory Attributional Analysis of Salespeople's Motivation." *Journal of Marketing Research* 23, no.1 (February 1986): 41-49.

———, Barton A. Weitz, and Nirmalya Kumar. "Learning Orientation, Working Smart, and Effective Selling." *Journal of Marketing* 58, no.3 (July 1994): 39-52.

Szymanski, David M. "Determinants of Selling Effectiveness: The Importance of Declarative Knowledge to the Personal Selling Concept." *Journal of Marketing* 52, no.1 (January 1988): 64-77.

Verbeke, Willem, and Richard P. Bagozzi. "Sales Call Anxiety: Exploring What It Means When Fear Rules a Sales Encounter." *Journal of Marketing* 64, no.3 (July 2000): 88-101.

Walker, Orville C., Jr., Gilbert A. Churchill Jr., and Neil M. Ford. "Motivation and Performance in Industrial Selling: Present Knowledge and Needed Research." *Journal of Marketing Research* 14, no.2 (May 1977): 156-168.

Weitz, Barton A. "Effectiveness in Sales Interactions: A Contingency Framework." *Journal of Marketing* 45, no.1 (Winter 1981): 85-103.

———, Harish Sujan, and Mita Sujan. "Knowledge, Motivation, and Adaptive Behavior: A Framework for Improving Selling Effectiveness." *Journal of Marketing* 50, no.4 (October 1986): 174-191.

年10月号]
Behrman, Douglas N., and William D. Perreault Jr. "Measuring the Performance of Industrial Salespersons." *Journal of Business Research* 10, no.3 (September 1982): 355-370.
Bonanno, George. "Resilience in the Face of Potential Trauma." *Journal of the American Psychological Society* 14, no.3 (2005) : 135-138.
Bonoma, Thomas V. "Major Sales: Who Really Does the Buying." *Harvard Business Review* 60, no.3 (1982): 111-119.
Chowdhury, Jhinuk. "The Motivational Impact of Sales Quotas on Effort." *Journal of Marketing Research* 30, no.1 (February 1993): 28-41.
Churchill, Gilbert A., Jr., Neil M. Ford, Steven W. Hartley, and Orville C. Walker Jr. "The Determinants of Salesperson Performance: A Meta-Analysis." *Journal of Marketing* 22, no.2 (May 1985): 103-118.
Clark, David M. "A Cognitive Perspective on Social Phobia." In *International Handbook of Social Anxiety: Concepts, Research and Interventions Relating to the Self and Shyness*. Edited by W. Ray Crozier and Lynn E. Alden. Hoboken, NJ: John Wiley & Sons, 2001.
Dixon, Andrea L., Rosann L. Spiro, and Maqbul Jamil. "Successful and Unsuccessful Sales Calls: Measuring Salesperson Attributions and Behavioral Intentions." *Journal of Marketing* 65, no.3 (July 2001): 64-78.
Dubinsky, Alan J., Roy D. Howell, Thomas N. Ingram, and Danny N. Ballenger. "Salesforce Socialization." *Journal of Marketing* 50, no.4 (October 1986): 192-207.
Dwyer, F. Robert, Paul H. Schurr, and Sejo Oh. "Developing Buyer-Seller Relationships." *Journal of Marketing* 51, no.2 (April 1987): 11-27.
Hammond, Allen L, and C.K. Prahalad. "Selling to the Poor." *Foreign Policy* 142 (May-June 2004): 30-37.
Kidwell, Blair, David M. Hardesty, Brian R. Murtha, and Shibin Sheng. "Emotional Intelligence in Marketing Exchanges." *Journal of Marketing* 75 (January 2011): 78-95.
Kohli, Ajay K., Tasadduq A. Shervani, and Goutam N. Challagalla. "Learning and Performance Orientation of Salespeople: The Role of Supervisors." *Journal of Marketing Research* 35, no.2 (May 1998): 263-274.
Kotler, Philip, Neil Rackham, and Suj Krishnaswamy. "Ending the War between Sales and Marketing." *Harvard Business Review* 84, no.7/8 (2006): 59-67. [邦訳『連携の密度が業績に直結する　営業とマーケティングの壁を壊す』フィリップ・コトラー、ニール・ラッカム、スジ・クリシュナスワミ共著、有賀裕子訳（ダイヤモンド社DIAMONDハーバード・ビジネス・レビュー誌）2006年10月号]
Luthans, Fred, and Allan H. Church. "Positive Organizational Behavior: Developing and Managing Psychological Strengths." *The Academy of Management Executive (1993-2005)* 16, no.1 (February 2002): 57-75.
MacFarland, Richard G. "Crisis of Conscience: The Use of Coercive Sales Tactics and Resultant Felt Stress in the Salesperson." *Journal of Personal Selling and Sales Management* 23, no.4 (Fall 2003): 311-325.
Mayer, David, and Herbert M. Greenberg. "What Makes a Good Salesman." *Harvard Business Review* 42, no.4 (1964): 119-125.

ジャイルズ・ケンプ、エドワード・クラフリン共著、田中孝顕訳（騎虎書房）1997年]
Mamet, David. *Glengarry Glen Ross: A Play*. New York: Grove Press, 1994.
Mandino, Og. *The Greatest Salesman in the World*. New York: Bantam Books, 1974. [邦訳『地上最強の商人』オグ・マンディーノ著、無能唱元訳、稲盛和夫監修（日本経営合理化協会出版局）1996年]
Melville, Herman. *The Confidence-Man: His Masquerade*. New York: W. W. Norton, 2005.
Micklethwait, John, and Adrian Wooldridge. *God Is Back: How the Global Revival of Faith Is Changing the World*. New York: Penguin Press, 2009.
Miller, Arthur. *Death of a Salesman*. New York: Penguin, 1996. [邦訳『アーサー・ミラー1（セールスマンの死）』アーサー・ミラー著、倉橋健訳（早川書房）2006年]
———. *Timebends: A Life*. New York: Penguin, 1995. [邦訳『アーサー・ミラー自伝〈上・下〉』アーサー・ミラー著、倉橋健訳（早川書房）1996年]
Nowak, Martin, and Roger Highfield. *SuperCooperators: Altruism, Evolution, and Why We Need Each Other to Succeed*. New York: Free Press, 2011.
Oakes, Guy. *The Soul of the Salesman: The Moral Ethos of Personal Sales*. Atlantic Highlands, NJ: Humanities Press International, 1990.
Ogilvy, David. *Ogilvy on Advertising*. New York: Vintage, 1985. [邦訳『ある広告人の告白』デイヴィッド・オグルヴィ著、山内あゆ子訳（海と月社）2006年]
Popeil, Ron. *The Salesman of the Century*. New York: Dell, 1996.
Rackham, Neil. *SPIN Selling*. New York: McGraw-Hill, 1988. [邦訳『大型商談を成約に導く「ＳＰＩＮ」営業術』ニール・ラッカム著、岩木貴子訳（海と月社）2009年]
Seligman, Martin E. P. *Flourish: A Visionary New Understanding of Happiness and Well-Being*. New York: Free Press, 2011.
Turner, Ted, and Bill Burke. *Call Me Ted*. New York: Business Plus, 2009.
Updike, John. Rabbit Angstrom: *A Tetralogy; Rabbit, Run; Rabbit Redux; Rabbit Is Rich; Rabbit at Rest*. New York: Everyman's Library, 1995. [邦訳『ラビット・アングストローム』ジョン・アップダイク著、井上謙治訳（新潮社）1999年][邦訳『ビッグディール――アメリカＭ＆Ａバイブル〈上・下〉』ブルース・ワッサースタイン著、山岡洋一訳（日経ＢＰ社）1999年]
Vass, Jerry. *Soft Selling in a Hard World: Plain Talk on the Art of Persuasion*. Philadelphia: Running Press, 1998.
Wasserstein, Bruce. *Big Deal: Mergers and Acquisitions in the Digital Age*. New York: Business Plus, 2001.

論文

Anderson, Erin, and Richard L. Oliver. "Perspectives on Behavior-Based versus Outcome-Based Control Systems." *Journal of Marketing* 51, no.4 (October 1987): 76-88.
Anderson, Erin, and Vincent Onyemah. "How Right Should the Customer Be?" *Harvard Business Review* 84, no.7/8(2006): 59-67. [邦訳『営業管理システムの整合性がカギ　成果管理か、行動管理か』エリン・アンダーソン、ビンセント・オニェマー共著、鈴木英介訳（ダイヤモンド社　DIAMONDハーバード・ビジネス・レビュー誌）2006

参考文献

書籍

Ash, Mary Kay. *The Mary Kay Way: Timeless Principles from America's Greatest Woman Entrepreneur*. Hoboken, NJ: John Wiley & Sons, 2008.

Barnum, P.T. *The Life of P. T. Barnum*. Champaign: University of Illinois Press, 2000.

Barton, Bruce. *The Man Nobody Knows*. Indianapolis: Bobbs-Merrill, 1925.［邦訳『誰も知らない男――なぜイエスは世界一有名になったか』ブルース・バートン著、小林保彦訳（日本経済新聞社）2005年］

Benioff, Marc. *Behind the Cloud: The Untold Story of How Salesforce.com Went from Idea to Billion-Dollar Company――and Revolutionized an Industry*. Hoboken, NJ: Jossey-Bass, 2009.［邦訳『クラウド誕生――セールスフォース・ドッコム物語』マーク・ベニオフ、カーリー・アドラー著、齋藤英孝訳（ダイヤモンド社）2010年］

Behrman, *S. N. Duveen: The Story of the Most Spectacular Art Dealer of All Time*. New York: Little Bookroom, 2003.

Bettger, Frank. *How I Raised Myself from Failure to Success in Selling*. New York: Simon & Schuster, 1992.［邦訳『私はどうして販売外交に成功したか』フランク・ベトガー著、土屋健訳、猪谷千春解説（ダイヤモンド社）1982年］

Biggart, Nicole Woolsey. *Charismatic Capitalism: Direct Selling Organizations in America*. Chicago: University of Chicago Press, 1990.

Carlin, John. *Playing the Enemy: Nelson Mandela and the Game That Made a Nation*. New York: Penguin Press, 2008.［邦訳『インビクタス――負けざる者たち』ジョン・カーリン著、八坂ありさ訳（日本放送出版協会）2009年］

Carnegie, Dale. *How to Win Friends and Influence People*. New York: Simon & Schuster, 2009.［邦訳『人を動かす』デール・カーネギー著、山口博訳（創元社）1999年］

Cialdini, Robert B. *Influence: The Psychology of Persuasion*. New York: Harper Paperbacks, 2006.［邦訳『影響力の武器　第二版――なぜ、人は動かされるのか』ロバート・B・チャルディーニ著、社会行動研究会訳（誠信書房）2007年］

Cohen, Annie. Solal Leo & His Circle: The Life of Leo Castelli. New York: Knopf, 2010.

Friedman, Walter. *Birth of a salesman: The Transformafion of Selling in America*. Cambridge, MA: Harvard University Press, 2005.

Gitomer, Jeffrey. *The Little Red Book of Selling: 12.5 Principles of Sales Greatness*. Austin, TX: Bard Press, 2004.［邦訳『営業の赤本――売り続けるための12.5原則』ジェフリー・ギトマー著、月沢李歌子訳、川井かおる監修（日経ＢＰ社）2006年］

Harris, John F. *The Survivor: Bill Clinton in the White House*. New York: Random House, 2006.

Hopkins, Tom. *How to Master the Art of Selling*. New York: Business Plus, 2005.

Iyer, Pico. *The Open Road: The Global Journey of the Fourteenth Dalai Lama*. New York: Vintage, 2009.［邦訳『営業の魔術――お客様の心を動かすプロになれ！』トム・ホプキンス著、川村透訳（日本経済新聞社）2005年］

Kemp, Giles, and Edward Claflin. *Dale Carnegie: The Man Who Influenced Millions*. New York: St. Martin's Press, 1989.［邦訳『デール・カーネギーに学ぶ成功発見の法則』

著者略歴

フィリップ・デルヴス・ブロートン
Philip Delves Broughton

バングラデシュに生まれ、イギリスで育つ。1994年、オックスフォード大学ニューカレッジを卒業後、デイリー・テレグラフの記者として25カ国以上で報道に携わる。同紙パリ支局長を経て、2006年にハーバード・ビジネス・スクールでMBA取得。その後、アップル、カウフマン財団でライターとして勤務し、現在はフリーのジャーナリスト。最初の本である『ハーバード ビジネススクール――不幸な人間の製造工場』はニューヨーク・タイムズのベストセラーとなり、フィナンシャルタイムズとUSAトゥデイの「ビジネスブック・オブ・ザ・イヤー」に選ばれる。妻、二人の息子とともにアメリカ在住。

訳者略歴

関 美和
Miwa Seki

慶應義塾大学卒業後、電通、スミス・バーニー勤務。その後、ハーバード・ビジネス・スクールでMBAを取得し、モルガン・スタンレー投資銀行を経てクレイ・フィンレイ投資顧問東京支店長を務める。『ゼロのちから』『アイデアの99%』『カブーム!』『SHARE』『PUBLIC』『MAKERS』など訳書多数。

なぜハーバード・ビジネス・スクールでは営業を教えないのか？

発行　2013年 8 月31日　　第1刷発行
　　　2018年12月13日　　第4刷発行

著　者　　フィリップ・デルヴス・ブロートン
訳　者　　関 美和
発行者　　長坂嘉昭
発行所　　株式会社プレジデント社
　　　　　〒102-8641　東京都千代田区平河町2-16-1
　　　　　電話：編集 (03)3237-3732
　　　　　　　　販売 (03)3237-3731

編　集　　中嶋 愛
装　丁　　長谷部デザイン室
装画・挿画　平田利之
制　作　　関 結香
印刷・製本　中央精版印刷株式会社

● ISBN978-4-8334-2057-0　Printed in Japan